REALIEN ZUR LITERATUR
ABT. D:
LITERATURGESCHICHTE

»Die Kinder liegen von Anfang an quer zur
Welt, werden aber zum Trost auf den Armen
der Mütter ein wenig umhergeschwungen.«
(GB 146)

Für Christina, Moritz und Kaspar

1. LITERARISCHE SELBSTBEHAUPTUNG UND FORMEXPERIMENT: DIE ERZÄHLERISCHEN ANFÄNGE

1.1. Die Hornissen

Seine vehemente Attacke gegen die sogenannte Beschreibungsliteratur beim Treffen der Gruppe 47 in Princeton zog Peter Handke wenig später den Vorwurf einiger Kritiker zu, er selbst wende in seinem ersten Roman das Verfahren bloßer Beschreibung an. In der Tat erweist sich der Text der »Hornissen« als eine Kette minuziöser Detail- und Situationsbeschreibungen, deren sachlicher und inhaltlicher Zusammenhang zunächst nicht zu erkennen ist. Insbesondere die Abschnitte »Der Schlüssel« (HO 117–119) und »Die Liturgie« (HO 97–102) scheinen die Meinung zu bestärken, daß hier lediglich Schilderungen von Außenwirklichkeit erzählt werden. Andererseits wird auch deutlich, daß alle Beschreibungen Anderes, Nichtausgeführtes berühren (HO 45), die Versatzstücke des Erzählens sind »nur Beispiele« (HO 39). Der Abschnitt, der mit »Jedesmal wenn« beginnt, zeigt zudem, wie sich Erinnerungen von ihren Inhalten abzulösen beginnen und auf unbewußte Reaktionen bezogen werden (HO 156). Erst das Ende des Romans bringt dafür eine Auflösung, es bezieht die experimentelle Verschachtelung von Erzählen und Beschreiben auf einen Handlungskern. Die Kapitel »Die Hornissen«, »Die Entstehung der Geschichte« und »Das Aussetzen der Erinnerung« weisen darauf hin, daß es in diesem Text allererst um das Erzählen selbst geht, um jenen »Grenzfall«, in dem »Erfindung und Imagination« zum Gegenstand des Buches werden (Heintz 88).

Zunächst fällt allerdings auf, daß dieser Geschichte alles fehlt, was eine Geschichte ausmacht. Insofern scheint auf den Roman Robbe-Grillets Diktum vom Ende des veralteten Begriffs »Geschichte« anwendbar (Heintz 102): er verfügt weder über räumliche noch über zeitliche Kontinuität, selbst die organisierende Erzählinstanz ist kaum greifbar; an exponierten Stellen findet ein ständiger Wechsel zwischen Ich- und Er-Perspektive statt (z. B. HO 18, 246). Schon deshalb kann man eher von einem »mosaikartigen Aufbau des Buches« (Mixner 3) als von einer erzählten Handlung sprechen; überdies läßt sich feststellen, daß das Erzählen von reflexiven Einschüben begleitet ist, die gegen Ende des Textes zunehmen (Mixner 15).

Diese irritierende Schreibweise läßt sich jedoch erklären. Der Schluß des Textes wie auch der vom Leser mit Dankbarkeit zur Kenntnis genommene Klappentext belehren darüber, daß dieser Roman vor allem von einer besonderen Entstehungsgeschichte des die unmittelbar der Realitätsprüfung verbunden ist und vom Verlust des imaginären brüderlichen Spiegelbildes zu berichten hätte (HO 17).

Dagegen bewahrt sich die Erinnerung an die imaginäre Konstitution des Ich und die Gewalt der hierbei freigesetzten Phantasien noch in den Wahrnehmungsbildern, die, da sie nur von Blicken berichten und nur ein schauendes Ich, aber kein menschliches Gegenüber ins Blickfeld geraten lassen, die Grenze zwischen innen und außen zum Verschwinden bringen. Dem Betrachter, der aus dem Fenster sieht und die erschaute Landschaft mit einer erzählten vergleicht

»[...] geraten die Ebenen durch einen Schwindel in dem schon leeren Blick durcheinander: die weiße Ebene des Himmels schiebt sich durch die braune und gelbe Ebene des Feldes; die weiße Ebene des Feldes und die vergilbende gelbe Ebene des Himmels schiebt sich durch die weißen Ebenen der Dachpappenschichten, auf denen vor kurzem durch die Wärme eines Körpers (keiner Katze) der Schnee noch vergangen ist, und die weiße Ebene der Dachpappen, die weiße Ebene des Himmels und die weiße Ebene des Feldes, zerstochen nur von den Stichen der Pappeln, schieben sich scharf durch die weiße und leere Ebene der Augen und zerschneiden und zerstückeln die weiße und leere Ebene des Gehirns« (HO 14/15).

Überall da, wo es keine Sprache gibt, kommt es zu solchen Inversionen, verwandeln sich erschaute Bilder in intrapsychische Projektionen. Zugleich erweist sich die erzählte Gewalt der ins Bewußtsein dringenden Bilder als Metapher für ein Erzählen, das den Erzähler als organisierende Instanz ausschalten will. Ohne Frage wiederholt diese Überblendung der wahrgenommenen Bilder, die schließlich »die weiße und leere Ebene des Gehirns« zerschneidet und zerstückelt, die imaginäre Konstitution des Selbst, die auf dem Gesetz der Vexation beruht. Es ist bemerkenswert, daß dieser Blick durch das Fenster, der eine Konstellation der romantischen Malerei zitiert, eine psychologisierende Zuspitzung erfährt, die auch Heinrich von Kleist beim Betrachten eines Bildes von Caspar David Friedrich beschreibt. Als seien ihm die Augenlider weggeschnitten, drängen dort dem Bildbeschreiber Caspar David Friedrichs Darstellung des »Mönch am Meer« und die Konstruktionslinien dieses Bildes, das den Menschen angesichts des Erhabenen und des Ungeheuren zeigt, in die unbewußte Wahrnehmung. Eine Parallele dazu bildet die erzählerische Erfindung des »Mannes mit dem Seesack«. Aus der Imagination eines Bahnhofes, die den Wahrnehmungsbildern des Erzählers entspringt, entsteht die Phantasie eines Mannes (HO 80 ff), der später als »Mann mit dem Seesack« (HO 131, 133) durch das von kochendem Wasser überschwemmte Dorf geht, und der eine der vielen erzählten phantastischen Bruderkonfigurationen darstellt. Und auch hier wiederholt sich ein bereits erzähltes Bild, wird eine Figur beschrieben, deren Augen den andringenden Bildern schutzlos ausgesetzt sind. Die Augen des Mannes sind

»gleichfalls gesotten und rund und starr aus den Höhlen gestiegen. [...] Die verbrühten Augen sind auch hinter den Blicken schutzlos geworden: die Bilder, die das Gedächtnis hinter der Netzhaut als Schutzwall erzeugt hat, sind von den Flammen zu einer Blendung zerschmolzen; während der Wanderer geht, fällt ungehindert das Feuer in sein Gehirn« (HO 132/133).

Das Motiv der Blendung verknüpft Bruderbild und Erzähler. Die Phantasiebilder, die der Erzähler wahrnimmt und mitteilt, sind wiederum imaginär, auch sie beruhen auf einer Aufhebung der Grenze zwischen innen und außen. So allererst konstituiert sich die Wirklichkeit in der Sprache und im Erzählen. Nur wer blind ist, kann sehen und erzählen, nur er bildet Wirklichkeit voraussetzungslos ab. Nur wenn der Bruder als geblendet phantasiert wird, kann der Erzähler seine Phantasmen auf ihn projizieren und sich zugleich selbst sehen. So ist die doppelte Blendung von Bruder und Erzähler Bild für eine Beziehung der beiden, die im Erzählen herbeiphantasiert ist, ohne daß die Figuren Kontur gewinnen. Verbindlichkeit erreicht das Erzählen nur da, wo es voraussetzungslose Bilder ineinander spiegelt; deshalb muß es, um als wahr zu gelten und zu wirken, die Zufälligkeit einer bestimmten Subjektsperspektive tilgen und Wahrnehmungen beschreiben, die nicht durch ein bestimmtes Gedächtnis gefiltert sind. Weil das Erzählen einen Erzähler erfindet, der nicht sieht, was er berichtet, und deshalb – so will es die paradoxe Formulierung des Romans – sehen kann, »was er sehen will« (HO 244), stiftet es eine Perspektive; gerade so erweist sich der Erzähler als bloße Instanz. Darauf deutet der Satz »Niemand kann ihn von draußen sehen, weil er blind ist; wenn ein Geblendeter vor dem Spiegel steht, so steht niemand vor dem Spiegel« (HO 244).

Ausgerechnet dadurch, daß er so wenig Wert auf eine klar gezeichnete Identität des Erzählers legt, kann der Text der »Hornissen« eine Begründung von Identität im Erzählen leisten. Was der Blinde erinnert, ist mehr als er unmittelbar erfahren kann, ist Erlebtes und Erzähltes zugleich, Ergebnis der primären und der sekundären Sozialisation. Gleichzeitig erweist sich die Macht der ersteren als prägendes Muster, das alle Stufen der Kulturisation überformt. Es wird deutlich, daß alles Wahrnehmen und Erkennen-Wollen den Blick auf sich selbst zur Voraussetzung hat. Der ersten imaginären Konstitution des Ich im Fensterblick nach draußen auf das Spiegel-

Literarischen eine Beziehung zwischen den Bildern der Phantasie und den Figuren von Texten, wie sie die Psychoanalyse als Verbindung zwischen dem Selbst und der Welt der Objekte entwickelt und als intermediäre Objekte oder Übergangsobjekte bezeichnet, die entscheidende Bedeutung für die Herausbildung des Selbst haben. Und auch hier entfaltet die Zentrierung einer strukturellen Konstellation durch im Unbewußten verankerte Reaktionen eine spezifisch ästhetische Dimension. Die Labilität des geschilderten Subjekts, dessen Umriß im »Hausierer«-Roman so wenig deutlich wird, wie die Kontur des Protagonisten in den »Hornissen« – der Hausierer ist nur »das Zentrum der Optik« (Nägele/Voris 44) – erfordert als Gegenkraft eine »›phänomenologische‹ Schreibweise« (Bartmann 21), deren Bedeutung sich erst in den späteren Texten Handkes entfaltet.

Abgesehen davon ist es eine Leistung des »Hausierers« wie schon der »Hornissen«, daß gerade das Rudimentäre und Fragmentarische ein Interesse am Lesen wachhalten. Ohne Zweifel erzeugt der Text, der die Stringenz des Kriminalromans zerschlägt, eine Spurensuche des Lesers, gerade die pointillistische Skizze fordert die Suche nach Zusammenhängen heraus. Dabei weisen die Ordnung des Kriminalschemas und die erzählte strukturelle Dichotomie von Ordnung und Unordnung auch auf die Rolle von Sprache im Prozeß der Sozialisation: Sie ist ordnende Macht im Chaos der zufälligen Eindrücke und zugleich Moment von Herrschaft, weil sie das Bewußtsein von unmittelbarer Wahrnehmung abschirmt (vgl. Nägele/Voris 43).

Der Text des »Hausierer«-Romans handelt nicht nur insgesamt von der Macht der fremden Reden und den ihr nachgebildeten Methoden des Schreibens. Er macht zugleich den Prozeß des Lesens bewußt. Das Kriminalschema wird zum Paradigma von Literatur überhaupt, auch weil es ein imaginatives Wiedererkennen hervorruft; gerade die randscharf markierte Grenze zwischen Text und Kommentar weist auf eine Verschränkung von »Innenwelt« und »Außenwelt«, auf der die Wirkung von Texten beruht. So markieren die Versatzstücke der Text- und Sprachfetzen nicht allein Abbrüche, sie fordern ein Weiterphantasieren heraus, ein produktives Lesen. Die erzählte Methode der Dechiffrierung und die durch die Erzählstruktur hervorgerufenen Reaktionen des Lesers sind zentriert um das Gesetz der Phantasie, dem alles Erzählen und Lesen untersteht. Insofern zieht der »Hausierer« eine Linie aus, die in den »Hornissen« bereits entworfen ist.

Auch der Erweis der Phantasie hat eine Sinnstiftung von Zusammenhängen zu seinem Ziel, die wiederum feste Deutungs- und Schreibschemata entwirft. Doch dieser Verfestigung widerstrebt der

»Hausierer«-Text an jeder Stelle. Er macht deutlich, daß die Phantasie einem Spiel von aleatorischen Wortverwendungen entwächst, die man mit einem sinnlosen Spiel verwechseln könnte. Insofern löst der Roman jene Fremdheit der Literatur gegenüber dem bloß Rationalen und Diskursiven ein, auf welcher die beiden Aufsätze »Ich bin ein Bewohner des Elfenbeinturms« und »Die Literatur ist romantisch« so heftig insistieren.

Die Verknüpfung von Analyse und Phantasie, von Dekonstruktion und Motivation, die der Text herstellt, erweist sich allerdings als invers. In dieser Hinsicht ist der Roman in der Tat dem Thema von Antonionis Film »Blow up« verwandt, dem er zeitlich voranschreitet (ÜD 48). Die Annäherung ans Detail und dessen unendliche Vergrößerung isoliert jenes vom Gesamtzusammenhang, vom Gesamtbild und entwirft einen neuen Zusammenhang, der sich im ursprünglichen Bild nicht wiederfinden läßt. Auch für das Schreiben gilt: Die unendliche Vergrößerung gelingt nur bei abnehmender Tiefenschärfe; was man genauer zu sehen vermeint, ist schon unter einer Rasterung verdeckt, welche die bloßen Konturen verwischt und Phantasie erfordert, um ein Abbild entstehen zu lassen.

So erweist sich die Erzählweise des »Hausierer«-Romans in mehrfacher Hinsicht als anspruchsvoll. Sie setzt nicht nur einen Leser voraus, der in der Lage ist, das Buch zu Ende zu lesen, sondern sie verlangt einen Rezipienten, der die Versatzstücke, die der Text anbietet, auf andere Texte rückbeziehen kann. Die Geschichte, die das Schema der Kriminalgeschichten benutzt, bedarf des versierten Kenners von Kriminalgeschichten; die erzählten Erinnerungen des Autors an Kriminalromane zielen auf das literarische Erinnerungsvermögen eines idealen Lesers. Anders als die »Hornissen« braucht der »Hausierer«-Text den kommunikativen Akt der Rezeption, er ist bereits auf diesen hin angelegt, obwohl er vorgibt, die Voraussetzungen konventioneller literarischer Kommunikation zwischen Autor und Leser zu zerstören. Die Auslöschung der Bedeutung des Erzählersubjekts benötigt die interpretierende und erkennende Subjektivität.

Damit ist diesem zweiten Roman, der ebenfalls Handkes früher Phase der Auseinandersetzung mit der Sprache zuzurechnen ist, ein Widerspruch eingeschrieben, der insgesamt die frühen Texte und Stücke Handkes prägt: Sie versuchen, sich von den literarischen Traditionen abzusetzen und zitieren diese zugleich. Besonders deutlich wird dieser Sachverhalt, wenn man sich den sogenannten »Sprechstücken«, vor allem dem »Kaspar« und der »Publikumsbeschimpfung« zuwendet.

1.3. Die Angst des Tormanns beim Elfmeter

In einem vordergründigen Sinn knüpft der Text des »Tormanns« an die zwei Jahre zuvor im »Kaspar« aufgeworfene Sprachproblematik an. In einem Brief an die Herausgeber von »Text und Kritik«, die einen Vorabdruck des »Tormanns« besorgten, führt der Autor aus:

»[...] das Prinzip war, zu zeigen, wie sich jemandem die Gegenstände, die er wahrnimmt, in Folge eines Ereignisses (eines Mordes) immer mehr versprachlichen und, indem die Bilder versprachlicht werden, auch zu Geboten und Verboten werden. [...] Der Schizophrene nimmt also die Gegenstände als Anspielung auf sich, als ›Wortspiele‹ wahr, metaphorisch. Das ist das Prinzip der Erzählung, nur daß eben dieses Verfahren nicht auf einen Schizophrenen angewendet wird (sofern es überhaupt Schizophrene gibt), sondern auf einen ›normalen‹ Helden, einen Fußballtormann. Dieser Vorgang, Gegenstände als *Normen* zu sehen, soll eben nicht als *krankhaft* verharmlost, sondern als lebensüblich vorgestellt werden« (TK 1;3).

Anders als in seinen beiden ersten Romanen nähert sich Handke mit der Wiedergabe von Blochs Geschichte insofern an konventionelle Formen des Erzählens an (Nägele/Voris 45), als er eine klar umrissene Figur entwirft und eine geschlossene Erzählperspektive durchhält (Mixner 125). Zudem wirkt der Stil dieser Er-Erzählung auffällig distanziert. Es hat seinen Grund, daß Handke betont, er habe den Stil der Geschichtsschreibung eines Sallust aufnehmen wollen. »Ich hatte mir [...] vorgenommen, einen Schreibstil zu verwenden, wie ihn Sallust für seine Geschichtsschreibung verwendet hat, einen Geschichtsschreiberstil auf einen einzelnen Menschen angewandt. Die Sätze, die entstanden sind, wirken zwar ganz künstlich und ganz grammatikalisch, erzählen aber dennoch eine Geschichte« (Mixner 125, Bloch 174).

Gerade das distanzierte Erzählen macht deutlich, daß der Mord, von dem die Handlung berichtet, schon Ergebnis einer bestimmten Reaktion auf Wirklichkeit ist, einer besonderen Verarbeitung von Wahrnehmungen entspricht, die der Figur Bloch ein unverwechselbares psychisches Profil gibt. Schon der Beginn des Textes legt klar, daß sich die Figur eigentümlich verhält. Einerseits sind viele ihrer Handlungen im Zusammenhang des Kriminalschemas erklärbar, andererseits verstößt Bloch gegen die Erwartungshaltungen, die durch dieses Erzählmuster aufgebaut werden (Pütz 1;32). Die Reaktion Blochs, der aus einer sprachlosen Situation, aus einer Geste seines Poliers, zu entnehmen glaubt, daß er entlassen sei, und der schließlich fast übergangslos vom Liebhaber zum Mörder wird, zeigt zwar in einem vordergründigen Maß Vorgeschichte, Bedingungen und Folgen eines Mordes. Doch im Verlauf der Handlung verhält sich die Hauptfigur nach ihrer Tat nur bedingt situationsadäquat. Sie flüchtet zwar in einen südlichen Grenzort des Landes, doch sie macht kaum Anstalten, sich den Ermittlungen zu entziehen; vielmehr verfolgt sie apathisch die Versuche, ihr auf die Spur zu kommen, sie liest mit Interesse, wie sich ihr die polizeilichen Ermittlungen nähern. Nicht zuletzt von hier aus wird deutlich, daß der Text über zwei Ebenen verfügt, von denen die erste, die Kriminalhandlung, schließlich vor dem Ende völlig abbricht, wenn sie ihre Funktion als Demonstrationsform erfüllt hat (Pütz 1; 42). Die zweite Erzählebene befaßt sich mit dem Psychogramm Josef Blochs und mit seinen Reaktionen auf sprachliche und nicht-sprachliche Zeichen, mit der besonderen Form seiner Wahrnehmung von Wirklichkeit.

Das Verhalten der Hauptfigur nach der Tat entfaltet die bestimmenden Momente einer psychischen Vorgeschichte des Mordes. In mancher Hinsicht können sich die Wahrnehmungen und Reaktionen Blochs auf das Krankheitsbild der Schizophrenie beziehen lassen, zumindest sind sie einer Psychopathologie zuzurechnen, die der Vorgeschichte der Schizophrenie angehört. Nicht ohne Grund hat man deshalb Handkes Faszination von Conrads Buch über die Schizophrenie hervorgehoben und den Niederschlag dieser Lektüre im Tormanntext gesucht (Mixner 124, 126).

So klar es ist, daß Handke keine psychopathologische Fallstudie liefern wollte, so deutlich ist andererseits, daß sich die Handlungen und das Verhalten Blochs im Schema der Psychopathographie beschreiben lassen. Zugleich können sie auf eine Wahrnehmungs- und Zeichentheorie bezogen werden, die den bewußten und unbewußten Handlungen der Figur unterlegt ist. Dafür, daß die psychopathographische Darstellungsebene nur Muster einer übergreifenden zeichentheoretischen Aussage ist, spricht der Sachverhalt, daß sich der Erzähler selbst im Verlauf des Erzählens verändert. In die Schilderung von Blochs Wahrnehmungen rückt er schließlich eine Kette von Hieroglyphen ein, eine Bildersprache. Was Bloch sieht, erzählt der Erzähler nicht, sondern er bildet es bloß ab (T 105). Damit wird deutlich, daß er selbst im Wirkungsfeld der Gesten, Zeichen und Wahrnehmungen steht, die Blochs psychische Reaktion bestimmen. Demonstriert wird diese im Erzählen reproduzierte Theorie von Wahrnehmung und Beschreibung am Beispiel der Hauptfigur und ihrer ursprünglich kriminalistisch motivierten Flucht vor den Ermittlungen der Polizei.

Schon der Mord, den Bloch begeht, wird offenkundig dadurch ausgelöst, daß die Kassiererin, von deren wortloser Gestik sich der Protagonist ursprünglich angezogen fühlt (T 7), in zunehmendem

15

durch den Gang der Geschichte dementiert ward, vermag erst dann wieder sich zu öffnen, wenn die Bedingungen verändert sind, um derentwillen jene Wahrheit kassiert werden mußte: so tief sind ästhetisch Wahrheitsgehalt und Geschichte ineinander« (AGS 7; 67/8). Als Bild für diese historische Bewegung wählt Handke eine Vorstellung aus Kleists Aufsatz über das Marionettentheater, er bezieht sich auf dessen Gedanken von der Rückkehr über das Bewußtwerden zurück zum Ausgangspunkt (E 28). Damit ordnet er seine Texte einem geschichtlichen Prozeß der Selbstreflexion zu, der nicht von der Wirklichkeit wegführt, sondern nur – unter veränderten Bedingungen – einen Weg zurück zu dieser sucht. So ist die Literatur nicht allein ein Bereich der Selbsterfahrung, sondern ein historischer Erkenntnisprozeß, der zu einem Sich-Erkennen im anderen führt. »Ich war zwar schon zu Selbstbewußtsein gekommen, bevor ich mich mit der Literatur beschäftigte, aber erst die Literatur zeigte mir, daß dieses Selbstbewußtsein kein Einzelfall, kein Fall, keine Krankheit war« (E 19). So wird deutlich, daß alle Sätze zwar auf die unmittelbare Erfahrung des schreibenden Subjekts zurückgebogen sind, zugleich aber über diese hinausweisen. Der Gedanke von der sozialen Einbindung durch das Schreiben, der später in den »Journalen« wiederholt wird (PW 31), ist bereits im Aufsatz »Ich bin ein Bewohner des Elfenbeinturms« vorgezeichnet. Nur über das Erkennen der eigenen Subjektivität ist die Klärung der Wechselbeziehung von Ich und Welt möglich (Nägele/Voris 126/7). Der Subjektivismus ist notwendiges Korrektiv für das bloß Vorhandene.

Erst vermittels dieses kritischen Bezugs vermag die Literatur wieder aufmerksam zu machen für »die wirkliche Wirklichkeit« (E 19) und für die Bedingungen der Erfahrung des Subjekts, erst im Abstoß vom Denken aller und von den vorgegebenen Denkschablonen erlangt das schreibende Subjekt Selbstbewußtsein, wird die Kunst wieder Medium der Selbstreflexion. Die Absicht der Verfremdung und die Gegenbewegung gegen die Macht des »Natürlichen« und »Selbstverständlichen« (Nägele/Voris 120) führt Handke nicht nur auf die Tradition der russischen Formalisten zurück, sie verbindet ihn auch mit der Position, die Adorno in der kunsttheoretischen Diskussion der siebziger Jahre einnimmt. Dessen Theorie der ästhetischen Autonomie, die in der »Ästhetischen Theorie« ihre Zusammenfassung findet, verweigert sich ebenfalls einer Politisierung der Ästhetik. Für Adorno ist die Kunst alles das, was »nicht der Fall ist«, sofern man nach Signifikaten sucht, andererseits ist die Kunst »tatsächlich die Welt noch einmal, dieser so gleich wie ungleich«, wie schon die frühe Einleitung zur »Ästhetischen Theorie« entwickelt (AGS 7; 499). Erst im Zug einer Transformation des Bestehenden in ein anderes wird die Kunst kritisches Korrektiv. Es ist kein Zufall, daß Adorno unter diesen Voraussetzungen auch den Elfenbeinturm legitimiert, der aufklärerisch ist durch die »Unbeirrtheit des mimetischen Impulses« (Nägele/Voris 126). In der »Ästhetischen Theorie« heißt es dazu grundsätzlich: »Die Hartnäckigkeit des ästhetischen Verhaltens, die später von der Ideologie als ewige Naturanlage des Spieltriebs verherrlicht wurde, bezeugt eher, daß keine Rationalität bis heute die volle war, keine, die ungeschmälert den Menschen, ihrem Potential, gar der ›humanisierten Natur‹ zugute käme« (AGS 7; 487). Bei Adorno auch findet sich jene Bedeutung der Subjektsperspektive vorgezeichnet, die manche Kritiker Handkes so irritiert. Schon in der »Philosophie der neuen Musik« leitet sie der Philosoph aus einer historischen Situation her. »Der Vorwurf gegen den späten Individualismus der Kunst ist darum so armselig, weil er dessen gesellschaftliches Wesen verkennt. Die ›einsame Rede‹ spricht mehr aus von der gesellschaftlichen Tendenz als die kommunikative« (AGS 12; 48). Der Aufsatz »Die Literatur ist romantisch«, der sicherlich in manchen Punkten heute überholt ist, nimmt den Gedanken des ästhetischen Spiels mit der Behauptung von der Zwecklosigkeit der Kunst auf. »Sie ist nicht ernst und nicht direkt, das heißt, auf etwas gerichtet, sondern eine Form und als solche auf nichts *gerichtet,* höchstens ein ernsthaftes Spiel« (E 44).

Andererseits wird im Gefolge dieser Bestimmungen die Kunst schon als Form von Praxis verstanden. Die ästhetische Wahrnehmung macht nicht nur aufmerksam auf die Erfahrungswirklichkeit, sondern beeinflußt diese bereits. Diesen Gedanken hat Handke zuletzt im »Kurzen Brief« entwickelt, wo er das Zeichen- und Verbotssystem des Internats zur Voraussetzung seiner Wahrnehmung von Wirklichkeit macht (KB 124) und aus ihm die Methode des »systematischen Erlebens« begründet. Daß der dort dargestellte Sachverhalt autobiographisch ist, belegt der kurze »autobiographische Essay« von 1957 bereits an einem Beispiel des Schreibens. Über seine Erfahrungen als Kind und über den Stoff seiner Aufsätze schreibt der Autor:

»Sollte ich ein Erlebnis beschreiben, so schrieb ich nicht über das Erlebnis, wie ich es gehabt hatte, sondern das Erlebnis veränderte sich dadurch, daß ich darüber schrieb, oder es entstand oft erst beim Schreiben des Aufsatzes darüber. [...] Sogar ein eigenes Erlebnis erschien mir anders, wenn ich darüber einen Aufsatz geschrieben hatte. [...] bis ich schließlich an einem schönen Sommertag nicht den schönen Sommertag, sondern den Aufsatz über den schönen Sommertag erlebte« (E 13/4).

So verwandeln sich schon hier Formerfahrungen in existentielle, schwindet die Grenze zwischen Außenwelt und Innenwelt. »Die stus des Prosatextes kennzeichnet, der mit mitleidloser Genauigkeit die Entstehungssituation eines Mordes und diesen selbst schildert, wird im Theaterstück durch die Sprachlosigkeit des Geschehens erreicht und wiederholt. Seine Konzentration auf das Gestische schafft eine Kette von Ritualen, in denen die Macht des Vormunds deutlich wird, ohne daß sie ausgesprochen werden muß. Zumeist werden Szenen vorgeführt, in denen das Mündel die Handlungen des Vormunds nachzuahmen versucht, doch ohne Zweifel will das Mündel auch selbst die Initiative ergreifen.

»Das Mündel: steht auf; steht da.
Der Vormund läuft: das Mündel fängt zu gehen an.
Der Vormund springt: das Mündel fängt...
Der Vormund steigt auf einen Stuhl und steht jetzt auf dem Stuhl: das Mündel springt nicht, sondern bleibt stehen; steht.
Der Vormund steigt auf den Tisch: das Mündel steigt auf den Stuhl.
Der Vormund stellt sich den anderen Stuhl auf den Tisch und steigt auf den Stuhl auf dem Tisch: das Mündel, wie könnte es anders sein, steigt auf den Tisch.
Der Vormund hängt sich an einen Strick in der Luft und hängt: das Mündel steigt auf den Stuhl auf dem Tisch.
Der Vormund hängt still: wenig baumelnd, und das Mündel steht still hoch auf dem Stuhl, auch für sich.
Der Vormund: läßt sich fallen. Er landet mit geknickten Knien; richtet sich jetzt langsam auf, zu seiner vollen Größe. Das Mündel: schnell klettert es vom Stuhl auf den Tisch hinunter, vom Tisch auf den andern Stuhl hinunter, von diesem Stuhl auf den Boden hinunter, hebt dabei auch den ersten Stuhl vom Tisch, stellt ihn an den alten Platz und hockt sich fast zugleich auch schon hin.
Das alles ist so schnell vor sich gegangen, daß wir, wenn wir hätten zählen wollen, kaum viel weiter als bis eins hätten zählen können.
Der Vormund: hockt sich, langsam, gleichfalls hin.
Das Mündel: setzt sich auf den Boden.
Der Vormund: setzt sich, langsam, auch« (St 2; 234).

Alles, was geschieht, wird aus der Perspektive eines Zuschauers berichtet, die Regieanweisungen lassen sich als Beschreibung eines soeben beobachteten Theaterstücks ansehen (Mixner 96). Einige Sätze machen dies bereits deutlich: »Wir sehen, daß das Mündel mit dem Rücken am Prospekt der Hauswand lehnt« (St 2; 11); »Wir kennen die Geräusche« (St 2; 26); »Wir erschrecken« (St 2; 32) heißt es beispielsweise im Text. Überdies wirkt die Form der Darstellung selbst verfremdend. Vieles von dem, auf das sie hinweist, ist subjektiver Eindruck, nicht objektivierbare Form der Aufführung. So kann man lesen: »Das Mündel beißt in den Apfel, so, als ob niemand zuschauen würde. [...] / Über dem ganzen Bild liegt etwas, was

40

man, mit einem Bild, als tiefer Frieden bezeichnen könnte. [...] /
(Wenn wir zuschauen, werden Äpfel oft sehr affektiert gegessen.)«
(St 2; 11), oder an anderer Stelle: »Das Ansehen des Mündels durch
den Vormund zieht sich hin« (St 2; 13).

Dazu kommt, daß einige Passagen des Theatertextes im Druck
den Formen konkreter Poesie angenähert werden, als Druckbild
erscheint, was als szenischer Eindruck auf der Bühne entstehen soll:

```
»K+M+B
 K+M+B
 K+M+B
 K+M+B
      .
      .
      .
      .[...]
Sie sitzen, jeder für sich.
   "    "      "    "    "
   "    "      "    "    "
   "    "      "    "    "
   "    "      "    "    " «
```

(St 2; 30/31; vgl. dazu auch 20; 28).

Bisweilen auch gibt es Anklänge an die tautologischen Wortspiele
der »Weissagung«: »Die Geräusche entstehen, die entstehen, wenn
Wasser erhitzt wird« (St 2; 28).

Doch zugleich sprengt dieses Stück den engen Zirkel der Sprach-
und Formspiele. Mit dem Passus »im Finstern beginnt jetzt eine
neue Szene [...]« (St 2; 14) bereitet sich eine allmähliche Einbeziehung des Zuschauers vor. Während bis dahin die klaren und genau
umrissenen Bühnenbilder und Szenen unmittelbar vorführen sollen,
was sie meinen, regt die Szene im Dunkeln durch ein Atemgeräusch,
aber auch durch Begleitmusik die Phantasie der Zuschauer an (St 2;
14/15). Zudem wird die auf der Bühne vorgestellte Situation mit
einer Filmszene verglichen, die Leser wie Zuschauer dazu bringen
soll, sich auf eine Mordgeschichte einzustellen und sich schließlich
eine nicht auf der Bühne vorgeführte Ermordung des Vormunds (St
2; 36) als Geschehen zu phantasieren. Damit benutzt dieses Stück
eine Technik, welche in der »Publikumsbeschimpfung« scheinbar
gegen die Zuschauer gerichtet ist, um jene ins Spiel des Spiels miteinzubeziehen. Die Erwartungshaltungen des Publikums werden nicht
als wahrnehmungsverstellende Sehgewohnheiten behandelt, sie sind
jetzt Grundlage produktiver Phantasie, nicht Manipulation des Zuschauers durch das Theater, sondern Begründung der Wirklichkeit
des Theaters durch den Zuschauer (vgl. dazu Mixner 100).

Von den späteren Sprechstücken weist am ehesten »Quodlibet« sowohl auf die früheren Sprachspiele, wie auf jene Einbeziehung des Rezipienten in das Theatergeschehen zurück. Auch »Quodlibet« ist nicht nur Spiel mit der Sprache, sondern Spiel mit den Hörern, es zielt auf die Bewußtmachung des Sachverhalts, daß jede, auch schon jede akustische Wahrnehmung von Sprache bereits durch bestimmte Sprechsituationen und Diskurse vorgeformt ist, das Stück zeigt »[...] wie man im Theater sofort inhaltlich reagiert auf Formen« (ÜH 158; Mixner 100). Damit wird zugleich der Anteil des Unbewußten an jeder bewußten Wahrnehmung von Sprache thematisiert. Die Entstehung von Metapher, Metonymie und Vergleich wird nicht demonstriert, sondern inszeniert. In dieser dramaturgischen Bedeutung (Mixner 96) sprechen die »Figuren des Welttheaters« (St 2; 41) teils beliebige Sätze, teils solche, »von denen die Zuschauer nur glauben, daß sie sie verstehen« (St 2; 42). Dem inszenierten produktiven Mißverstehen der Zuschauer, das Assoziationen in Gang setzt, korrespondiert die Kommunikation der Schauspieler selbst, »sie gebrauchen ein falsches Wort für das richtige in der Annahme, daß sie einander schon richtig verstehen« (St 2; 49). Dies ist zumindest eine Anspielung auf die These von Jacques Lacan, das Unbewußte sei strukturiert wie eine Sprache; später werden die Notizen zum »Ritt über den Bodensee« bestätigen, daß Handke diesen Überlegungen nahesteht (Nägele/Voris 88).

In diesem Zusammenhang erhalten die Hinweise zur »Aufführung von ›Quodlibet‹« ihre Bedeutung. Sie sind nicht nur wie die Regieanweisungen der anderen Sprechstücke Interpretation des Aufzuführenden, sondern sie unterstreichen auch den inszenatorischen Charakter des Stückes, der Redeformen und Bühnensituationen an jeder Stelle aufeinander bezieht:

»Die Redefiguren, welche die Figuren bilden, bestimmen die Bewegungsfiguren, nicht umgekehrt. Es sollte also nicht von vornherein ein Ornament oder Arrangement auskalkuliert werden; vielmehr sollte in Zusammenarbeit zwischen Regisseur und Schauspielern erforscht werden, welches Bewegungs- oder Stand-Bild durch eine bestimmte Sprechsituation auch in der Wirklichkeit hervorgerufen wird [...]. Es wäre die Arbeit der Schauspieler und des Regisseurs, zu den im Text des Stücks phasenhaft beschriebenen Sprechfiguren als Entsprechungen in der Wirklichkeit vorhandene optische Figuren aufzufinden und die jeweils sinnlichste optische Figur die jeweilige Sprechfigur verdeutlichen zu lassen, wodurch umgekehrt von selbst auch die optischen Figuren der Wirklichkeit deutlich würden« (St 2; 157).

Von hier begründet sich das Verfahren, typisierte Redefiguren und geometrisch arrangierte Redesituationen zugleich darzustellen. So gewinnt dieses Stück Modellcharakter in einem wortwörtlichen

Sinn. Was er selbst als Stückeschreiber versucht, findet der Autor später als Kinogänger durch Sprache und Gesten der großen Schauspieler eingelöst. An deren Schrift orientiert er sich gemäß einer Notiz im »Gewicht der Welt«, wo es über die Schauspieler heißt: »*ihre* Schrift ist selbstverständlich (wie Henry Fondas Bewegungen, die mir als Lettern erschienen)« (GW 325).

Die Verbindung zu den Stücken vom »Mündel« und zum nachfolgenden »Ritt über den Bodensee« ergibt sich dadurch, daß »alle Figuren sich mehr und mehr mit sich selber beschäftigen« (St 2; 52) und immer weniger von sich und miteinander reden. An die Stelle einer gesellschaftlichen Konvention des Redens, die auf dem Mißverstehen, dem Zitat, dem Reizwort und der leeren Formel aufbaut, tritt die sprachlose Gestik, die sich schließlich völlig aufs Obszöne konzentriert und gerade so das im kulturalen Diskurs Vermittelte und Verdeckte freilegt.

Der »Ritt über den Bodensee« folgt einerseits der Technik der reinen Sprachspiele, andererseits nimmt er das Spiel der Gestik auf, wie es in »Das Mündel will Vormund sein« vorgeführt wird (Nägele/Voris 89). Die Tatsache, daß die Personen des Stücks zugleich seine Darsteller sind, daß die Figuren sich mitunter gegenseitig spielen (St 2; 94) und die Requisiten so wirken sollen, »daß es schwer vorstellbar ist, sie woanders stehen zu sehen; sie könnten es nicht einmal ertragen, auch nur ein bißchen verrückt zu werden« (St 2; 63) weist darauf hin. Sprachspiel und Gestik werden nunmehr noch expliziter als in den vorangegangenen Stücken als Rituale gesellschaftlicher Kommunikation vorgestellt, die das menschliche Handeln gerade deshalb bestimmen, weil sie an keiner Stelle mehr in Frage gestellt werden. »Man hat angefangen, miteinander zu verkehren, und es hat sich eingespielt [...]: eine Ordnung ergab sich, und um weiter miteinander verkehren zu können, machte man diese Ordnung ausdrücklich: man formulierte sie. Und als man sie formuliert hatte, mußte man sich daran halten, weil man sie schließlich formuliert hatte!« (St 2; 116).

Handke geht es, wie er in der Vorrede, in welcher er den »Kaspar« und den »Ritt« eng miteinander verbindet, ausführt, darum, »die in dieser Gesellschaft vorherrschenden menschlichen Umgangsformen darzustellen durch genaues Beobachten 1) der anscheinend im freien Spiel der Kräfte formlos funktionierenden täglichen Lebensäußerungen bei Liebe, Arbeit, Kauf und Verkauf, und 2) ihrer üblichen Darstellungsformen im Theater [...]« (St 2; 57). Während »Quodlibet« und »Mündel« die Theaterformen so von den Geschichten isolierten, »daß die Formen zu POSEN wurden und identisch werden konnten mit Posen im täglichen Leben [...]« (St 2;

57), zielt der »Ritt« auf die »Darstellung der gesellschaftlichen Entsprechungen« von Theaterformen (St 2; 58/9).

Die Vorrede läßt keinen Zweifel daran, daß diese Darstellungsabsicht durch authentische Wahrnehmungen des Autors beeinflußt wird, der sich im scheinbar Alltäglichen und Belanglosen von Handeln, Sprachhandeln, Gestik und ihrem Ineinanderwirken, aber auch als Leser anderer Texte des Eingeübten und Zwanghaften seines eigenen Lebens bewußt wird (St 2; 58). Aus der Methode der Selbstbeobachtung entwickelt er Wahrnehmungsperspektiven, wie sie bereits dem »Krankheitsbild« des Josef Bloch zugeschrieben wurden. Eben dies verleiht der dargestellten Wirklichkeit eine ambivalente Bedeutung. Denn das Stück zielt darauf, bewußt zu machen, daß der Grund, den das vermeintlich feste System der sprachlichen und nichtsprachlichen Zeichen bildet, in Wahrheit abgründig ist (Pütz 1; 26). Im Durchspielen, Vorführen und Mißlingen gewöhnlicher kommunikativer Akte (St 2; 117–125), die mitunter als Spiel im Spiel inszeniert werden (St 2; 85 f., 94), wird eine Differenz zwischen Sprachwirklichkeit und Erfahrungswirklichkeit deutlich; die Sprache ist die dünne Eisdecke der Kulturisation über den unbewußten Wahrnehmungen, Wünschen und Verhaltensweisen. Auch dafür ist eine Szene aufschlußreich. Stroheim sagt zu Elisabeth Bergner: »Hören Sie nicht auf zu sprechen, ich habe Angst, einzubrechen, wenn Sie aufhören zu reden. Im Augenblick ist meine Zärtlichkeit für Sie so heftig, daß ich Sie schlagen möchte« (St 2; 131). Das Motto »Träumt ihr oder redet ihr?« deutet allerdings nicht darauf, daß der Wirklichkeitsbezug des Sprechens in Frage gestellt wird; das Stück selbst erscheint mitunter als ein »Traumspiel« (Mixner 106), bei dem nicht klar ist, ob es die Wirklichkeit oder bloß Konstellationen des Bewußtseins abbildet. Schon der erste Dialog zwischen Jannings und George gibt ein Beispiel dafür (St 2; 68), überdies betont die Bühnenbeleuchtung den Wechsel von Nacht und Morgen (St 2; 63, 136). Nicht nur stehen die Bewußtseinsirritationen der Schauspieler häufig mit Hinweisen auf das Traumthema in Zusammenhang, auch im Textkorpus dieses Stücks sind Regieanweisungen und Redetext der Schauspieler nicht immer klar voneinander zu trennen, erscheint das Stück wie eine mit Monologen und Dialogen durchsetzte »Erzählung« (Mixner 106).

Das Verhältnis der Vorarbeiten, die als Notizen zu »Der Ritt über den Bodensee« abgedruckt sind, zum Stück selbst bestätigt, daß das scheinbar Experimentelle des Textes aus genauen Wahrnehmungen hervorgeht. Es sind Verzeichnisse von Beobachtungen, die sich jenen vergleichen lassen, die Handke später im »Gewicht der Welt«, in der »Geschichte des Bleistifts« und den »Phantasien der Wiederholung« vorlegen wird. Damit zeigt sich schon früh am Beispiel eines dramatischen Textes eine Eigenart des Handkeschen Schreibens, die ursprünglich kaum beachtet wurde: Die Geschichten, welche die Texte vorstellen, sind zugleich Modellkonstruktionen und Raster, die einen Zusammenhang für authentische Beobachtungen und Reflexionen entwerfen. Faßt man die Eigenart dieser Umorganisation und Transformation ins Auge, so wird zudem deutlich, daß der »Ritt« schon sehr entschieden auf theatralische Situationen hinarbeitet. Eine zweite Notiz lautet: »Eine Treppe, die den Gehrhythmus hemmt; eine Stapfe bricht ein« (St 2; 161). Im Stück wird diese Beobachtung zu einer Spielszene transformiert, welche die Beziehung von Sprache und Wirklichkeit im theatralischen Gag sinnfällig macht und zugleich in Frage stellt. Als Henny Porten langsam die Treppe auf der Bühne hinabschreitet, zählen George und Jannings, als sie bei »sieben« angelangt sind, hat Porten erst die sechste Stufe erreicht, sie »hält jetzt inne, als sollte sie abstürzen, läuft dann die Stufen zurück hinauf«. Beim zweiten Hinabschreiten zählen die beiden Schauspieler wiederum bis »sieben« und irritieren Henny. »Es gab aber noch eine achte Stufe, und Henny Porten, die auf ebener Erde weitergehen wollte, stürzt taumelnd ab, strauchelt in den Raum hinein, ringt um Luft und läuft schnell wieder die Treppe hinauf, als sei sie zurückgestoßen worden« (St 2; 81). Beim dritten Versuch schließlich stützt Stroheim die Porten, George und Jannings aber zählen nunmehr weiter und bringen Stroheim und Porten wieder aus dem Konzept, »aber bei ›neun‹ steigen sie noch eine Stufe herunter, die es nicht mehr gibt. Sie prallen heftig auf, gehen in die Knie, torkeln« (St 2; 82).

So zeigen das Ineinanderwirken von Sprechen und Handeln wie die sprachliche Beeinflussung der Figuren in der theatralischen Szene, daß Sprache nicht allein schützende Decke über dem Unbewußten ist, sondern selbst schon dessen Einbruchsstelle. Das Unbewußte und die Sprache erweisen sich als symmetrisch. Genau diese Spanne entwerfen zwei Notizen zum Stück: »Jemand SPRICHT, und alles renkt sich wieder ein« (St 2; 177) und: »Zwischen Bezeichnendem und Bezeichnetem setzt die Traumdeutung ein« (St 2; 173).

3.3. *Kaspar*

Es spricht einiges für die Annahme, daß Handkes »Kaspar« die Problematisierung des Theaters zur Voraussetzung hat, welche die »Publikumsbeschimpfung« und die anderen Sprechstücke unternehmen. Andererseits greift er wieder auf eine traditionelle Theaterform zurück. Zwar ist Kaspar eine Theaterfigur, die erst im Verlauf des Stücks aufgebaut wird (Pütz 1; 18) und deren Geschichte ein Modellfall ist, der die Erziehungs- und Sprachproblematik formalisiert, doch an die Stelle einer Analyse der Beziehung zwischen Akteur und Publikum tritt die Interaktion zwischen Kaspar und den »Einsagern«, die seine sprachliche Erziehung durchführen.

Der Inhalt des Stücks erweist sich einerseits als historisch begründet, andererseits hat er eine parabolische Struktur (Mixner 57). In vielen Motiven und Details bezieht sich das »Kaspar«-Stück auf Anselm von Feuerbachs Studie über den historischen Kaspar Hauser, auf jene authentische Geschichte des Nürnberger Findlings, die nicht nur zu politischen Spekulationen, sondern vor allem auch zu philosophischen und sprachphilosophischen Überlegungen Anlaß gegeben hat. Kaspars erster Satz, mit dem er die Bühne betritt, ist eine Äußerung des historischen Kaspar Hauser. Die Formel »Ich möchte ein solcher werden, wie einmal ein anderer gewesen ist«, steht am Beginn einer Erziehungsgeschichte, die der Autor aber nicht auf die Authentizität des historischen Falls bezogen wissen will, sondern als Paradigma dafür, »was MÖGLICH IST mit jemandem [...] wie jemand durch Sprechen zum Sprechen gebracht werden kann. Das Stück könnte auch ›Sprechfolterung‹ heißen« (St 1; 103).

Die auf der Bühne vorgestellte Handlung des Stücks besteht zunächst darin, daß Kaspar sein eigener und erster Satz von den »Einsagern« ausgetrieben wird, bevor er ihn verstehen lernt. Stattdessen wird er zunächst allgemein über die Möglichkeiten von Sätzen belehrt. Gerade deshalb ist er, obwohl er sich gegen die zugesprochenen Sätze zu wehren versucht, nicht mehr in der Lage, seinen Satz zu behaupten. Im Verlauf der siebzehnten Szene, in welcher ihm dieser »ausgetrieben« wird, erfährt Kaspar zugleich die Macht der Einsager als Ordnungsmacht. Hier aber wird auch eine Ambivalenz deutlich. Einerseits scheint ihm das aufgezwungene Sprechen eine Verfügung über die Wirklichkeit zu geben: »Seit ich sprechen kann, kann ich mich ordnungsgemäß nach dem Schuhband bücken. Seit ich sprechen kann, kann ich alles in Ordnung bringen« (St 1; 126). Andererseits unterdrücken die Einsager Kaspars unmittelbare Regungen durch eine Summierung von Befehlen: »Stellen. Ordnen. Legen. Setzen. Legen. Stellen. Ordnen. Setzen« (St 1; 120). Die Äußerungen der Einsager kreisen ohne Zweifel ausschließlich um den Begriff der Ordnung (Pütz 21).

Die Szenen 19 und 20 scheinen zu bestätigen, daß der Neuaufbau des Sprechens unter dem Einfluß der Einsager zugleich eine Anpassung ist, die einer Entindividualisierung gleichkommt.

»Seit du einen ordentlichen Satz sprechen kannst, beginnst du alles, was du wahrnimmst, mit diesem ordentlichen Satz zu vergleichen, so daß der Satz ein Beispiel wird. [...] Du selber bist in Ordnung, wenn du von dir selber keine Geschichte mehr zu erzählen brauchst: du bist in Ordnung, wenn sich deine Geschichte von keiner andern Geschichte mehr unterscheidet: wenn kein Satz über dich mehr einen Gegensatz hervorruft« (St 1; 127/8).

Der Text suggeriert, daß sich der zum Sprechen Gebrachte ausweglos ins Sprechen verstrickt.

»Du mußt anfangen zu sprechen. Wenn du zu sprechen anfängst, wirst du zu denken anfangen, was du sprichst, auch wenn du etwas anderes denken willst. Sag, was du denkst. Sag, was du nicht denkst. Wenn du zu sprechen angefangen hast, wirst du denken, was du sagst. Du denkst, was du sagst, das heißt, du kannst denken, was du sagst, das heißt, es ist gut, daß du denkst, was du sagst, das heißt, du sollst denken, was du sagst [...] (St 1; 151).

Am Ende von Kaspars sprachlichem Ausbildungsprozeß, der ihn mit vielen Satz- und Argumentationsmodellen vertraut macht, steht die lapidare Äußerung »Du bist aufgeknackt« (St 1; 154). Und als werde der endgültige Verlust der Individualität durch das Erlernen des Sprachsystems bezeugt, unterschiedliche eingelernte *Sprachmaterialien* unterstreichen dies (Mixner 62), heißt es nicht nur: »Du mußt ein Bild von dir werden«, Schein deiner selbst also (Mixner 63). Kaspar vervielfältigt sich sogar. Sekundärkaspars treten neben ihm auf, zudem wird seine Stimme jener der Einsager gleich (St 1; 176). Die Sekundärkaspars begleiten Kaspars folgende »Ausbildung«, die darin besteht, im Spiel Erfahrungen zu machen, die körperlicher und sinnlicher Natur sind: Bewegungen, Schmerzen, Geräusche, Töne und Ausblicke werden erlernt.

Diese Ausbildung mündet in eine erste ausführliche Selbstdarstellung Kaspars, in der er sich als erzogen und angepaßt zeigt (St 1; 164); später wird sie durch eine Sammlung von Vorschriften ergänzt, welche die Figur nach einer Rückbesinnung auf die eigene frühere, durch Sprach- und Begriffslosigkeit verursachte Unfähigkeit kundtut (St 1; 182). Seine Äußerung »Ich bin zum Sprechen gebracht. Ich bin in die Wirklichkeit übergeführt« (St 1; 195), scheint zu bestätigen, daß die Sprache allein als Element der Konditionierung angesehen wird (vgl. ÜH 262 ff.). Der Pausentext generalisiert überdies, was Kaspar widerfährt, er setzt auch die Zuschauer einer Sprechfolterung aus.

Die Betonung der Sprachproblematik hat einen formalistischen Aspekt, der Handke in die Nähe Wittgensteins bringt. Eine Äußerung der Einsager legt diesen Bezug nahe, sie hat Zitatcharakter:

»Ein Tisch ist ein wahrer Tisch, wenn das Bild vom Tisch mit dem Tisch übereinstimmt: er ist noch kein wahrer Tisch, wenn zwar das Bild vom Tisch allein mit dem Tisch übereinstimmt, aber das Bild von Tisch und Stuhl zusammen nicht mit Tisch und Stuhl übereinstimmt« (St 1; 130). In der Tat entwickelt Wittgensteins »Tractatus« einen ähnlichen Gesichtspunkt bei der Bestimmung des Zusammenhangs von Sätzen und Wirklichkeit (WTL 33; vgl. Savigny 15–40). Für Wittgenstein sind die einfachsten sichtbaren ontologischen Gebilde Gegenstände, für die jeweils eine Form festlegt, mit welchen anderen Gegenständen sie sich zu Sachverhalten verbinden können. Die Gesamtheit der Sachverhalte ist die Welt. Der Gedanke ist ein logisches Bild einer möglichen Sachlage, weil er eine mögliche Struktur der Wirklichkeit abbildet. Er kann wahres (existentes) oder falsches (nicht existentes) Bild sein. Die Gesamtheit der wahren Gedanken ist ein Bild der Welt, das durch Satzzeichen einen sinnlichen Ausdruck erhält. Diese Satzzeichen können Schallwellen, Schriftzeichen oder Ähnliches sein (WTL 20/1). Der Satz selbst ist nichts anderes als das gedachte Satzzeichen zusammen mit dem Denken des Satzsinns. Weil der Gedanke die mögliche Struktur der Wirklichkeit abbildet, spiegelt sich diese im Satz wider. Die Sachverhalte werden durch Elementarsätze, welche ihrerseits die Namen von Gegenständen sind, die komplexen Sachlagen aber durch logische Verknüpfungen von solchen abgebildet (WTL 49–55, 59).

Eine Lektüre, die von dieser äußeren Übereinstimmung absieht, zeigt jedoch eine entscheidende Differenz. Wittgensteins Annahme, daß Sprache die Gesamtheit der sinnvollen Sätze sei, beruht auf eng umgrenzten Prämissen. Zum einen bezieht der Philosoph seine Überlegungen nur auf die Naturwissenschaft, nicht aber auf andere Wissenschaften, schon gar nicht auf die Philosophie (WTL 41, 115). Zum andern spitzen die Einsager Wittgensteins erkenntnistheoretischen Ansatz ideologisch zu, indem sie jede Wahrnehmung von Wirklichkeit als von den möglichen Formen sprachlicher Vermittlung abhängig darstellen. Nur deshalb können die Einsager die »in Ordnung gebrachten« auffordern, »nach für alle gültigen Sätzen« zu suchen: »auch die andern sollen endlich wollen können, was sie selber jetzt wollen sollen können« (St 1; 175/6). Bei Wittgenstein heißt es dagegen nur: »Daß die Welt meine Welt ist, das zeigt sich darin, daß die Grenzen der Sprache (der Sprache, die allein ich verstehe) die Grenzen meiner Welt bedeuten« (WTL 90). Kaspar selbst ist ein Opfer der ideologischen Engführung. Aus den Reden der Einsager begründet sich für ihn ein Phantasma der Verfügung:

»[...] und jeden Gegenstand
der mir unheimlich ist

48

bezeichne ich als mein
damit er aufhört
mir unheimlich zu sein« (St 1; 166)
An anderer Stelle heißt es lapidar: »alles ist mir zu Willen« (St 1; 180).

Doch trotz dieser Phantasien beginnt Kaspar, sich gegen die Sprache, die Sprachtheorie und den Herrschaftsanspruch der Einsager zur Wehr zu setzen. Dies geschieht freilich nicht ausdrücklich, sondern im Verlauf einer allmählichen Bewußtwerdung. Kurz bevor Kaspar durch die zugesprochenen Sätze der Einsager »aufgeknackt« ist, wird ihm seine Entwicklung selbst problematisch; er fragt nicht nur nach »vorher« und »nachher«, er sucht auch die bedingenden Kausalitäten seines Lebens, doch seine Suche ist verwirrt, weil er erkennt: »Dadurch, daß ich bin, war ich gewesen. Dadurch, daß ich gewesen war, war ich. Ohne daß ich war, war ich gewesen. Ohne daß ich gewesen war, werde ich sein. Damit ich sein werde, war ich gewesen. Damit ich gewesen war, bin ich gewesen. Bevor ich gewesen bin, war ich gewesen. Bevor ich gewesen war, bin ich« (St 1; 152).

Unter dem Druck der unlösbaren Frage nach der eigenen Herkunft und den Bedingungen der Sozialisation zieht sich Kaspar zwar zunächst auf den dreimal wiederholten Satz zurück »Ich bin der ich bin«. Doch in der Folge zeigt sich, daß er immer mehr Erkenntnisse über den ontogenetischen Prozeß erlangt, weil er sich zu erinnern beginnt. Es hat seinen Grund, daß die Einsager gerade dieses Erinnern durch Geräusche zu stören versuchen. Denn es wird deutlich, daß Kaspars Erinnerungen an sein früheres Verhalten ihm eine Analyse seines sprachlichen Sozialisationsprozesses ermöglichen. Er vergleicht seine Erfahrungen und Wahrnehmungen mit seinen sprachlichen Reaktionen und dabei wird deutlich, daß es in diesem Vermittlungsprozeß zentrale Bilder gibt. Es scheint kein Zufall, daß die Phantasie des Schnees zugleich auf andere Texte Handkes weist; der Schnee ist offenkundig eine »métaphore obsédante«, die textstrukturierend ist (St 1; 190; Mixner 70). Im Verlauf dieser Selbstreflexion wird der affirmative Satz »Ich bin der ich bin« mit Erfahrungen verglichen und zugleich in Zweifel gestellt.

Die Frage nach der eigenen Herkunft legt sich schließlich in zwei Sätzen auseinander, die sich widersprechen: »[...] ich habe mich selber noch erlebt: ich habe mich nie gesehen« (St 1; 196/7). Kurz vorher wird Kaspar bewußt, was mit ihm geschehen ist: »Schon mit meinem ersten Satz bin ich in die Falle gegangen« (St 1; 194). Dies bekommt seinen Sinn, wenn man sich klarmacht, daß sich bereits der erste Satz »Ich möchte ein solcher werden, wie einmal ein anderer gewesen ist« nach der Vorlage der authentischen Kaspar

Hauser Geschichte auf Hausers Vater bezieht, von dem er nur weiß, daß er ein Reiter war.

So sind die sprachliche Ordnung, die familialen und sozialen Beziehungen unmittelbar miteinander verknüpft und auf einer unbewußten Ebene, ebenso wie auf der Ebene der Sprache und der Grammatik aufeinander bezogen. Von hier bekommt Handkes Äußerung, er habe im Kaspar einen »sprachlichen Mythos« darstellen wollen, ihren Sinn. Offenkundig ist Kaspars Sprechfolterung als Modellfall auch Abbild der Ontogenese, eine Darstellung des Aufbaus des Selbst. Der »sprachliche Mythos« zielt nicht auf eine Mystifikation der Sprache, auch wenn er ohne Zweifel von der Macht des Zugesprochenen handelt. Er entwirft vor allem das Beschreibungssystem für einen Prozeß, bei dem die Sprachwerdung Signatur eines ontogenetischen Beziehungskonflikts ist; er ist ein erzählter wissenschaftlicher Mythos, der sich mit dem wissenschaftlichen Mythos der Psychoanalyse vergleichen läßt.

Dieser Sachverhalt ist für die Bewertung des Kaspartextes von Bedeutung. Es gilt zu unterscheiden zwischen den Passagen, in denen Kaspar die herrschende Ordnung und zugleich die Gesetze der Semantik, Pragmatik und Syntaktik (Weiss 449) durch Sprechen und Sprechenlernen anerzogen wird, etwa in den Sentenzen der Szene 62, und jenen Erinnerungen Kaspars in der gleichen Szene, die darauf weisen, daß die Ich-Konstitution das Sprechen einerseits voraussetzt, daß sie andererseits durch dieses problematisch wird, weil in der Erziehung durch Sprache der Erzogene vernichtet wird (Pütz 1; 24). Allein die Sprache zieht Grenzen, korrigiert das kindliche vorsprachliche Weltbild, an das sich Kaspar rückblickend erinnert:

»Das Lärmen
und das Geschrei
a u ß e n
hielt ich für ein Sausen
und Kollern i n n e n in meinen Ge-
därmen:
ich mußte darunter leiden
daß ich nichts unterscheiden
konnte [...]« (St 1; 178)

Zugleich bewahrt die Sprache das Bedürfnis nach dem Verlorenen, das unbewußte Wünschen, das durch leidvolle Erfahrungen erdrückt ist.

»Ich kam zur
Welt nicht nach der Uhr
sondern weil

die Schmerzen
beim Fallen
mir halfen
einen Keil
zwischen mich und die Gegenstände
zu schieben
und mein Lallen
endlich auszumerzen:
so hat das Wehtun mir die Verwechslungen
schließlich ausgetrieben.
Ich lernte alles was leer war
mit Wörtern zu füllen
und lernte wer wer war
und alles was schrie
mit Sätzen zu stillen
kein leerer Topf
verwirrt mehr meinen Kopf
[...]« (St 1; 179/180).

Der sprachliche Mythos des Kasparstücks erzählt von diesem Zusammenhang der Sprache mit dem Unbewußten. Er legt klar, daß
die Sprache nicht nur Instrument der Anpassung, sondern auch
letztes Residuum eines Widerstands gegen den Prozeß der Sozialisation, gegen die herrschenden Diskurse und die Diskurse der Herrschenden ist.

Die Sprache des Widerstands widersteht von Anfang an den Sätzen der Einsager, sie bringt sich an drei Stellen des Textes zur
Geltung. Unmittelbar nach seiner affirmativen Wendung »Ich bin,
der ich bin« und kurz bevor Kaspar »aufgeknackt« ist, spricht er den
scheinbar sinnlosen Satz: »Warum fliegen da lauter so schwarze
Würmer herum?« (St 1; 152). Kaspars erinnernde Selbstreflexion
scheint schließlich nur möglich, nachdem er sich mit der Äußerung
»jeder Satz ist für die Katz« vorübergehend dem Einfluß der Einsager und ihrer Verpflichtung auf Zweckrationalität entzogen hat (St
1; 188; Mixner 70). Am Ende schließlich behauptet er sich mit der
befremdlichen Wendung »Ziegen und Affen« als einsamer Sprecher
(St 1; 197/8); diese Formel ersetzt den Schluß der früheren Fassungen »Ich bin: nur zufällig: Ich«. Der erste und der letzte dieser
Gegensätze Kaspars gehören der poetischen Sprache an (Mixner 67),
es handelt sich um Zitate aus Horváths »Glaube Liebe Hoffnung«
und aus Shakespeares »Othello« (Durzak 104), daß jeder Satz »für
die Katz« sei, ist zudem poetische Erweiterung einer Sentenz.

Hier wie dort berühren die poetischen Bilder, die sich bewußten

Erfahrungen wie den zugesprochenen Erfahrungssätzen der Einsager entgegen stellen, Erinnerungen an einen Zustand, der dem Prozeß der kulturalen Sozialisation und sprachlichen Anpassung vorausgeht. Der »sprachliche Mythos« ist zugleich der Traum vom verlorenen Unbewußten, das in Sprache nicht nur verdeckt und verstellt, sondern aufbewahrt und zitiert wird. Gerade deshalb schlägt der Kaspartext eine Brücke von der Sprachkritik der frühen Sprechstücke Handkes zu jenen späteren poetischen Entwürfen, welche die »begriffsauflösende« Kraft des Poetischen, von der Handke schon in seinen programmatischen Aufsätzen handelt, bezeugen und abbilden.

3.4. Die Unvernünftigen sterben aus

Das Stück »Die Unvernünftigen sterben aus« ist, anders als die frühen Sprechstücke, wieder einer theatralischen Darstellung von Wirklichkeit verpflichtet. Es behandelt die Geschichte des Unternehmers Quitt, der sich im Wirtschaftsleben behauptet, weil er sich nicht an die Kartellabsprache seiner Konkurrenten hält. Doch obwohl er diese aussticht, begeht er schließlich Selbstmord, indem er mit dem Kopf mehrmals gegen einen Felsquader anrennt. Die klare Handlungszeichnung und die bühnenwirksame Zuspitzung der Geschichte verleitet dazu, die Geschichte von Quitt als Lehrstück über die Themen Kapitalismus und Selbstentfremdung im kapitalistischen Wirtschaftssystem zu deuten; auch der enge Kreis von handelnden Personen unterstützt dies durchaus. Neben Quitt und seinen Konkurrenten treten seine Frau, sein Diener Hans und der Kleinaktionär Kilb auf. Zudem steht die Darstellung der Figur des Quitt in einer literarischen Tradition, weil sie nicht einfach kritisch beleuchtet wird, sondern zugleich Ansatzpunkte zur Identifikation gibt (Nägele/Voris 92). Die Sensibilität, welche die Hauptfigur zeigt, aber auch ihr Verhältnis zur Dienerfigur, die den Protagonisten einerseits verachtet, andererseits bewundert, weisen auf die Tradition der klassizistischen Tragödie zurück (Nägele/Voris 94).

Trotz der thematischen Enge des Stücks wird durch diese ambivalente Darstellung der Hauptfigur die unmittelbar politische Aussage entschärft. Handkes Selbstäußerungen lassen erkennen, daß dies durchaus bewußt geschieht. In einem Gespräch über das Stück führt er aus:

»[...] so wie früher in den Shakespeareschen Dramen die Tragödien aus der Verzweiflung der Helden über Verrat, aus gekränkter Liebe und aus Ent-

52

machtung usw. entstanden sind, könnte man das auch auf die Wirtschaft übertragen, wo eine Absprache gebrochen wird wie früher in diesen Dramen, wenn ein Verrat geschehen ist« (DG 320).

Daß die Geschichte Quitts auf die Darstellung eines exemplarischen Falls deutet, der über den gesellschaftlichen und historischen Rahmen hinausgeht, den das Stück entwirft, bestätigt eine Äußerung der Figur, die ihrem Diener ein Gefühl schildert, das einen scheinbar beliebigen Auslöser hat:

»Ich sah meine Frau im Morgenmantel und ihre lackierten Zehen und fühlte mich plötzlich einsam. Es war eine so sachliche Einsamkeit, daß ich jetzt ganz selbstverständlich davon reden kann. Sie erleichterte mich, ich verkrümelte, schmolz in ihr weg. Die Einsamkeit war objektiv, eine Eigenschaft der Welt, keine Eigenheit von mir. Alles stand von mir abgewendet, in einer sanften Harmonie« (U 7).

Diese Verkoppelung einer historisch und gesellschaftlich genau vorgegebenen Situation mit einer subjektiven Wahrnehmung von Wirklichkeit wiederholt nur, was Voraussetzung des Textes selbst ist. Ebenfalls im Interview führt Handke aus: »Es würde mich nicht interessieren, etwas rein in der Außenwelt Beobachtetes in Poesie zu bringen, sondern irgendwie müssen meine eigenen Geschichten und Verschlingungen hinzu kommen, sonst wäre es etwas Plakatives« (DG 320; Mixner 90).

Diese Zuspitzung des Vorgegebenen verleiht dem Text eine grundsätzliche Doppelbödigkeit. Er handelt von einer historischen Situation, die beschworen wird, und er reproduziert zugleich eine autobiographische Konstellation. Es spricht einiges dafür, daß in Quitts scheinbar exakt umrissene Lebenssituation ein Lebensgefühl des Autors eingeht. An seiner Geschichte wird ein Gefühlszustand demonstriert und dargestellt, so wie Quitt die eigenen Gefühle in dem Maß klar werden, wie er sich selbst einer erzählten poetischen Wirklichkeit gegenüber sieht, dem kurzen Inhaltsresümee aus Stifters ›Hagestolz‹, das ihm sein Diener vorliest. Beide Linien gilt es zu verfolgen.

Zunächst schildert die Geschichte des Unternehmers eine Entfremdung von Bedürfnissen, sie zeigt Sachzwänge, gesellschaftliche Normen und herrschende Diskurse, denen gegenüber Quitts Beharren auf einem individuellen Lebensgefühl ihn als Fossil einer anderen Zeit erscheinen läßt; er verfolgt ein Ideal der Selbstverwirklichung, sein Handeln ist eine emphatische Ichbetonung (Gabriel 159), der die Zwänge des Kartells entgegenstehen. Daran ändert der Sachverhalt nichts, daß sowohl der Diener Hans, wie auch die Konkurrenten ihn gerade deshalb bewundern (U 57).

»Ich werde mich nicht an die Absprache halten. Ich werde ihre Preise ruinieren und sie selber dazu. Ich werde mein altmodisches Ich-Gefühl als Produktivmittel einsetzen. Ich habe noch nichts von mir gehabt, Hans. Und sie werden sich mit kalten Händen die heißen Köpfe kühlen. Und dann werden auch die Köpfe kalt werden. Es wird eine Tragödie sein. Eine Tragödie aus dem Geschäftsleben, in der ich der Überlebende sein werde« (U 54).

Quitts Versuch der Selbstverwirklichung unterliegt freilich dem gleichen Gesetz wie die Sprachwerdung Kaspars. In dem Maß, wie er ganz er selbst zu werden versucht, benutzt er die Gesetze und Normen des Wirtschaftssystems, jede Verwirklichung würde nur das herrschende System bestärken; nur die Verweigerung oder der anarchische Verstoß gegen die geltende Norm fallen aus dem Vorgegebenen heraus (dazu Mixner 193). Es ist kennzeichnend für diesen Sachverhalt, daß Quitts Bemühen, ein »Höchstmaß an subjektiver Autonomie« (Mixner 197) zu erreichen, ihn zu einer Sympathie für die Sprachlosen führt (Mixner 194) und daß sein Selbstmord im Anrennen gegen einen Felsquader erfolgt, dem die Gesetze des Bestehenden eingeschrieben sind: »Unsere größte Sünde – Die Ungeduld der Begriffe« und »Das Schlimmste ist überstanden – Die letzte Hoffnung« (U 56). Diese Inschriften weisen nicht nur auf die Abtötung des Wunsches, sie zeigen auch, daß die Sprache und die Begriffe einem System angehören, welches das Wünschen unterdrückt und im selben Zug vor dem Wünschen schützt. In dieser Hinsicht nimmt das Stück die Problematik auf, welche im »Ritt über den Bodensee« entwickelt ist, zugleich verleiht es dieser eine psychologische Kontur. Sie bindet sie an das Lebensgefühl einer Figur, die durchaus in einem Erfahrungsfeld steht, das sich jenem des Protagonisten im »Kurzen Brief« vergleichen läßt. Darüber hinaus wird eine Entfremdungssituation skizziert, wie sie später die »Stunde der wahren Empfindung« erzählt.

Für diese Überblendung der experimentellen Situation des »Kaspar«, der formalistischen der Sprechstücke und schließlich der inhaltlichen Problematik der späteren Romane ist eine Szene paradigmatisch, die zur autobiographischen Inschrift, zu den dem Drama eingezeichneten persönlichen Erfahrungen hinführt. Die Szene steckt die Problemfelder früherer Texte ab und spitzt sie auf eine neue Sachlage zu. An ihrem Beginn steht die gestische Demonstration der Entfremdung, in der alle Beziehungen zwischen Personen auf Tauschbeziehungen, auf den Austausch von Geld bezogen sind. Doch in dieser Situation wehrt sich bereits eine Figur gegen den eingespielten Mechanismus der Gesten und Verhaltensweisen, der nur die bestehenden Herrschaftsverhältnisse sanktioniert und immer wieder bekräftigt. Quitt versucht, Hans ein Geldstück zu geben, doch dieser zieht seine immer wieder ausgestreckte Hand stets zurück, bevor ihm Quitt das Geldstück übereignen kann. Diese Spielsituation weist einerseits auf die eingespielten gesellschaftlichen Mechanismen, andererseits auf die Rollenexistenz des Quitt. Noch in seiner Selbstbehauptung, die sein Diener Hans poetisch, weil unbedingt nennt (U 58), weiß er sich in sinnlose Zusammenhänge eingespannt.

Daraus begründet sich nicht nur der Eindruck einer ständigen Wiederholung des Sinnlosen, sondern zugleich das Gefühl einer kreatürlichen Selbstentfremdung. Es ist von Bedeutung, daß die Selbstreflexion Quitts in einem Augenblick einsetzt, in dem er einen »langsamen traurigen Blues« (U 62) zu spielen beginnt und dazu singt:

»Manchmal wachte ich auf in der Nacht
und alles was ich für den nächsten Tag wollte
kam mir so lächerlich vor
Wie lächerlich das Hemd zuzuknöpfen
Wie lächerlich euch in die Augen zu schauen
[...] Manchmal lag ich wach
und alles was ich mir vorstellte
macht mir alles nur noch unvorstellbarer
[...] Bleibt alle weg von mir
Es ist die Zeit nach meinem Tod
und was ich mir gerade seufzend als Leben vorstellte
sind nur jene Blasen auf meinem Körper
welche seufzen wenn sie platzen« (U 62/3).

Schon im »Kurzen Brief« ist der Blues ein narrativer Mythos, der individuelle und kollektive Geschichte, individuelle und kollektive Erfahrungen aufeinander bezieht, und zugleich ein Schema, »innerhalb dessen ein Spielraum für Improvisation bestcht« (Bartmann 88). Im Drama markiert er eine Bruchstelle, an der sich das individuelle Wünschen Quitts zur Geltung bringt; er ist aber auch ein Versuch, die Entfremdung, von der er berichtet, durch Phantasie und Imagination zu überwinden. Von Anfang an versucht Quitt, mit Hilfe seines »Bluesgefühls« (U 14) wieder seine Träume von früher zu erreichen. So handelt das Drama des kapitalistischen Unternehmers unversehens vom zivilisatorischen Drama der Unterdrückung der Phantasie.

»Es kommt die Zeit der Begriffsmaschinen, und es wird nichts Unbedachtes mehr geben. Auch die Fehlleistungen aus dem Unterbewußtsein sind ja schon eine Methode des Managements. Selbst die Träume träumen sich von vornherein so, daß sie auslegbar sind. Ich träume zum Beispiel überhaupt nichts Sprachloses mehr, und die Bilder dazu laufen so logisch ab wie ein Tageslauf nach dem Terminkalender. Am Morgen wache ich auf und kann mich nicht bewegen von all den Reden, die ich im Traum geführt habe. Es gibt kein ›Und auf einmal‹ mehr wie in den Träumen von früher. [...] Oh schade ... es ist die Zeit der Sachzwänge, der Prioritäten, der Dringlichkeitsstufen für die Bedürfnisse« (U 94).

Der Verlust der Phantasie führt wie in anderen Texten Handkes zu einem Rückfall ins kreatürliche Empfinden: »Jetzt bin ich nur noch schwer und wund und plump von mir selber« (U 98). Auch diese Empfindungen des Kreatürlichen, bis hin zu Quitts »Todesgefühl« (U 44), sein Endzeitgefühl (U 93), weisen auf die geheime Geschichte vom verlorenen Selbst, die sich in Handkes Stücken und Texten immer deutlicher zu konturieren beginnt.

Wie im »Kurzen Brief« wird dem Protagonisten der »Unvernünftigen« die eigene Situation in dem Augenblick bewußt, in dem er seine eigene Erfahrung mit einer anderen historischen, aber ebenfalls literarischen vergleicht. Auch insofern ähnelt er Kaspar, dessen unbestimmtes Verlangen nach Identität damit beginnt, daß er sich wünscht zu werden, wie einmal ein anderer gewesen ist. An zwei Stellen des Stückes läßt sich dies demonstrieren, beide gehen von Stifterzitaten aus. So bekommt Quitts Satz »Erst mit dem Erzählen fallen mir meine Erfahrungen ein« (U 95) einen Doppelsinn. Er bezieht sich nicht nur auf sein eigenes Erzählen, das Erinnerungen freisetzt, sondern auch auf das Erzählen bereits literarisch geformter Erfahrungen, die als Kontrast zur eigenen Wirklichkeitserfahrung dienen.

Damit vollzieht das Stück »Die Unvernünftigen sterben aus« eine Wende, die sich jener vergleichen läßt, die sich im Erzählgestus des »Wunschlosen Unglücks« und des »Kurzen Brief« feststellen läßt. Die literarischen Muster verdecken nicht nur das Eigene und Persönliche, vielmehr wird gerade im Fremden das Eigene und Authentische erkennbar. Die scheinhafte Existenz Quitts, der Zwang zur Rollenexistenz, macht frei für eine Erfahrung des Illusionären, die sich dem Bestehenden widersetzt. Quitts Wunsch, »pathetisch« zu sein, ist ein Versuch, sich der imaginativen Kraft der poetischen Sprache und der spielerischen Aneignung von Wirklichkeit wie der spielerischen Bewältigung von Lebenssituationen zu versichern. Doch zugleich wird Quitt das Uneinholbare und Abgelebte dieses Rückbezugs klar. In Stifters Text bereits erkennt er den Versuch, eine verlorene Lebenssituation zu rekonstruieren.

»Damals, im 19. Jahrhundert, auch wenn man gar keine Weltgefühle mehr hatte, gab es doch wenigstens noch eine Erinnerung daran und eine Sehnsucht. Deswegen konnte man die nachspielen und spielte sie den andern vor, wie zum Beispiel in dieser Geschichte. Und weil man sie so ernst und geduldig und gewissenhaft wie ein Restaurateur, Stifter war ja ein Restaurateur, nachspielte, stellten sich die Gefühle auch wirklich ein, vielleicht. Immerhin glaubte man, daß es das gab, was man spielte, oder daß es möglich war« (U 53).

Doch Quitt wird auch bewußt, daß er etwas zu spielen versucht, das es gar nicht mehr gibt (U 54). Die Restauration des Vergangenen gelingt nicht mehr. Schon Kilb hat erkannt, daß Geistesabwesenheit zu keinen Rekonstruktionen mehr zu führen vermag, entsprechend deutet er Quitts geistesabwesenden Blick in die Natur: »[...] Naturbetrachtungen [sind] nach meiner Erfahrung schon das erste Zeichen für ein Nachlassen des Wirklichkeitssinns« (U 15). Dieser Linie folgt später der Unternehmer v. Wullnow. Er, der von Anfang an eine gute alte Zeit ohne soziale Probleme beschwört und dabei doch nur immer wieder die bestehenden Herrschaftsverhältnisse verklärt (U 20, 34), spricht davon, daß ihn die »Wahrnehmung der Natur« selbstbewußt gemacht habe, und er beklagt, daß das Naturgefühl heute entweder als »Rückzug in die Kinderwelt« abgetan werde oder nur noch vermittels der »Fata Morgana der Zivilisation« ertragen werden könne (U 72). Dabei zitiert er fast wörtlich eine Stelle aus Stifters autobiographischer Skizze in den »nachgelassenen Blättern«:

»Dunkle Flecken in mir als das einzig Undefinierte. Dann platzte die Blase, und die dunklen Flecken in mir entfalteten sich als die Wälder außerhalb von mir. Da erst fing ich an, auch mich zu definieren: nicht die Zivilisation von Haus und Straße, sondern die Natur machte mich auf mich aufmerksam – indem sie mich auf sich aufmerksam machte« (U 71/2; Stifter, Die Mappe meines Urgroßvaters, München 1954, S. 601–605).

Der Rückgriff auf Stifter ist zugleich die Rekonstruktion einer imaginären Beziehung zur Wirklichkeit, die zwar alle Empfindungen in Raumbilder umsetzt, aber noch keine Unterscheidung zwischen innen und außen kennt. Als Frühstufe der Ontogenese erinnert sie an einen symbiotischen Zustand, der das Ich bestimmt, bevor es zum Selbst wird, indem es in die symbolische Beziehung der Sprache eintritt. So führt Quitts literarisch und poetisch vermittelte Regression genau an den Punkt zurück, den Kaspar erreicht. Dieses Regredieren des Bewußtseins wird durch das Bühnenbild bestätigt: Im Bühnenlicht erscheinen am Ende des Stücks Gegenstände und Schlangen, Chiffren für Bilder des Bewußtseins (Mixner 198). Die Stummheit der Objekte belegt, daß die Subjekte sich dann selbst auslöschen wollen, wenn sie das erreichte Selbstbewußtsein ihre Entfremdung erkennen läßt.

Die frühen Prosaarbeiten, die in dem Sammelband »Die Begrüßung des Aufsichtsrats« vorliegen, dessen überarbeitete Fassung durch die 1967 entstandene Erzählung »Der Einbruch eines Holzfällers in eine friedliche Familie« ergänzt wurde, lesen sich wie Vorübungen zu den Romanen, mit denen sie teilweise unmittelbar, wie etwa das Prosastück »Die Überschwemmung«, das Teil der »Hornissen« wurde, oder mittelbar, wie die Stücke »Der Hausierer« und die »Hornissen«, verzahnt sind.

Inhaltlich und formal zusammengehörig erscheinen diese Prosaarbeiten durch ihren Versuch, bestimmte und jeweils genau festgelegte Redeweisen, Beschreibungszusammenhänge, Erzählsituationen und Bewußtseinszustände abzubilden und klarzulegen, wie diese in der Lage sind, eine objektive Beschreibung von Wirklichkeit zu erreichen, oder in welchem Maß sie jene verfehlen. Schon der erste Text, der zugleich dem Sammelband seinen Namen gibt, entwirft eine Situation und Redeform, die bestimmte Erwartungen und Assoziationen weckt, zugleich zerstört er diese systematisch. Nicht nur erweist sich die Formel, es »knistere verdächtig im Gebälk« in der Tat als Metapher für den tatsächlichen Zustand der Gesellschaft, deren Aufsichtsrat begrüßt werden soll (BA 9). Die formelhafte Rede des unbekannten Sprechers ist zudem durchsetzt von Bemerkungen, die auf ein Unglück, auf den tödlichen Unfall eines Jungen ebenso weisen wie auf eine fast absurde Szenerie: Die Aufsichtsratsmitglieder finden sich in einem fast verfallenen einsamen Haus im Wald zusammen, das unbeheizt ist, weder über Türen noch Fenster verfügt und am Ende offenbar tatsächlich zusammenbricht und die Rede des Sprechers enden läßt.

Was in dieser Geschichte durch eine Parallelität von erzählter Rede und Geschehen angedeutet wird, wobei der Einsturz des Gebäudes allein durch das plötzliche Ende der Rede vermutet werden muß, erreichen andere Geschichten durch eine Perspektivierung von Wahrnehmungen. In »Der Einbruch eines Holzfällers in eine friedliche Familie« (BA 118–124) wird der Berichterstatter, der ein Kind ist und gleichwohl in langen hypotaktischen Fügungen die Ermordung seiner Familie schildert, schließlich selbst das letzte Opfer des Holzfällers, dessen wütendes Treiben gegen die Familie und den Vater er offenkundig nicht ohne unbewußte Lust beobachtet hat. So endet die Geschichte auch hier mit dem Tod des Berichterstatters. In »Sacramento« wird der Western »Ride the High Country« aus der Perspektive einer erfundenen Figur erzählt, die am Ort der Handlung schließlich, wie ein Pferd angepflockt, den letzten show down erlebt (BA 82/3). In »Die Hornissen« ist der halluzinatorische und von Erinnerungen an die sexuellen Gewaltausübungen des Vaters durchsetzte innere Monolog eines Kranken in die Rede einer Frau im Nebenzimmer eingeschoben; in »Die Überschwemmung« beschreibt der Ich-Erzähler seinem offenbar blinden Bruder eine Situation, hinter der jener wie auch der Leser eine Katastrophe vermuten muß, ohne daß je Verläßliches über eine wirkliche Überschwemmung berichtet wird. Ähnlich unsicher bleibt der Leser in Hinblick auf den Wahrheitsgehalt des Berichteten, das in »Über den Tod eines Fremden« geschildert wird. Denn das Geschehen wird doppelperspektivisch erzählt, weil der Icherzähler der Geschichte allmählich über deren Wahrheitsgehalt nachzudenken beginnt; seine reflexiven Exkurse werden als kursiv gedruckte Einschübe im erzählten Text wiedergegeben. Auch die ineinandergeschobenen zwei Ich-Perspektiven des Textes »Das Feuer« geben keinen Anhaltspunkt dafür, welche der dargestellten Situationen der Wirklichkeit entspricht und welche phantasiert ist, ebensowenig wird klar, ob es überhaupt außerhalb des Erzählten ein zu berichtendes wirkliches Geschehen gibt.

Einige Texte dieses Sammelbands weisen im Gestus von Sprachkritik und Sprachreflexion auf die Differenz von Sprache und Wirklichkeit, juristischer Formel und tatsächlichem Geschehen. Die beiden »Prüfungsfragen«, »Der Augenzeugenbericht« aber auch die verfremdende »Lebensbeschreibung« von Jesus Christus und schließlich der Text »Das Standrecht« geben dafür ein Beispiel. Die Problemstellung dieser Erzählungen hat Handke mit Blick auf den Text des »Standrechts« in seinem Aufsatz »Ich bin ein Bewohner des Elfenbeinturms« programmatisch abgehandelt.

»Vor einigen Jahren fand ich in einem Strafgesetzbuch das Gesetz über das Standrecht. Darin wurde in der Form von Paragraphen festgesetzt, unter welchen Voraussetzungen das Standrecht über ein Gebiet zu verhängen sei, wie das Gericht sich zusammenzusetzen habe, wie es vorzugehen habe, welche Rechtsmittel dem Angeklagten zustünden, welche Strafe im Standrecht verhängt werde [...]. Die abstrahierende Form der Darstellung eines ritualisierten Sterbens nahm mich gefangen. Die Folgerichtigkeit der Sätze, die im Grunde immer *Bedingungs*sätze für eine konkrete zu denkende Wirklichkeit waren, das heißt, anzuwenden, wenn der in ihnen angegebene Tatbestand in der Wirklichkeit zutraf, erschien mir äußerst bedrohlich und beklemmend. Die abstrakten Sätze, die von keinem konkreten Sterben erzählten, zeigten mir trotzdem eine neue Möglichkeit, die Phänomene des Sterbens und des Todes zu sehen. Sie änderten meine früheren Denkgewohnheiten über die literarische Darstellung von Sterben und Tod, sie änderten überhaupt meine Denkgewohnheiten über Sterben und Tod« (E 22/3).

Daneben zeigt sich in diesen und anderen Texten auch die Tendenz, ganz bewußt die Grenze zwischen Wirklichkeit und Nichtwirklichkeit, Erzähltem und Phantasiertem zu verwischen. Damit erzeugen sie durch die Perspektive der Figuren eine Entscheidungsunsicherheit des Lesers hinsichtlich der Wirklichkeit des Erzählten, die sie der phantastischen Literatur annähert.

In der Erzählung »Der Galgenbaum« wird zunächst der Western »The Hanging Tree« mit Gary Cooper nacherzählt, dann entfernt sich die Erzählung vom Filmablauf. Im Muster des trivialen Handlungsschemas und scheinbar unter Fortsetzung der ursprünglich angefangenen Geschichte wird das Geschehen schließlich ins Monströse verzerrt. Dies geschieht nicht nur in der Beschreibung des mehrfachen Aufhängens von Cooper durch die aufgebrachte Menge, sondern auch dadurch, daß das Bewußtsein einer Figur das Handlungsgesetz des Films wiederzugeben scheint. Der Rädelsführer der Lynchenden

»weist die am Wagen, die über die Schultern gierig den erschlaffenden Mann betrachten, an, den Wagen zurückzustoßen, ihn, obwohl er schon tot ist, *noch einmal* aufs Brett zu stellen und sogleich, mit dem wegzurammenden Wagen, *noch einmal* zu hängen; aus dem Drang, zwischen den Vorgängen eine Einheit und einen Einklang zu schaffen, ordnet er zuletzt an, den Strick von dem Ast zu lösen, den herabgeplumpsten Mann auf den Wagen zu laden und sodann den Mann samt dem Gefährt, den Strick dazu, die Böschung hinunter und über den Felskopf ins brennende Dorf zu befördern.
Das geschieht auch« (BA 60).

Mit dieser Wendung weist Handkes Erzählen auf eine Nahtstelle von Fiktion und Wirklichkeit, wie sie auch das »gleitende Paradox« (Neumann) von Kafkas Erzählen markiert. Jener zeigt in dem Text »Von den Gleichnissen«, wie Fiktion Wirklichkeit zu bestimmen vermag; diese Parallele zwischen den Zuständen des Bewußtseins, den Phantasien des Imaginären und den Gesetzen der Fiktion wird in der Folge in Handkes Texten immer wieder variiert.

Während im »Galgenbaum« eine erfundene Person denkt, als habe sie nur die Aufgabe, die Erzählsequenzen des Filmes zu erfüllen, unternimmt die Erzählung »Die Reden und Handlungen des Vaters im Maisfeld« den Versuch, aus der erzählten »Voranzeige eines Films«, in der Bildsequenzen, Einstellungen und der Kommentar eines Sprechers aneinandergereiht werden, die Phantasie der wirklichen Filmhandlung beim Leser entstehen zu lassen (BA 69–76).

Während in jenen Texten die Grenze zwischen Fiktion und Wirklichkeit, aber auch zwischen der Fiktion und der Fiktion in der Fiktion schwindet, ist in »Das Umfallen der Kegel von einer bäuerlichen Kegelbahn« die als authentisch berichtete Wirklichkeit selbst brüchig. Am Ende dieses Berichts über den Ausflug zweier Österreicher nach Ostberlin steht eine Traumsituation, die einem Text Kafkas entstammen könnte. »Als die Straßenbahn gekommen war, waren sie, indem sie der Frau draußen noch einmal zuwinkten, schnell eingestiegen, um noch rechtzeitig den Bahnhof Friedrichstraße zu erreichen. Zu spät bemerkte der Student, daß sie gar nicht eingestiegen waren« (BA 137).

Es hat seinen Sinn, daß Handke in der Erzählung »Der Prozeß (für Franz K.)« Kafkas gleichnamigen Roman nacherzählt. Sein Text weist hier nicht nur darauf, wie sich eine nacherzählende Beschreibung im Bewußtsein von Lesern und Schreibern niederschlägt. Die nacherzählte Schilderung der Geschichte K.s berührt zugleich Empfindungszustände, die im Werk Handkes immer wieder beschrieben werden (dazu Mixner 52). Der Text der »Hornissen«-Erzählung zeigt, daß diesen Empfindungs- und Wahrnehmungszuständen bestimmte Bilder zugeordnet werden, die Blindheit, der Schnee, der Traum, um die immer wieder Texte und erzählte Zusammenhänge gruppiert werden. Zudem erweist sich das Leitmotiv der »Hornissen« als ein Phantasma, das sehr eng mit den vielen bedrohlichen Konfigurationen des Vaters und männlicher Gewalt zusammenhängt, die das Werk Handkes durchziehen. Die Szene, in welcher der Erzähler seinem Vater folgt, der mit bloßen Füßen eine Spur durch die Hornissen bahnt, zeigt sich als eine lebensbestimmende Phantasie von Vaterallmacht, die der Erzähler immer wieder im Schreiben zu überwinden sucht. Sie ließe sich als Motto des Schreibens betrachten, zumindest markiert sie eine Spur, der jenes folgt: »[...] die tiefen Spuren die er machte mit den tiefen Schuhen bis wir zu ihr kamen in dem Gebüsch die tiefen Spuren die er macht durch die wir gehen während wir schauen während wir jammern während ich in die Fußstapfen meines Vaters trete« (BA 27).

3.6. Hörspiele

Die Hörspiele Handkes folgen dem Gestus der Sprechstücke und greifen auf die Perspektivierung von Erzählsituationen zurück, welche die frühen Prosaarbeiten entwerfen. Dabei nehmen insbesondere das elf Minuten dauernde Hörspiel »Wind und Meer« und das »Geräusch eines Geräuschs« den Gattungsnamen wörtlich: Sie beschränken sich auf eine Folge genau bestimmter Geräusche und Redefetzen, die in keinem erkennbaren Zusammenhang stehen. Gerade diese Radikalität ist es, die Handke selbst wichtig ist, sie steht übrigens in Zusammenhang mit einer sprachexperimentell orientierten Wiederbelebung des Genres Hörspiel gegen Ende der sechziger Jahre (Nägele/Voris 97).

»*Geräusch eines Geräusches* ist mir persönlich fast das liebste Hörspiel, weil es den Hörer ganz frei läßt, ihm überhaupt keine Bedeutung sagt, weil es wirklich nur ganz konstruktivistisch mit Elementen von Stimmung und Traum arbeitet und weil ich mich darin völlig von diesen Hörspielen mit Sprecherstimmen befreit habe, die mir eigentlich alle Hörspiele zuwider machen« (Mixner 93).

Allerdings bewahrheitet sich auch an den Hörspielen, was für einige der Regieanweisungen in den Sprechstücken gilt: Was der Text über die einzelnen zu sendenden Geräusche bestimmt, kann zwar akustisch dargestellt, wohl aber nicht hörend erkannt werden. Insofern sind diese Hörspiele in der Tat Hör-Spiele, die Assoziationen freisetzen und Bewußtseinsreflexe auslösen, die frei und im wesentlichen nicht vorhersehbar sind.

Demgegenüber demonstriert das »Hörspiel«, wie aus einer Befragung, die eine Tat vermuten läßt, zu welcher der Gefragte verhört wird, ein Verhör-Spiel wird, in dessen Verlauf sich der Verhörte zur Wehr setzt, indem er das eingeübte Redemuster stört. Er verändert das Spiel von Frage und Antwort durch scheinbar zusammenhanglose Äußerungen, durch Mißverstehen und schließlich durch einfache Wiederholung der ihm gestellten Fragen. Am Ende redet er wie der Befrager selbst. Insofern mündet dieses Stück in der Tat in ein »›Herauskitzeln‹, ›Ausquetschen‹, ›Weichmachen‹, ›Leermachen‹, schließlich (in ein) ›Zum-Schweigen-Bringen‹« ein (Thuswaldner 14). Im Durchspielen der kommunikativen Situation wird diese zugleich zerstört. Das Verhör des »Hörspiels«, das in engem Zusammenhang mit dem Sprachexperiment des »Hausierers« steht, beschränkt sich allerdings nicht wie dieser auf die Darstellung bestimmter Berichts- und Redeformen und die Demonstration der Versatzstücke von Frage und Antwort im Verhörspiel. Seine radikale Reduzierung der Formen von Rede und Antwort auf das Akustische nähert sich einer Technik an, die in »Quodlibet« als Verfahren eines assoziativen Nichtverstehens auf die Bühne gebracht wird.

Das »Hörspiel Nr. 2« praktiziert ähnliches. Es zerlegt nicht nur Kommunikation in ein Netz von Sätzen, Worten und Redefetzen, es beschreibt auch eine kommunikative Situation, in der jene Zerschlagung des Zusammenhangs plausibel erscheint. Das »Hörspiel Nr. 2« gibt den Funksprechverkehr zwischen einer Taxizentrale und ihren Fahrern und den Reden der Fahrer untereinander wieder. Diese Wiedergabe erfolgt aus der Perspektive eines Unbeteiligten, der, ohne selbst Sprecher oder Adressat der Funksprüche zu sein, nur mithört. Auch hier läßt sich hinter den ritualisierten Formen des Anrufs, der überdies in der säkularisierten Form des Blues »Hey Joe« und der religiösen Form des »Ave Maria« (Nägele/Voris 98) zitiert wird, wie auch hinter den ritualisierten Formen des Antwortens die Suche nach einem Verbrecher vermuten. Doch es wird klar, daß diese Sprecher nichts finden als ihre eigenen Sätze. Sie reagieren nur auf Kommunikationssignale und sind recht eigentlich »sprechblind«, weil ihre Wahrnehmungen, Bemerkungen und Mitteilungen nicht die Regeln und Erfordernisse des Funksprechverkehrs überschreiten dürfen (WM 60; Nägele/Voris 99). Die Sprecher dieses Hörspiels verständigen sich nicht über Sachverhalte, sondern erfüllen nur jeweils die Anforderungen eines Sprachspiels, einer eng umgrenzten kommunikativen Situation. Allerdings erzeugt das Mithören von Sprechen und Antworten ein Gefühl der Entfremdung, weil es von Anfang an unvollkommenes Verstehen ist. Der Mithörer befindet sich außerhalb des Kommunikationsbereichs, gerade deshalb wird ihm die Vermitteltheit jener gehörten kommunikativen Akte bewußt. Allererst diese inhaltliche Zentrierung ordnet die Hörspiele Handkes als eigenständige und gattungskonforme Behandlung der Sprachproblematik dem frühen Werk Handkes zu.

Der programmatische Titel des ersten Lyrikbandes »Die Innenwelt der Außenwelt der Innenwelt« suggeriert einen Verweisungszusammenhang zwischen der Wahrnehmung von Erfahrungswirklichkeit und subjektiven Empfindungen, den die dort versammelten Texte nicht bestätigen wollen und wohl auch nicht können. Vielmehr verschreiben sie sich fast durchweg einem sprachexperimentellen Verfahren, das bestimmte grammatische Modelle oder eingeschliffene Redeweisen und Redewendungen demonstrierend vorführt. Als hervorstechende Beispiele lassen sich dafür »Der Rand der Wörter 1« (IAI 31), »Der Rand der Wörter 2« (IAI 104), »Die verkehrte Welt« (IAI 32–35), die »Abstraktion von dem Ball, der in den Fluß gefallen ist« (IAI 40–42) oder »Veränderungen im Lauf des Tages« (IAI 49–52) und schließlich die »Wortfamilie« (IAI 99–103) anführen. Dieses Hervortreten des Experimentellen und Formalistischen, das einen Kritiker zu der Bemerkung bringt, Handke komme »in seinen Texten einfach nicht vor« (ÜH 60), weist allerdings nicht nur auf die Formelhaftigkeit der vorgeführten Sprache, die manche Interpreten als Hinweis auf eine grundsätzliche Entfremdung in der Sprache ansehen (Nägele/Voris 109). Vielmehr zeigen die lyrischen Texte, die wie die frühen Sprechstücke und die frühe Prosa immer wieder daran erinnern, daß alle Literatur schon Sekundärliteratur geworden ist (ÜH 61), nicht nur die sprachbestimmenden Regeln und Klischees, sondern sie machen diese zugleich produktiv (ÜH 58), sie entwerfen den Spielraum eines poetischen Ich. In dieses Spannungsfeld ist Handkes Lyrik einzuordnen, von hier bestimmt sich ihre Eigenart.

Während einige Texte des ersten Lyrikbandes nur die Macht des Vorhandenen, des Vorgegebenen und Überlieferten bekräftigen, zeigen andere diese als eine Kraft, die eine schöpferische Gegenbewegung herausfordert. Allein auf das Vorgegebene weisen jene Gedichte, die dem Verfahren des »objet trouvé«, der Wiedergabe eines zufällig aufgefundenen Gegenstandes folgen. Die »Deutschen Gedichte« überspitzen dies, indem sie als Inhalt zusammengeklebter leerer Seiten eine Sammlung von Zeitungsausschnitten liefern. Aber auch in der »Innenwelt der Außenwelt der Innenwelt« lassen sich markante Beispiele hierfür anführen, so etwa »Die Aufstellung des 1. FC Nürnberg vom 27.1. 1968« (IAI 59) und »Die japanische Hitparade vom 25. Mai 1968« (IAI 78–80). Während »Lesen und Schreiben« (IAI 48), »Die Buchstabenformen« (IAI 60–62) und

»Legenden« (IAI 81–86) das Moment der Visualisierung dadurch bestärken, daß sie zusätzliche optische Signale unmittelbar Bedeutung gewinnen lassen, zielt der Text »Die Farbenlehre« (IAI 27–30) darauf ab, bereits durch das Druckbild auf die Bedeutung und die Eigenart sinnlicher Eindrücke und Assoziationen hinzuweisen.

Andererseits zeigt sich innerhalb der frühen Lyrik eine Tendenz zur Rückbiegung auf traditionelle Formen, schon hier kommt es zumindest ansatzweise zur Konturierung eines lyrischen Ichs. Vor allem zwei Texte des ersten Sammelbandes befreien sich von den Wort- und Sprachspielen und den Methoden der konkreten Poesie, sie entfalten assoziative Bedeutungen in der Spannung zwischen Erfahrungswirklichkeit und Wahrnehmung. Der Text »Was ich nicht bin, nicht habe, nicht will, nicht möchte – und was ich möchte, was ich habe und was ich bin« (IAI 23–26) trägt nicht ohne Grund den eingeklammerten Untertitel »Satzbiographie«. Er demonstriert, wie sich unter der Decke der gewöhnlichen Sätze, Namen und Bezeichnungen das Bewußtsein einstellt, ein unverwechselbares Ich zu sein. Im Anschluß an eine Kette von formelhaften Sätzen, die sich der Abfolge eines individuellen Lebens zuordnen lassen, heißt es lapidar: »Was ich BIN: *Ich* bin's!« (IAI 26). Dieser Satz markiert eine entscheidende Wendemarke. Nach Überwindung der Schwierigkeit, »Ich« zu sagen, gelingt eine Ordnung der Wahrnehmungsbilder; es wird möglich, subjektive Perspektiven und Wahrnehmungen erzählbar zu machen.

Das programmatische Gedicht »Die Innenwelt der Außenwelt der Innenwelt« (IAI 127–132) behandelt diesen Prozeß der Zentrierung, zugleich weist es auf die Eigenart und besondere Bedeutung des poetischen Wirklichkeitsentwurfs. Es beschreibt anfänglich Situationen und Wahrnehmungen, die bestimmte und genau benennbare Gefühlszustände hervorbringen oder sich diesen zuordnen lassen:

»Wir sind in Nashville in Tennessee:
aber als wir das Hotelzimmer betreten
und die Nummer des PLAYBOY
mit dem zum Teil sichtbaren schimmernden Naseninnern
der Ursula Andress
angeschaut haben
greift
– statt der Ratlosigkeit darüber
daß wir in Nashville sind –
das Naseninnere der Ursula Andress um sich« (IAI 127).

Diese Verknüpfung von Situationen und Empfindungen wird schließlich zu einer Sammlung assoziativer Bilder verkürzt, sie beschreibt damit zugleich das poetische lyrische Verfahren selbst:

»Nennen wir also die Schuldlosigkeit
Nagelschuh
die Ratlosigkeit
Hotelzimmer
die Ausweglosigkeit
neun Uhr
die Unschlüssigkeit
eine stehende Rolltreppe
die Scham
einen vollbesetzten Lift
und die Geduld
eine Platzanweiserin im Kino [...]« (IAI 130).

Im selben Zug erweist sich gerade hier, daß der poetische Entwurf von Wirklichkeit bereits authentische Erfahrungen einschließt. Die mitunter surrealen Momente des Erschreckens weisen auf jene Angst, von der Handke in »Eine Zwischenbemerkung über die Angst« (W 101/2) handelt und die in dem Essay »Die offenen Geheimnisse der Technokratie«, seiner »Reise nach La Défense« (W 31–38) später namhaft gemacht wird. Dort schreibt Handke über seinen Aufenthalt in Suburbia: »Mit einer fast obszönen Neugier ging ich stundenlang zwischen Schutthalden und farbigen Hochhäusern umher. Ich war tief verschreckt, es grauste mir – aber ich wollte nicht weg. Es kam mir vor, als hätte mein Bewußtsein endlich den äußeren Ort gefunden, der ihm im Inneren entsprach« (W 35). Das Wahrnehmen, das Erkennen und das Erschrecken lassen ein Topik des Bewußtseins entstehen, die sich den Räumen der Erfahrungswirklichkeit vergleichen läßt. Erst durch diese sinnlichen und zugleich psychischen Erfahrungen werden Innenwelt und Außenwelt symmetrisch.

»Wir betreten unser Bewußtsein:
wie in einem Märchen ist es dort früher Morgen
auf einer Wiese im Frühsommer:
wenn wir neugierig sind;
wie in einem Western ist es dort Mittag
mit einer großen ruhigen Hand auf der Theke:
wenn wir gespannt sind;
wie in einem Tatsachenbericht über einen Lustmord
ist es dort früher Nachmittag
in einem schwülen Spätsommer
in einer Scheune:
wenn wir ungeduldig sind;
wie in einer Rundfunknachricht

überschreiten dort gegen Abend fremde Truppen die Grenze:
wenn wir verwirrt sind;
und wie in der tiefen Nacht
wenn ein Ausgehverbot verhängt ist
breitet sich dort die Stille der Straßen aus
wenn wir uns vor niemandem äußern können –« (IAI 131).

Allerdings zeigt noch dieses Gedicht, das Wirklichkeit und Bewußtsein, Wirklichkeit und Phantasie als unmittelbar miteinander verzahnt und symmetrisch erscheinen läßt, eine Grenze, die bisweilen schmerzhaft erfahren wird. Ein Bild dafür ist die Schilderung jener »ältlichen Platzanweiserin«, die, wenn es hell geworden ist, »voll Scham« jene Schachtel zum Verkauf anbieten muß, die zuvor ein junges Mädchen auf der Leinwand offeriert hat.

Erst später erweist sich die Grenze zwischen innen und außen als durchlässig. Die »Langsame Heimkehr« greift auf die Raummetaphorik der »Innenwelt der Außenwelt der Innenwelt« zurück und entfaltet sie in einer Erzählung, welche die geographischen Räume, die Bezirke des Unbewußten und die Räume der Phantasie bruchlos ineinander übergehen läßt. Erst dort wird das Bild Jean Pauls (aus dessen »Wutz«) eingelöst, das Handke seiner ersten Lyriksammlung als Motto voranstellt: »...da allemal deine äußere und deine innere Welt sich wie zwei Muschelschalen aneinanderlöten und dich als ihr Schaltier einfassen...«. Damit führt der Roman eine Linie fort, die sich zuerst in dem Gedicht »Die neuen Erfahrungen« andeutet, später dann in den lyrischen Texten des zweiten Sammelbandes »Als das Wünschen noch geholfen hat« fortsetzt, und schließlich in die programmatische Schilderung vom »Ende des Flanierens« (EF 93–97) einmündet.

In »Die neuen Erfahrungen« (IAI 7–13) ergeben die geschilderten Augenblicke und Bilder eine Erinnerungslinie, die ohne Zweifel autobiographisch ist. Das Motiv des ersten Blicks wird unterschiedlichen Lebensstufen zugeordnet. Allerdings sind in diesem Text das Persönliche und die authentischen wie die existentiellen Erfahrungszustände mitunter noch von den spielerisch verwendeten Worten und Aperçus erdrückt. Dafür gibt es ein schlagendes Beispiel: »Wann werde ich zum ersten Mal von jemandem hören, der einen Regenschirm mit in den Tod nehmen konnte?« (IAI 11).

Demgegenüber hat der autobiographische Rückblick »Leben ohne Poesie« (W 9–23), der den Eingang zum Sammelband »Als das Wünschen noch geholfen hat« bildet, ein klares Zentrum: Alle Erinnerungen und Impressionen kreisen um die Frage des Schreibens; die Sprachreflexion vorangehender Texte wird nun zur Frage nach den Möglichkeiten einer Selbstbehauptung im Schreiben zugespitzt. Zunächst erinnert sich das lyrische Ich an seine Bedrohung durch die zugesprochene Sprache der anderen und an die Macht der vorgeformten Begriffe. Es weiß sich selbst in einen gewalttätigen Diskurs eingebunden:

»Die Romane sollten ›gewalttätig‹ sein und die
Gedichte ›Aktionen‹
Söldner hatten sich in die Sprache verirrt und
hielten jedes Wort besetzt
erpreßten sich untereinander
indem sie die Begriffe als Losungsworte
gebrauchten
und ich wurde immer sprachloser« (W 13).

Doch allmählich geben die fragmentierten Erinnerungen, weil sie sich zum Bild einer Entwicklung fügen, erneut einen Antrieb zum Schreiben. Indem das Ich von sich selbst berichtet, lösen sich seine Spannungen, wird es seiner selbst gewiß:

»Dann mit der Schamlosigkeit
des Sich-Ausdrückens
ist das Vorausgedachte von Wort zu Wort
gegenstandsloser geworden
und wirklich mit einem Schlag
wußte ich wieder was ich wollte
und bekam eine Lust auf die Welt
(Als Heranwachsender
wenn sich ein Weltgefühl einstellte
bekam ich nur Lust etwas zu SCHREIBEN
jezt stellt sich meist erst mit dem Schreiben
eine poetische Lust auf die Welt ein)« (W 21).

Der letzte Satz dieses Gedichts lautet »wie stolz bin ich auf das Schreiben gewesen!‹ (W 23), er scheint zu belegen, daß für den Schreibenden eine neue Erfahrung von Wirklichkeit möglich ist. Zwar setzt der Text »Blaues Gedicht« (W 55–69) zunächst wieder mit einer Aufzeichnung sprachloser Angstzustände ein, in denen das Ich »analphabetisch von der Entsetzlichkeit« außer ihm ist und Erinnerung wie Zukunftsgedanken verliert (W 56). Doch auch dieser Text entwirft eine Wende. Die Eindrücke in der »großen zierlichen Stadt« (W 58) befreien für kurze Zeit nicht nur zum einfachen Hinsehen, sie geben auch die Hoffnung, »glücksfähig« und selbstbewußt in der Selbstlosigkeit zu sein (W 60). Allerdings widersprechen diesem Eindruck zunächst noch die Träume (W 61). Ausgerechnet sie weisen darauf, daß sich alles Gedachte wie Erdachte noch an der Wirklichkeit behaupten muß. Denn obwohl sich die Phantasien der »Peinlichkeit wahrer Geschichten« enthalten und sich in den Zoten und sexuellen Ausdrücken »die unbeschreiblichen Einzelheiten der finsteren Neuzeit zu ihrem verlorenen Zusammenhang« (W 65) ordnen, ändert gerade das intime Erleben und Fühlen diese allein durch Sprache konstruierten Zusammenhänge: »[...] beim Erleben erlebten wir die sexuellen Handlungen als Metaphern für etwas anderes« (W 67). Von hier bekommt die Verwechslung der Worte ›Selbstgefühl‹ und ›Selbstgewühl‹, von der »Leben ohne Poesie« berichtet (W 21), ihren Doppelsinn. Die »wirklichen« Bilder wiegen in die »anderen« ein, und diese sind nicht mehr durch Sprache geschaffen, sondern durch Erfahrung und Erinnerung befestigt, es sind in der eigenen Vergangenheit wiederentdeckte Wunschträume:

»und die ›anderen‹ Bilder
waren keine Allegorien
sondern durch das Wohlgefühl
befreite Augenblicke
aus der Vergangenheit« (W 67).

So vermag das Gedicht auf das zu weisen, was außer ihm liegt:

»Zu existieren
fing an
mir etwas zu bedeuten –« (W 68).

Es gehört zur Eigenart dieser lyrischen Texte, daß sie, obwohl sie eine Folge von Erfahrungen abbilden, die eine kontinuierliche Entwicklungslinie bezeugen, immer wieder neu ansetzen und spannungsvolle Zusammenhänge und Abläufe erzählen, in denen Sinnverlust und Sinngebung, Zerfall und Neuaufbau des Ich (vgl. Bartmann 179, 186), fast bruchlos aneinandergefügt sind. Das Gedicht »Die Sinnlosigkeit und das Glück« (W 103–119) bestätigt dies erneut. Es beschreibt das Fehlen jenes »Rucks«, der die andere und erfüllte Zeit einleiten könnte, von dem das »Blaue Gedicht« handelt und der in der »Stunde der wahren Empfindung«, im »Kurzen Brief« und der »Geschichte des Bleistifts« als sinngebendes Ereignis dargestellt wird. Die Wiederentdeckung der Sinnlosigkeit (W 107) und die Vortäuschung des Lebens, an denen das Ich dieses Textes leidet (W 109), steigern sich dabei bis zu surrealen Bildern.

»Die Finsternis, wo die Welt war,
unterscheidet sich von der Finsternis des
Undefinierbaren ringsum
nur noch durch das frischere Schwarz,
und jetzt strömen auch schon die Wirbel
herein...« (W 112).

Gegen die Macht dieser Bilder helfen nur noch die Träume und die Regressionen in kindliche Wahrnehmungszustände. Sie erweisen sich als notwendige Kraft im wiedergewonnenen Leben. Gerade der Verzicht auf das bewußte Wollen ermöglicht eine Erkenntnis, die im lyrischen Text ausgesprochen wird.

»Der Gegensatz zur Sinnlosigkeit ist nicht der
Sinn –
man braucht nur keinen Sinn mehr,
sucht auch keinen philosophischen Sinn für den
Unsinn:
ausgezählte Wörter; die verboten gehörten,
denkt man« (W 115).

Diese Überlegung macht schließlich frei für die »vernünftige Zeit«, in »der man träumen kann« (W 118). Daraus auch begründet sich der Wunsch, »alt zu werden« und zugleich den Mustern und Zwängen des Erwachsenseins entgehen zu können, sich wie ein Kind zu verhalten. Träume und Wünsche lassen auf einen Zustand hoffen, in dem alle Kinder sind:

»[...] und vor einem Kind,
das einen anschaut,
nachdem es ein Glas umgeworfen hat,
denkt man,
wenn das Kind einen nicht mehr so anschauen
müßte
das könnte das Wahre sein« (W 118/9).

Der Hinweis auf die eigene Welt der Kinder und der Wunsch, sich wie ein Kind zu Kindern zu verhalten, greift zurück auf das Gedicht vom »Leben ohne Poesie«, in dem die Metaphorik des Kindseins und die Erinnerungsbilder unmittelbar miteinander verkoppelt sind (W 14). Hier wie dort deutet sich an, was später die Romane vollenden werden. Handkes »Tetralogie« rückt schließlich am Beispiel des Kindes Amina die wiedergefundene eigene Kindheit ins Zentrum der Autoreflexion und der erzählten Entstehungsgeschichte von Autorschaft. Im Zeichen der Zuwendung zum Kind vollzieht sich auch eine reflexive und lebensgeschichtliche Lösung früherer Probleme, gerade dies bezeugt das späte Gedicht »Das Ende des Flanierens« (EF 93–97). Die Bilderreihe dieses Textes, die ebenfalls einer Stadtwanderung angehört, unterscheidet sich in der Schärfe der Beobachtung nicht von vorangehenden lyrischen Bilderketten. Doch jetzt erscheint das Alleinsein zuerst als überwundener Zustand:

»Wir tun als ob das Alleinsein ein Problem sei
Vielleicht ist es eine fixe Idee –

wie die Angst im Sommer zu sterben
wenn man schneller verwest« (EF 93).

Darüber hinaus setzen die Blicke nunmehr Phantasien frei, anstatt zu düsteren Reflexionen zu geraten. Die Bilder der Irritation, die sich immer wieder zeigen (W 94), verschwinden in der beobachtenden Phantasie:

»Schöne Unbekannte mit dem breiten Gesicht
die du drinnen im Restaurant
an der Zigarette ziehst:
Im Vorbeigehen auf der Straße
erkenne ich dein Gesicht
und es wird undeutlich –
aufblühend in meiner Erinnerung« (EF 95).

Mit dem Einsetzen der Phantasie lösen sich die zwanghaften Vorstellungen, die noch frühere Texte bestimmen. Beim Betrachten einer Frau heißt es in deutlicher Anspielung auf den Tötungswunsch, den noch »Die Sinnlosigkeit und das Glück« verzeichnet (W 104), und den spontanen Mord, von dem der »Torman« berichtet:

»vorbei die Vorstellung der krachenden Guillotine
in deinen Halswirbelknochen« (EF 93).

Schließlich überwindet die Strophe 10 reflexiv eine Situation der Entfremdung im fremden Diskurs, welche das »Hörspiel Nr. 2« noch zu inszenieren versucht.

»He du an der Straßenecke:
die Geschichte von der Einsamkeit des modernen Menschen
kennen wir ja inzwischen
nun verschwinde auch du
Nachts von den windigen Straßenecken« (EF 95).

Mit dem Anredegestus jenes Hörspiels stimmt das Gedicht überein. Damit bestätigt es endgültig die Richtigkeit jener Formel von der »begriffsauflösenden Kraft des poetischen Denkens« (W 76), von der Handke 1973 in seiner Büchner-Preis-Rede spricht. Ohne Zweifel auch überschreitet das »Ende des Flanierens« jene Konstitution eines Ich und einer Ich-Perspektive, die sich seit der »Satzbiographie« durchzusetzen beginnt. Denn jetzt führt die Bewußtwerdung über die eigenen Voraussetzungen auch dazu, den Text, der Erinnerungen, Erfahrungen und Phantasien bewahrt, als ein Medium zu begreifen, welches die »Zwischenzeit« notiert.

»Pilger mit den schmerzblinden Augen
Bevor du einschlägig bekanntgemacht bist

von den uferwechselnden Flaneuren
Gesammelt an der Schreibmaschine
halte ich deine offiziell nicht bestätigte
Zwischenzeit fest
Unerschütterlich stehen meine Worte da für dich
ohne mich« (EF 97).

Der lyrische Versuch, »die flüchtigen Augenblicke« (EF 158) zu
erfassen, fördert das Bewußtsein, als Schreiber einem »Volk der
Leser« verpflichtet zu sein, wie es die Kafka-Preis-Rede im Jahre
1979 selbstbewußt formuliert (EF 158). So steuern auch die lyrischen Texte auf die Eröffnung jener »anderen« Zeit hin, die im
»Kurzen Brief zum langen Abschied« und in der »Stunde der wahren Empfindung« zum ersten Mal zu einer poetischen und zugleich
existentiellen Erfahrung wird.

5.1. Der kurze Brief zum langen Abschied

In einem Gespräch über den »Kurzen Brief« äußert Handke, Amerika sei für ihn eine Umwelt, »die durch die Kenntnis ihrer Signale vorgegeben ist« (ÜD 86). Dies hat für ihn in doppelter Hinsicht Bedeutung. Einerseits kennt er keinen Ort, der »die gleiche Entpersönlichung und Entfremdung« (ÜD 87) auslösen kann, andererseits ist Amerika nicht nur ein fremdes und ganz anderes Land, es ist auch »eine Traumwelt, in der man sich selber ganz neu entdecken muß, in der man selbst ganz neu anfangen muß« (ÜD 87).

Dabei zeigt sich allerdings, daß die Schilderung jenes Neuanfangs, der sich auf einer Reise quer durch den amerikanischen Kontinent vollziehen soll, nicht voraussetzungslos vonstatten geht, sondern der Rückbezüge bedarf. Der Text des »Briefs« nimmt Fragestellungen vorangehender Texte wieder auf, die er weiterführt und präzisiert. Die Beschreibung der Zeichen und Signale der Neuen Welt lenkt den Blick erneut auf die Frage nach dem Einfluß der Zeichen auf die Wahrnehmung von Wirklichkeit; sie entwirft eine experimentelle Situation und reflektiert sie. Der »Brief« ist nicht allein Beschreibung einer Entwicklung, sondern ein Roman über die Entstehung von Wirklichkeit durch Zeichen (Nägele 3; 390). Zudem umfaßt die Welt der Zeichen im »Brief« nicht allein die Sprache, sondern auch die Wahrnehmungsbilder (Schiwy 2; 31–33).

Auf der Reise erinnert sich der Erzähler an seinen ersten Aufenthalt in Amerika. Damals nahm er vor allen Dingen ein Universum neuer Bilder auf, die auf sein »menschenleeres Bewußtsein« einwirkten (KB 81). Der zweite Amerikabesuch verknüpft dann bereits alle Wahrnehmungen mit Gefühlszuständen; der Reisende beginnt, die Zeichen vermöge seiner Phantasie mit Bedeutung zu erfüllen. Überdies begegnet er Personen, deren Lebenspraxis von Zeichensystemen bestimmt ist. Das Bewußtsein der Amerikaner, mit denen er in Kontakt tritt, orientiert sich an abbildbaren Mythen des Alltags, das Kind Benedictine schafft sich eine selbstbezügliche Zeichenwelt, die unabhängig ist von den Reisebildern, die es wahrnimmt.

Entschiedener als in vorangegangenen Texten erscheinen die erzählten Zeichensysteme deshalb nicht einfach als Fesseln der Wahrnehmung, sondern als Räume der Phantasie. Sie ermöglichen Durchblicke, die der bloßen Wahrnehmung von Erfahrungswirklichkeit nicht zugänglich sind.

Im gleichen Zug zitiert der »Brief« offen die literarische Tradition, während frühere Texte jene systematisch zu negieren versuchen. Mit der Literatur des 19. Jahrhunderts verknüpfen den Roman das Thema Amerika und das Motiv der Reise, beide sind zudem auf das Handlungsmuster einer Entwicklung bezogen. Die Rückgriffe auf die literarischen Traditionen des psychologischen, des Entwicklungs- und des europäischen Amerikaromans haben einen gemeinsamen Konvergenzpunkt: die Fahrt durch die Neue Welt wird zur Reise in ein »Bewußtseinsland« (Mixner 145). Allen Außenbildern korrespondieren Innenbilder, alle Erfahrungen verweisen auf Erinnerungen. Diese Doppelbewegung führt für den Erzähler zu einer Bewußtwerdung der eigenen Voraussetzungen, die ohne Zweifel eine Selbstreflexion des Autors ist.

Die Bezüge zur literarischen Tradition sind zwar vielfältig, ihre Bedeutung aber nicht einheitlich, zudem verflachen manche zum bloßen Zitat. Ohne Frage bezieht sich der Titel des Romans auf Chandlers »The Long Good Bye«, und in der Tat geht es um die Geschichte einer Verfolgung, die mit einer Kette von Mordanschlägen verbunden ist. Die Ehefrau Judith reist ihrem Mann, der mit seiner Freundin Claire und deren Kind unterwegs ist, nach und bedroht ihn mehrmals tödlich. Doch damit ist der Rückgriff auf Chandler erschöpft. Dagegen zeigen die dem ersten und zweiten Teil vorangestellten Motti aus dem »Anton Reiser« von Karl Philipp Moritz, der ständige Rückgriff auf den »Grünen Heinrich« von Keller, aber auch die Orientierung an Scott Fitzgeralds »Great Gatsby«, daß der Bezug auf den psychologischen und den Entwicklungs-Roman größeres Gewicht hat.

Inhaltlich greift der »Brief« mit den Motiven der Reise, des Theaters und schließlich des »Bildungsgesprächs«, der letzten Unterhaltung des Erzählers und seiner Frau Judith mit dem Filmregisseur John Ford, auf diese Tradition zurück (Elm 354). Zugleich nimmt Handke damit ein Thema wieder auf, das er bereits in der »Begrüßung des Aufsichtsrats« in den »Halbschlafgeschichten« ironisch bearbeitet hat und auf das er gesprächsweise immer wieder zurückkommt (Durzak 106/7). Allerdings ist die Rückbesinnung auf die Tradition gebrochen; das Konzept des Entwicklungsromans ist Handke problematisch geworden. Er versucht deshalb nicht mehr, eine Entwicklung darzustellen, sondern nur eine »Hoffnung zu beschreiben – daß man sich so nach und nach entwickeln könnte«; die Reise durch Amerika ist »Fiktion eines Entwicklungsromans« (ÜD 88), die Handlungen des reisenden Ich haben keinen Vektor, sondern markieren nur einen chronologischen Ablauf (Zeller 120).

Unabhängig davon benutzt diese Fiktion die geschichtliche Hoffnung, die sich mit dem Land Amerika seit je in der literarischen

Tradition verband. Unter den Stationen der Reise, von denen Handke nur einige wirklich kennt, treten die Namen hervor, die im Zuge der Westkolonisation entstehen und von den Hoffnungen der Europäer künden. Die Reise, die in Boston, dem Ankunftsort der Pilgerväter beginnt, führt über Providence, Phönixville, Columbus und Estacada schließlich nach Bel Air, wo sie in einem Garten John Fords endet, der mit Orangenbäumen bewachsen ist und alle Zeichen des irdischen Paradieses und des Gartens Amerika zeigt, die das europäische Amerikabild des 18. und beginnenden 19. Jahrhunderts bestimmen. Zudem ist auffällig, daß der Ortsname Columbus in der literarischen Tradition sowohl Symbol der Fahrt in die neue Welt wie der amerikanischen Westexpansion ist. In Sealsfields »Kajütenbuch« ist er einer der herausragenden Hoffnungsnamen. Ausgerechnet an diesen Roman erinnert sich der Erzähler (Weiss 444; KB 84). Einiges spricht dafür, daß John Ford, der Lehrmeister und zugleich Exponent der amerikanischen Lebensart, nach dem Vorbild des Alkalden im Kajütenbuch gestaltet ist, nach jenem Patriarchen, der die Lehren der Neuen Welt verkündet.

Das Motiv des Aufbruchs nach Amerika wird zudem im »Brief« szenisch vergegenwärtigt. Im Anschluß an ein Gespräch mit dem Liebespaar in St. Louis, dessen Zusammenleben für den Erzähler fast »die Legende von El Dorado« (KB 114) erfüllt, hören der Erzähler und seine Begleiter, die sich auf einem Mississippidampfer befinden, dessen Signal, und mit einem Schlag kommt dem Erzähler die Geschichte Amerikas zu Bewußtsein (Nägele 3; 395).

»So gewaltig war das Signal, daß ich, während es dröhnte, auseinanderschreckend sekundenlang einen Traum von einem Amerika empfand, von dem man mir bis jetzt nur erzählt hatte. Es war der Augenblick einer routiniert erzeugten Auferstehung, in dem alles ringsherum seine Beziehungslosigkeit verlor, in dem Leute und Landschaft, Lebendes und Totes an seinen Platz rückte und eine einzige, schmerzliche und theatralische Geschichte offenbarte« (KB 121/2).

Dieser Wahrnehmungszustand scheint die Hoffnungen einzulösen, die mit der Reise durch den anderen Kontinent verbunden sind, er ist Ergebnis eines Erziehungsprozesses, der sich auf die Begegnung mit dem Menschen der Neuen Welt und dessen Zeichenordnung gründet. Insofern löst der Text an dieser Stelle ein, was der literarische Rückbezug auf den »Grünen Heinrich« und den »Anton Reiser« verspricht.

Wie im psychologischen Roman des Karl Philipp Moritz, der die Selbsterfahrung nicht nur als Weg zum Theater zeigt, sondern sie immer wieder in einer Flucht aus der Stadt hinaus in die Natur entstehen läßt, bildet auch im »Kurzen Brief« die Wahrnehmung von Natur wechselnde Bewußtseinszustände des Erzählers auf seiner Reise durch Amerika ab. In der Anschauung von Natur werden ihm nicht allein gesellschaftliche, sondern vor allem lebensgeschichtliche Erfahrungen bewußt. Doch anders als für Anton Reiser kann für ihn die Natur nicht einfach Fluchtraum sein, sie markiert nicht jenen scharfen Gegensatz von Innerlichkeit und Öffentlichkeit, dessen Signatur die Naturbilder vom »Anton Reiser« bis hin zum »Werther« bestimmen. Sie ist vielmehr Teil einer lebensgeschichtlichen Verknüpfung von Innenwelt und Außenwelt, deren Intensität dem Reisenden unter dem Ansturm neuer Bilder und Erfahrungen erst bewußt wird. Deshalb kann für ihn die Erfahrung von Natur nicht einfach als Freisetzung vom gesellschaftlichen Zwang erscheinen. Ohnehin ist die freie Natur in Amerika, die der Erzähler noch wahrnimmt, immer wieder durch die Bilder der Zivilisation verdeckt. Die Erinnerung an die Natur der Kindheit dagegen ist von vornherein gesellschaftlich und geschichtlich vermittelt. Sie bestätigt ein Gesetz der »Dialektik der Aufklärung«, daß die Herrschaft des Menschen über die Natur und die Herrschaft des Menschen über den Menschen unmittelbar miteinander verbunden sind (AGS 7; 173). Die Natur erscheint im Zeichen der Entfremdung (Nägele 3; 392).

Beide Naturbilder unterstehen einem eigenen Gesetz. Während die amerikanische Natur dem Reisenden stets nur als Perspektive aus dem Raum der Zivilisation heraus deutlich wird, als Blick aus dem Fenster, aus dem Auto im Durchfahren einer Landschaft, ist die erinnerte Natur der Kindheit von Anfang an fern der Idylle und schon angstbesetzt.

> »Ich war auf dem Land aufgewachsen und konnte schwer verstehen, wie einen die Natur von etwas befreien sollte; mich hatte sie nur bedrückt, oder es war mir in ihr wenigstens unbehaglich gewesen [...]. Weil das Kind sofort in die Natur gezwungen wurde, um darin zu arbeiten, entwickelte es auch nie einen Blick dafür, höchstens einen bloß kuriosen, auf Felsspalten, hohle Bäume und Erdlöcher, in denen man verschwinden konnte, überhaupt auf alle Arten von unterirdischen Höhlen [...]. Wenn der Wind ein Weizenfeld bewegte, war es mir nur lästig, daß er mir die Haare in das Gesicht blies, obwohl ich mir ein Weizenfeld, *das sich im Wind hin und her wälzte,* später oft vorstellte, um mir auszureden, wie unbehaglich mir die Natur immer gewesen war, und doch eigentlich nur deswegen, weil ich mir in ihr nie etwas leisten konnte« (KB 50/1).

Daß es sich bei der Flucht des Kindes in die Felsschluchten, Bäume und Erdlöcher nicht um Räume der Geborgenheit handelt, bestätigt eine Szene, in welcher der Erzähler, der sich in einer Snack-Bar der

Jeffersonstreet befindet, ein »tiefschwarzes Unterholz« phantasiert und dieses Bild sofort mit dem möglichen Tod Judiths in Zusammenhang bringt (KB 20; Durzak 114). Weder die Natur noch die Zivilisationsbilder der Neuen Welt, aber auch nicht die Flucht in den Traum können deshalb von den Angstzuständen befreien, welche die »leidende Erinnerung« des Erzählers beherrschen. Schon zu Beginn, als er eine Botschaft seiner Frau erhält, die er zu Recht als Abschied interpretiert, erinnert er sich blitzhaft an Ängste seiner Jugend, an die Bedrohung durch amerikanische Bomber, an die Kinderangst im nächtlichen Wald bei der Suche nach einer vermißten Person (KB 9). Der Schrecken von Claires Kind läßt den eigenen Schrecken wieder entstehen, als dem im Waschbecken badenden Kind plötzlich der Stöpsel herausgezogen wurde (KB 88; v. Hofe/ Pfaff 75).

Der Text versucht zwar einerseits, diese Kindheitsmuster zu reflektieren (Elm 360), andererseits zeigt sich, daß der erwachsene Reisende immer wieder manisch die Ängste seiner Kindheit rekonstruiert. Sein Telephonieren mit Österreich ist ein Beispiel dafür: in der Neuen Welt imaginiert er sich die Bilder der Alten. Der erste vergebliche Anruf bei der Mutter führt unmittelbar zur Phantasie einer österreichischen Landschaft mit einem Marterl (KB 32), in Tucson erinnert er sich an das Aufwachen des Kindes neben der gerade gestorbenen Großmutter (KB 157), von dort aus ruft er schließlich erneut seine Mutter an und liest dann den Schluß des »Grünen Heinrich«, der nach Hause zu seiner Mutter zurückkehrt, die er im Sterben findet, und dessen Frau aus Amerika wiederkommt. Seine Reaktion auf diese Lektüre ist »hysterisches Weinen« (KB 172).

Wo die Kindheitserinnerungen nicht als Bilder oder Szenen auftauchen, ragen sie als tote Zeichen einer vergangenen Zeit in die Augenblickserfahrungen. Als der Erzähler seinen Bruder im Holzfällerdorf Estacada besuchen will, findet er dort nicht nur ein Pionierdenkmal und eine authentische Pionierszenerie, sondern vor allem wieder die Erinnerung an die Heimat. Der Bruder ist als Holzfäller geblieben, was er in der Alten Welt war, das Zeichen für diese Kontinuität ist ein Kalender, den der Erzähler noch aus seiner Jugend kennt. Der Gedanke, daß sich der Bruder immer wieder den neuen Kalender mit dem neuen Bild nach Amerika schicken läßt, ist ihm so unerträglich, daß er ihn verdrängen muß (KB 176).

Weil die Bilder des Neuen an das Vergangene erinnern, kommt es wieder zu Zuständen der Dissoziation (KB 163–165; Nägele 3; 405). Sie durchziehen den ganzen Text und scheinen erst in der Schlußszene aufgehoben. Diese Dissoziationen sind unbewußt mit Erinne-

rungen an die Mutter verbunden, die »ab und zu schwermütig ist«
(KB 13) und die in ihrem zweiten Telephongespräch mitteilt, sie
gehe jetzt viel herum »und vergesse dabei ganz auf die Zeit« (KB
170), ein Zustand, der auch dem Erzähler häufig widerfährt. Vergleichbare Irritationen bestimmen die Wahrnehmung von Zivilisation und Natur. Objekte vermögen sich einerseits zu einer lesbaren
Landschaft zu formen, Landschaften können andererseits als »zu
Hieroglyphen verschlungen« erscheinen (KB 144; Bartmann 170).
  Widersprüchlich ist auch eine ausführlich beschriebene Naturwahrnehmung aus dem Fenster des Holiday Inn in Indianapolis, vor
dem der Erzähler auf einem Hügel eine Zypresse stehen sieht.

»Ihre Zweige sahen in der Dämmerung noch fast kahl aus. Sie schwankte
leicht hin und her, in einer Bewegung, die dem eigenen Atem glich, ich
vergaß sie wieder, aber während ich dann auch mich selber vergaß und nur
noch hinausstarrte, rückte die Zypresse sanft schwankend mit jedem Atem-
zug näher und drang mir schließlich bis in die Brust hinein. Ich stand
regungslos, die Ader im Kopf hörte auf zu schlagen, das Herz setzte aus. Ich
atmete nicht mehr, die Haut starb ab, und mit einem willenlosen Wohlgefühl
spürte ich, wie die Bewegung der Zypresse die Funktion des Atemzentrums
übernahm, mich in sich mitschwanken ließ, auch von mir befreite, wie ich
aufhörte, ein Widerstand zu sein, und endlich als Überzähliger aus ihrem
sanften Spiel ausschied. Dann löste sich auch meine mörderhafte Ruhe, und
ich fiel aufs Bett, schwach und angenehm faul. Wo ich war und wann ich
woanders sein würde, alles war mir recht, die Zeit verging schnell« (KB 95).

Die »Lehre der Sainte-Victoire« wird später darüber Aufschluß
geben, daß die Zypresse ein lebensgeschichtlicher Signifikant ist. Sie
ist einem Zustand zuzurechnen, den Handke vermöge der Fähigkeit
zu ästhetischer Selbstreflexion erst überwindet. Es ist kennzeichnend für die Brüchigkeit der Entwicklungsbilder im »Brief«, daß
noch im Orangenhain John Fords Zypressen als Zeichen des Abge-
lebten stehen.
  Der Text des »Kurzen Briefs« ist ein Beispiel dafür, daß jene
ästhetische Selbstreflexion aus einer lebensgeschichtlichen heraus-
wächst und zugleich eine Auseinandersetzung mit der literarischen
Tradition zur Voraussetzung hat. Sie macht deutlich, daß es einen
unvermittelten Rückbezug auf die Natur nicht mehr geben kann.
Vielmehr erweisen sich die Zeichen von Natur und Zivilisation als
miteinander verschränkt. Ein Traum des Erzählers macht dies sinnfällig: »Zeichen im Sand, die ein dummer Gärtner wie Blumen
begoß, Pflanzen, die Wörter bildeten [...]« (KB 105; Nägele 3;
411). Die Natur vermag zu einem System von Zeichen zu werden,
und die Zeichen der Zivilisation können sich in eine zweite Natur
verwandeln. So sind alle Momente der Befreiung nur augenblick-

lich, es sind plötzliche Epiphanien (Bohrer 353; Durzak 115; Bartmann 169), die immer nur kurz das problematische Ich vergessen lassen. Doch alle tragen in sich bereits eine Möglichkeit, die sich schließlich entfaltet: aus der »leidenden Erinnerung« geht eine tätige hervor.

Die »tätige Erinnerung« erhält ihre volle Bedeutung im Umfang der lebensgeschichtlichen Autoreflexion. Zugleich entsteht aus dieser der Modus ästhetischer Anschauung von Wirklichkeit, wie ihn der Verfasser für sich selbst entwirft. Er beschreibt einerseits, wie die ästhetische Anschauung aus subjektiven Wahrnehmungen hervorgeht, er weist andererseits auch darauf hin, daß sich der Begriff des Subjekts, die Möglichkeit der Selbsterfahrung gegenüber der Tradition verändert haben.

»Auf einmal begriff ich, wie aus Verwechslungen und Sinnestäuschungen Metaphern entstanden. Die ganze Himmelsgegend, in der die Sonne gerade untergegangen war, blendete jetzt stärker als vorhin noch die unmittelbaren Sonnenstrahlen. Als ich zu Boden schaute, hüpften dort Irrlichter auf, und noch im Hotel griff ich in der Dunkelheit nach einigen Sachen daneben. ›Mein ganzes Wesen verstummt und schaut‹: so hatte man sich früher zu den Naturerscheinungen verhalten; ich aber spürte in diesen Augenblicken vor der Natur wieder unangenehm deutlich mich selber« (BR 79).

So tritt an die Stelle des traditionellen Gestus der Innerlichkeit, dem die Natur zur Projektionsfläche des Ich wird, die Erfahrung eines gefährdeten Ich, das sich auf sich selbst zurückgeworfen weiß und die eigene Individualität in Frage stellt. Die Angst vor der unbedingten Setzung von Individualität ruft ins Bewußtsein, daß jede Vorstellung zwangfreier Identität immer schon unerfüllbare Utopie war. Dies macht der im Text kurz danach angesprochene Bezug auf eine der literarischen Vorlagen deutlich. Im Gespräch über den »Grünen Heinrich«, mit dem sich der Erzähler immer wieder vergleicht, wird deutlich, daß Heinrich Lee die Utopie eines unbefangenen Lebens und Erlebens versuchte und sich so verhielt, daß ihm die Welt zur »Bescherung« geriet. Den Erzähler dagegen wirft der Rekurs auf die Wunschwelt der Kindheit zunächst in einen Zustand zurück, in dem Wünsche und Ängste unmittelbar miteinander verkoppelt sind (BR 96). Zugleich beginnt er darüber nachzudenken, warum er bereits als Kind durch diese dissonanten Vorstellungen »in einen Taumel versetzt« wurde. Während die Erinnerung an seine Kinderängste deutlich macht, wie sehr jeder Kindertraum im Spannungsfeld von Ordnungen stand, die sich im Kontext der Sozialisation als bedrohlich erwiesen, gelingt es Claires Kind, von vornherein zu erreichen, was der tätigen Erinnerung des Erzählers nicht möglich ist. Es sieht die Zeichen von Zivilisation als eine zweite Natur und projiziert eine geheime Ordnung in die erschauten Bilder, die nur ihm zugänglich ist und von den Erwachsenen nicht erfaßt werden kann. Deshalb läßt die Umgruppierung der Photos an der Windschutzscheibe das Kind »panisch« aufschreien (BR 88). Dem Kind der Neuen Welt und der Neuen Zeit gelingt, was dem Erwachsenen der Alten Zeit und Welt nicht möglich ist. Weil für ihn die Hoffnung auf neue Erfahrungen durch die Erinnerungen an eine vom Zwang bedrohte Vergangenheit problematisch wird, bedarf er einer Befreiung und Erlösung, die weder Vergangenheit noch Zukunft kennt. Es ist kein Zufall, daß sich die Ahnung jenes Zustands ausgerechnet in Providence einstellt.

»Dieses kurze Aufleuchten der richtigen Zahl aber war so stark gewesen, daß ich es empfand, als ob die Zahl auch wirklich gekommen wäre, aber nicht jetzt, sondern ZU EINER ANDEREN ZEIT.
Diese andere Zeit bedeutet nicht etwa die Zukunft oder die Vergangenheit, sie war ihrem Wesen nach eine ANDERE Zeit als die, in der ich sonst lebte und in der ich vor und zurück dachte« (BR 25).

An dieser Perspektive ändert nichts, daß auch dieser Erfahrungszustand mit Ängsten verbunden ist. Noch in Indianapolis erweist sich die erinnerte Epiphanie der anderen Zeit als bedroht durch einen panischen Schrecken, der auf die schmerzhaften Kindheitserfahrungen zurückweist.

»Und doch erschrak ich wieder vor diesem Schritt, als mir einfiel, wie notwendig aufgelöst und leer, ohne eigene Lebensform, ich mich in der anderen Welt bewegen würde; ich empfand heftig ein allgemeines paradiesisches Lebensgefühl, ohne Verkrampfung und Angst, in dem ich selber, wie in dem Spiel der Zypresse, gar nicht mehr vorkam, und es grauste mir so sehr vor dieser leeren Welt, daß ich in einer Schrecksekunde das ungeheure Entsetzen des Kindes nacherlebte, das an einer Stelle, wo es gerade noch etwas gesehen hatte, mit einem Mal nichts mehr sah. In diesem Augenblick verlor ich für immer die Sehnsucht, mich loszusein, und bei dem Gedanken an meine oft kindischen Ängste, an meinen Unwillen, mich mit anderen Leuten wirklich einzulassen, an meine jähen Begriffsstutzigkeiten, fühlte ich plötzlich einen Stolz, dem ein ganz selbstverständliches Wohlgefühl folgte. Ich wußte, daß ich mich von all diesen Beschränktheiten nie mehr loswünschen würde, und daß es von jetzt an nur darauf ankam, für sie alle eine Anordnung und eine Lebensart zu finden, die mir gerecht wäre, und in der auch andre Leute mir gerecht werden können« (BR 101/2).

Diese Passage legt zugleich das widersprüchliche Verhältnis klar, in dem Handkes Text zum Entwicklungsroman steht, dessen Handlungsmuster und Themen er zitiert. Mit der literarischen Tradition werden zugleich die jener zugrunde liegenden Erfahrungszustände kritisierbar. Dann vermag sich »auf dem Umweg vermittelter poeti-scher Erfahrung« (Mixner 151) das Bewußtsein von Individualität einzustellen. Doch dies ist nur die eine Seite. Die Ambivalenz der geschilderten Naturerfahrung macht jedes literarisch vermittelte Er-lebnis problematisch. Weil Wahrnehmung von Natur im »Brief« auch als Vereinzelung empfunden werden kann (BR 95), wird klar, daß sich Individualität außerhalb von Fiktion nur noch in der frei-willigen Unterordnung unter vorgegebene Zwänge bewahren läßt. Darauf weist die besondere Rolle, die der Erzähler Hans Moser deshalb zuspricht, weil jener in allen seinen Filmen als typisierte Nebenfigur zugleich auch eine Person ist, die sich selbst treu bleibt und ihre Individualität in einem eingeschränkten Bereich bewahrt (BR 151).

Die herkömmliche und im Lauf der Literaturgeschichte mehrfach vermittelte Naturerfahrung erweist sich für den Erzähler des »Briefs« dagegen als leere Utopie. Ihm wird klar, daß die unmittel-bare und allein aufs Subjekt gegründete Naturerfahrung ebensowe-nig sinnvoll wäre wie die freischwebende Utopie. Die Wahrneh-mung der Natur im »Brief« ist, eben weil sie immer als historisch und gesellschaftlich vermittelt gezeigt wird, nicht beliebig reprodu-zierbar; von Benedictine wird sie durch die Wahrnehmung der Zivilisation abgelöst, die als Zeichenwelt und zweite Natur erfahren wird (BR 117; Nägele 3; 396/7, 411). Diese zweite Natur erscheint zugleich als geordnete Natur.

So tritt im modernen Text an die Stelle der Landschaften, die das 18. und 19. Jahrhundert erzählen, strukturgleich eine Welt der künstlichen Zeichen und der Zivilisationsbilder. Das Gesetz der einen wie das der anderen aber wird erst durch eine ordnende Anschauung erfaßt. Dies deutet auf den Modell- und Zitatcharakter des fiktiven Reise- und Entwicklungsromans und der ihm einge-schriebenen Erfahrungen von Natur und Zivilisation. Denn es zeigt sich, daß weder die amerikanischen Bilder noch die Erfahrungen der Amerikaner übertragbar sind. Der Reiseweg des Erzählers und die Verfolgungsjagd der Frau münden zwar in die arkadische Idylle im Garten von John Ford (v. Hofe/Pfaff 74). Doch die Geschichten der Europäer und die Erzählungen des Amerikaners erweisen sich als invers. Wo Ford die Wir-Geschichte propagiert, die kollektiven Erfahrungen des Amerikanismus, die den Mythos des ›american dream‹ ebenso einlösen wie die Paradiesesvorstellungen des 19. Jahrhunderts, machen jene deutlich, daß sie an diesen Punkt nicht mehr zurückkönnen. Wo die epische Vernunft des Regisseurs das Zusammenleben propagiert, suchen sie nach einer Möglichkeit aus-einanderzugehen. Wo jener sich am kollektiven Mythos und der

Ideologie des Amerikanismus erhält, befreien sich die Reisenden von den Zwängen des Zusammenlebens. Sie erzählen ihr bisheriges Leben als Geschichte, um sich ohne Haß verlassen zu können; dabei tritt der Erzähler zugleich selbst in die erzählte Geschichte ein (ÜD 222).

Die utopischen Projektionen, die sich für die Europäer nur noch als literarische Fiktionen erhalten können, versucht der Amerikaner Ford naiv als in der eigenen Gesellschaft verwirklicht anzusehen. Auch insofern ist er Sealsfields »Alkalden« vergleichbar, mit dem der Europäer Sealsfield die Hoffnungen der Alten Welt in eine Geschichte vom Neuanfang verwandelt. Dabei macht schon das Gespräch mit den Schauspielern in St. Louis über den Don Carlos (BR 147–149) deutlich, daß die Europäer von vornherein als Bewußtseinsgeschichte begreifen und erfahren, was die Amerikaner als Geschichte erleben. Deshalb allererst ist für den Amerikaner, wie ihn der »Kurze Brief« vorstellt, das Erleben der Rolle eine positive Erfahrung, während sie dem Europäer nur seine Entfremdung belegt. Als private Geschichte demonstriert dies das Liebespaar, das ohne Zweifel die Kontrafaktur der Geschichte des Erzählers und seiner Frau Judith darstellt. Bei den Europäern gelingt die Einigung darüber, daß man eine mißglückte Beziehung wenigstens als ein Ehespiel fortsetzen könne, in dem sich die Personen »wie in einer Choreographie aneinander vorbei« bewegen, nicht. Dagegen kann das Liebespaar allein dadurch zusammenleben, daß es seine ganzen Besitztümer als Symbole für die Gemeinschaft betrachtet. »In unseren Träumen werden mit der Zeit sogar unsere Haushaltsgeräte Haushaltsgeräte der Vereinigten Staaten sein«, sagte das Liebespaar. »Dann könnten wir auch endlich beide das gleiche träumen« (BR 120).

Die inversen Handlungsmodelle, die am Ende des fiktiven Entwicklungsromans stehen, sind gleichwohl miteinander verzahnt. Dies aber nicht in einem inhaltlichen, sondern in einem strukturellen Sinn. Während für die Amerikaner die Fiktionen des Films nur eine Wiederholung der Wirklichkeit sind, werden die Europäer durch ihre im Erzählen wie eine Fiktion behandelte wirkliche Geschichte frei für die Wirklichkeit der Phantasie. Damit wird das konventionelle Schema des Entwicklungsromans, der vom Feld der Phantasie in die Wirklichkeit zurückführen will, umgedreht. Ästhetische Wahrnehmung soll weder auf die Praxis zurückverweisen, noch eine aufschließende Wirkung für jene haben. Sie tritt vielmehr alternativ neben eine Praxis, die auch nur mögliche Anschauungsformen von Wirklichkeit hervorbringt. Was im »Anton Reiser« noch als Störung des Wirklichkeitssinnes erscheint, im »Grünen Heinrich« vernünftig reguliert wird, bestimmt hier die Formen des Miteinander-Lebens.

›Geschichte‹ und ›Handlung‹ im »Brief« entstehen im Durchspielen verschiedener Wirklichkeitserfahrungen, die allesamt als literarisierte bereits vorweggenommen sind. Wirklichkeit und Fiktion erweisen sich als austauschbar, denn beide stehen unter dem Gesetz des Spiels, das sie zugleich aufeinander bezieht. Damit deuten sie auf jenen magischen Zusammenhang zwischen der Zeit und der ›anderen Zeit‹, der den Erzähler betroffen macht. Nur deshalb kann er die ideologische Verkennung von Wirklichkeit, welcher der Amerikaner verfällt, als produktive Möglichkeit der Anschauung von Wirklichkeit ansehen. Für ihn bekräftigt sich gerade im Verkennen von Wirklichkeit eine Wechselwirkung von Wahrnehmung und Erfahrung. Sowohl der kindliche Versuch, eine eigene Zeichenwelt aufzubauen, wie auch die amerikanische Ideologie machen für ihn deutlich, daß die Wahrnehmung die Wirklichkeitserfahrungen bestimmt. Aus dieser Erkenntnis folgt für ihn die Forderung nach einer Vermittlung von Erinnerung, Erfahrung und Anschauung. Sie geschieht durch das »systematische Erleben« (BR 124). Dieses, die Entstehung der Metapher aus Verwechslung, der Übergang von der leidenden zur tätigen Erinnerung, sind Wahrnehmungsformen, die auf eine ästhetische Anschauung von Wirklichkeit zulaufen.

Allerdings macht das Motiv der anderen Zeit auch deutlich, daß jene Anschauungsformen weder Konvention sein können, wie sie Literatur bisher vermittelt hat, noch Utopie sein dürfen (BR 95/6; 102; Nägele 3; 408). Gerade weil sich der Erzähler des »Briefs« der Stringenz ästhetischer Anschauung bewußt wird, muß er die ästhetische und literarische Konvention beseitigen, um die freie Anschauung zurückzugewinnen. Der Versuch, im Abstoß von den Zwängen der Praxis und zugleich von der vorgegebenen literarischen Erfahrung zur unmittelbaren Wahrnehmung zurückzufinden, macht das Zentrum eines neuen Konzepts von Innerlichkeit aus.

Die ästhetische Wirklichkeitswahrnehmung des Erzählers ist, obwohl sie mit den vielen Plötzlichkeitszuständen verkoppelt ist, die den Roman durchziehen (BR 194), keine unerklärliche Epiphanie. Sie beruht vielmehr auf einer reflexiven Aufarbeitung des eigenen Lebens und früherer Erfahrungszustände. Die ästhetische Utopie, die sich inmitten der rückwärtsgewandten Idylle des Fordschen Gartens entfaltet, erwächst aus einem lebensgeschichtlichen Erfahrungszusammenhang, der erst im Bewußtseinsland Amerika reflektiert werden kann. Das systematische Erleben, das die »leidende Erinnerung« wie das panische Entsetzen der Kinderzeit ablöst (v. Hofe/Pfaff 77), zeigt sich bedingt durch die Erfahrungen des

Leidensdrucks, aus diesen geht es hervor. Das Regelsystem des Internats, das den Jugendlichen von der Außenwelt fast völlig abschnitt (KB 124; Schiwy 2; 31–33), versetzt ihn später in die Lage, nicht nur zu erkennen und einzuordnen, was er erlebt, sondern auch zu wissen, welche Erlebnisse ihm fehlen. Aus der erinnerten Geschichte des Leidens erwächst eine Geschichte des Wünschens, welche die ästhetische Anschauung bewahren kann.

So führt das neue Bewußtsein des Ich zu einer Korrektur der literarischen Tradition, indem es keine Rangordnung von Phantasie und Wirklichkeit mehr zuläßt, sondern zeigt, daß beide austauschbar sind, natürliche und künstliche, fiktionale Welt sich spiegelbildlich entsprechen. Daraus erwächst auch eine Kritik des eigenen bisherigen Schreibens (Durzak 109). Sie legt klar, daß das eigene Leben dazu neigt, ein erfundenes nachzuahmen, während das erfundene Leben auf bekannte Muster der Wirklichkeitserfahrung zurückgreift. Ein eher unbestimmtes Gefühl erinnert den Erzähler an sein früheres Schreiben. Kurz vorher hatte der erste Anruf in Österreich, bei dem das Kind der Nachbarin erzählt, die Mutter komme mit dem letzten Omnibus (KB 32) an, die Erinnerung und Phantasie auslösende Situation der »Hornissen« vergegenwärtigt. Wenig später beginnt der Erzähler über sich nachzudenken und führt aus, schon damals habe ihn, ein »Mangel an Kenntnissen und Erlebnissen« dazu gebracht, sich »darüber hinwegzutäuschen, indem ich die wenigen Tätigkeiten, die mir möglich waren, im Beschreiben so zerlegte, als ob sie von großen Erfahrungen erzählten« (KB 35). Beim Nachdenken über die Phantasiebilder des »Grünen Heinrich«, die allesamt von einem Mangel an Beobachtung und wirklicher Erfahrung zeugen, gesteht sich der Erzähler ein: »Mir fiel wieder ein, daß auch ich lange Zeit nur einen verschrobenen Sinn für die Umwelt gehabt hatte: wenn ich etwas beschreiben sollte, wußte ich nie, wie es aussah, erinnerte mich höchstens an Absonderlichkeiten, und wenn es keine gab, erfand ich sie« (KB 65). So führt das erzählte Erinnern nicht nur zu einer Bewußtwerdung des Eigenen und des Fremden, es steckt gleichzeitig die Konturen eines neuen Schreibens ab. Hier bereits deutet sich an, daß Handkes Texte auf den Entwurf einer umfassenden Poetologie zulaufen.

5.2. Wunschloses Unglück

Die Erzählung und der Roman des Jahres 1972, das »Wunschlose Unglück« und der »Kurze Brief zum langen Abschied« lassen sich als eine Wende im Erzählen Handkes ansehen. Ihren thematischen und formalen Neuansatz hat man mitunter als Abkehr von narzißtischer Spielerei (Nägele/Voris 55) bezeichnet. Auffällig ist ohne Zweifel, daß beide Texte, indem sie abgeschlossene Geschichten erzählen, die an die literarischen Muster der Biographie und des Entwicklungsromans erinnern, auch Bewegungen verzeichnen, die von lebensgeschichtlichen Erfahrungen berichten.

Der »Kurze Brief« beschreibt eine authentische Reise, der zugleich die Geschichte einer sich wandelnden Beziehung zwischen drei Erwachsenen und einem Kind eingeschrieben ist. Diese Reise findet zudem im Erfahrungsraum der Neuen Welt statt, sie gewinnt Bedeutung durch das mythische und utopische Wunschpotential dieses Lebensbereichs. »Wunschloses Unglück« beschreibt dagegen einen Weg zurück. Am Beispiel der Geschichte seiner Mutter, die der Autor nach deren Selbstmord zu schreiben beginnt, und die sich als ein umgedrehter Entwicklungsroman (Durzak 118) lesen läßt, gerät das proletarisch-bäuerliche Österreich ins Blickfeld, das die Vergangenheit des Autors bestimmt.

Beide Texte verfügen über eine autobiographische Zentrierung, sie führen gerade deshalb zu einer psychologischen Zuspitzung der Frage nach dem Zusammenhang von sprachlicher Beschreibung und Abbildung von Wirklichkeit, die schon das vorangehende Werk Handkes beeinflußt. Zudem sind auch sie durch den Versuch geprägt, individuelle Erfahrungen und persönliche Empfindungen in Sprache und zugleich in literarischen Mustern aufzubewahren, mitzuteilen oder zu verändern.

Auf diese Konstellation weist schon der Beginn der Erzählung »Wunschloses Unglück«. Er gibt zunächst die unter der Rubrik »Vermischtes« in der Kärntner »Volkszeitung« gedruckte Nachricht vom Tod der Mutter Handkes wieder und berichtet unmittelbar darauf vom durch den Freitod ausgelösten »Bedürfnis über sie zu schreiben« (WU 7). Die erzählte Geschichte der Mutter erscheint als Gegentext zu jener unpersönlichen Notiz (Nägele/Voris 56); sie ist Versuch der Vergegenwärtigung eines individuellen Lebens, das durch die Sprachformel verdeckt zu werden droht, und sie will deshalb auf die Hilfe der »religiösen, individualpsychologischen oder soziologischen Traumdeutungstabelle« (WU 11) verzichten.

Die persönliche Betroffenheit, die das Schreiben initiiert, macht nicht allein die Sprache, sondern allererst das Schreiben und die Schreiberfahrung des Autors zum Problem. Zuerst wird deutlich, daß es schwierig ist, ein individuelles Leben zu erfassen, das schon als »Fall« bekannt ist und dessen Eigenart durch das literarische Muster der Biographie ebenso verschüttet zu werden droht, wie durch die formelhafte Zeitungsnotiz.

»Das Gefährliche bei diesen Abstraktionen und Formulierungen ist freilich, daß sie dazu neigen, sich selbständig zu machen. Sie vergessen dann die Person, von der sie ausgegangen sind – eine Kettenreaktion von Wendungen und Sätzen wie Bilder im Traum, ein Literatur-Ritual, in dem ein individuelles Leben nur noch als Anlaß funktioniert.
Diese zwei Gefahren – einmal das bloße Nacherzählen, dann das schmerzlose Verschwinden einer Person in poetischen Sätzen – verlangsamen das Schreiben, weil ich fürchte, mit jedem Satz aus dem Gleichgewicht zu kommen« (WU 44/5).

Überdies erweist sich auch hier die Bedeutung der Erinnerung. So wie das Erzählen Zusammenhänge stiftet, indem es zu Begründungen und Zeitangaben »die Ordentlichkeit eines üblichen Lebenslaufschemas« (WU 48) fingiert, schafft das Sich-Erinnern das Bewußtsein abgeschlossener Lebensphasen, weil es Leerstellen systematisch verdeckt oder durch erdachte Bilder und eine sprachliche Ordnung eliminiert. Es zeigt sich, daß der verstellenden Macht von Sprache und Erinnerung zugleich eine produktive Kraft innewohnt. Über die berichteten Zustände heißt es:

»Indem ich sie beschreibe, fange ich schon an, mich an sie zu erinnern, als an eine abgeschlossene Periode meines Lebens, und die Anstrengung, mich zu erinnern und zu formulieren, beansprucht mich so, daß mir die kurzen Tagträume der letzten Wochen schon fremd geworden sind« (WU 10).

Die Anforderungen der Biographie machen mehr als vorangegangene Texte die Spannung zwischen der Sprachformel und dem Anspruch auf unmittelbaren Ausdruck deutlich, die sich als Erfahrung des Schreibenden einstellt; sie hat nicht allein einen sprachlichen, sondern vor allem einen psychologischen Grund. Sie ist nicht nur Ergebnis einer »Trauerarbeit« (Nägele 2; 397), sondern vor allem Resultat eines Verschiebungsprozesses, der das Schreiben erst hervorbringt. Die Betroffenheit durch den Tod bestimmt auch die Schreibsituation. Das Erzählen beginnt damit, daß nach Weichen der »*Anfangs*vorstellungen« das »Bewußtsein schmerzte, so leer war es darin auf einmal geworden« (WU 10). Das Schreiben wiederholt das Entsetzen vor dem Tod. Es bewahrt die »Momente der äußersten Sprachlosigkeit und das Bedürfnis, sie zu formulieren« (WU 11).
Der Bericht über den Tod der Mutter ist ebensosehr ein Versuch, sich an eine Sache heranzuschreiben, wie eine Methode des Beiseiteschiebens und Bewältigens. Doch gerade dies erweist sich als unzureichend. Der Autor, der es gewohnt ist, sich sonst »von Satz zu Satz mehr aus dem Innenleben der beschriebenen Gestalten« zu entfernen, erreicht gerade nicht die »übliche [...] abgeklärte [...] Vogel-

perspektive« (WU 46), seine Mutter wird nicht »zu einer beschwingten und in sich schwingenden, mehr und mehr heiteren Kunstfigur. Sie läßt sich nicht einkapseln, bleibt unfaßlich, die Sätze stürzen in etwas Dunklem ab und liegen durcheinander auf dem Papier« (WU 47).

Vor allem wird deutlich, daß das »Namenlose« und die »sprachlosen Schrecksekunden« (WU 47) nicht allein der erzählten Lebensgeschichte angehören, sondern dem vergangenen Leben des Erzählers selbst. In der mitgeteilten Geschichte entdeckt er die Spuren einer vergessenen eigenen; in der Lebensbeschreibung der Mutter erinnert er sich auch an sein Herkommen. Damit beginnt für ihn jene »langsame Heimkehr«, von welcher später der gleichnamige Roman wie die ganze »Tetralogie« erzählen. Was als eine »Sozialgeschichte des Individuums« (Durzak 121; Mixner 185) erscheint, zeigt dabei nicht nur die Macht der gesellschaftlichen Instanzen und Normen. Es legt vielmehr, nicht anders als das Drama des »Kaspar«, allererst klar, daß sich diese in Sprache niederschlagen und daß es vor allem Sprache ist, womit sie sich durchzusetzen vermögen.

Daraus ergibt sich eine weitere Verknüpfung zwischen der Schreibsituation des Biographen und der Lebenssituation seiner Mutter; auch sie erweist sich als doppelte Beziehung. Sie bestimmt zum einen die erzählte und die eigene Sozialisationsgeschichte, in der die Sprache als Ideologie und gesellschaftliche Zeichenpraxis wirkt (Nägele/Voris 58), und sie weist zum anderen auf die Macht der literarischen Formel, welcher der Biograph und Erzähler untersteht, sobald er zu schreiben beginnt. Die verstellende Macht der literarischen Sprachformel erscheint jetzt symmetrisch zur ideologischen Gewalt jener Sprache und Sprachspiele, die als entscheidende Sozialisationsmuster des mütterlichen und des eigenen Lebens namhaft gemacht werden. Die Enge, die Perspektivenlosigkeit und das sprachlose Leiden in der ländlichen Lebenswelt, die der Biograph gleich zu Beginn an der Familiengeschichte seiner Mutter deutlich macht, finden ihre verkürzte Zusammenfassung in einem Kinderreim, der als Deutungsmuster erzählt werden kann: »Müde/Matt-/Krank/Schwerkrank/Tot« (WU 17). An anderer Stelle erweist sich das Sprachspiel der Kinder als Sozialisationsspiel, das die Anpassung an die gesellschaftlichen Besitzverhältnisse einübt, indem es »das Gesellschaftssystem als Stufenleiter« beschreibt: »›Kaiser – König – Edelmann/ Bürger – Bauer – Leinenweber/ Tischler – Bettler – Totengräber‹: ein Spiel, das im übrigen nur in den kinderreichen Familien der Bauern, Tischler und Leinenweber vollständig nachgespielt werden konnte« (WU 25). In kurzen Zügen macht der Biograph deutlich, wie diese sprachliche Einübung in das Bestehende, in der die Politik »als Merkwort oder, wenn bildhaft, dann als menschenloses Sinnbild eingetrichtert worden war« (WU 25), die Voraussetzungen dafür schafft, daß die Mutter in jenen »Gemeinschaftserlebnissen« (WU 23) aufzuleben beginnt, welche die Nationalsozialisten inszenieren. Ihr neues Lebensgefühl wird, fatal genug, durch den Aufbruch in den Krieg nur bestärkt; in jene Zeit ausgerechnet fällt »die erste Liebe« (WU 27).

In diesen Bereich kehrt die Mutter nach Krieg, Ehe und Großstadterfahrung zurück, und es zeigt sich, daß dort keine Veränderungen eingetreten sind. Und wieder dokumentiert sich dies sprachlich. Hinter den »heimeligen« Bezeichnungen für die Gegenstände der ländlichen Lebenswelt (WU 63/4; Weiss 450) wird die Kontur ärmlicher und bedrückender Verhältnisse nur um so deutlicher. In einer eingeschobenen Reflexion über die »Armut« bezieht der Erzähler die ideologische Macht der Worte zugleich auf die gesellschaftlichen Verhältnisse und auf deren literarische Spiegelung. Er weist darauf, daß die Habenichtse, die nach dem Verständnis der Gesellschaft wenigstens sauber zu sein haben, »die fortschrittlich zu ihrer Sanierung bewilligten Mittel für ihre eigene Stubenreinheit« (WU 59) ausgeben, und er teilt die literaturkritische Beobachtung mit, daß es vom Elend »sinnliche Beschreibungen, von der Armut nur noch Sinnbilder« (WU 60) gebe, weil »an der reinlichen, doch unverändert elenden Armut [...] nichts zu beschreiben« (WU 61) sei. In der erschriebenen Erinnerung an die Mutter bleibt das Wort Armut kein »niedlich-putziges Memoirensignal«, gelingen keine »Erinnerungshäkeleien«, sondern der Blick wird frei auf die tatsächlichen Verhältnisse.

»Von Anfang an erpreßt, bei allem nur ja die Form zu wahren: schon in der Schule hieß für die Landkinder das Fach, das den Lehrern bei Mädchen das allerwichtigste war, ›Äußere Form der schriftlichen Arbeiten‹; später wird es fortgesetzt in der Aufgabe der Frau, die Familie nach außen hin zusammenzuhalten; keine fröhliche Armut, sondern ein formvollendetes Elend; die täglich neue Anstrengung, sein Gesicht zu behalten, das dadurch allmählich seelenlos wurde« (WU 61/2).

Die Macht der gesellschaftlichen Sprachregelungen erweist sich daran, daß die Mutter selbst, um nicht aufzufallen, eingeschliffene Wendungen benutzt, welche die Unmittelbarkeit ihres Ausdrucks verstellen. »Ein maskenhaftes Gesicht [...] eine verstellte Stimme, die, ängstlich um Nicht-Auffallen bemüht, nicht nur den andern Dialekt, sondern auch die fremden Redensarten nachsprach [...]« (WU 40).

So führt die langsame Heimkehr der Mutter unvermittelt zu den

Koordinaten ihrer Jugend zurück, und wiederum vermag sie sich nicht gegen diese zu behaupten. Über die ländlichen Zustände der Kindheit äußert der Erzähler: »Als Frau in diese Umstände geboren zu werden, ist von vornherein schon tödlich gewesen« (WU 17). Jetzt heißt es noch viel grundsätzlicher: »Das persönliche Schicksal, wenn es sich überhaupt jemals als etwas Eigenes entwickelt hatte, wurde bis auf Traumreste entpersönlicht und ausgezehrt in den Riten der Religion, des Brauchtums und der guten Sitten, so daß von den Individuen kaum etwas Menschliches übrig blieb; ›Individuum‹ war auch nur bekannt als ein Schimpfwort« (WU 51). In seinen »Persönliche(n) Bemerkunge(n) zum Jubiläum der Republik« hat Handke ausgeführt, wie unmittelbar diese erzählten Erfahrungen nicht nur seine Familie, sondern ihn selbst betreffen und wie jene »Zeit der Unfreiheit« noch während seines Studiums fortdauerte (EF 56/7).

Die Engführung des beschriebenen und des eigenen Lebens weist nicht nur auf Übereinstimmungen in den Lebensläufen von Mutter und Sohn, sie legt zugleich werkbestimmende Obsessionen des Schreibers frei; auch im »Kurzen Brief« ist die Erinnerung an die kindlichen Naturerfahrungen den erinnerten Schreckbildern des »Wunschlosen Unglücks« vergleichbar. Doch dort vor allem erhält das Wiedererkennen des Eigenen im Fremden die schreibende Annäherung an die Mutter, die zugleich eine Erinnerung an die Bedingung der eigenen Jugend ist, eine Dynamik, die über den ursprünglichen Ansatz des Schreibens hinausgeht. Von Anfang an werden zwar im Traumleben die Gefühle der Mutter für den Erzähler »so körperlich [...], daß ich diese als Doppelgänger erlebe und mit ihnen identisch bin«, doch zugleich gibt es Momente, »wo das äußerste Mitteilungsbedürfnis mit der äußersten Sprachlosigkeit zusammentrifft« (WU 48). Gleichwohl drängt sich die Mutter »bei dem Gedanken an die Idiotie ihres Lebens« leibhaftig auf, »sie wurde fleischlich und lebendig, und ihr Zustand war so handgreiflich erfahrbar, daß ich in manchen Augenblicken ganz daran teilnahm« (WU 78). Es zeigt sich, daß das Schreiben eine phantastische Beziehung zur Mutter entwirft, welche die Grenze zwischen ihr und dem Schreibenden verschwinden läßt. Das Erzählen bewahrt und wiederholt zugleich den Prozeß der Einschreibung des Fremden in das Eigene, der die Geschichten von Mutter und Sohn wie deren gegenseitige Beziehung bestimmt. Die schreckhafte Erinnerung an diese Einschreibungsvorgänge findet in den Phantasien des sich auflösenden Körpers ihr angemessenes Bild. Es ist von besonderer Bedeutung, daß diese sowohl der gelebten Entwicklung der Mutter wie der erschriebenen Entwicklung des Autors zugeordnet sind.

Zu Beginn ihrer Krankheit findet der Erzähler seine Mutter auf dem Bett liegend, und er phantasiert sie als einen zerstörten Körper, bei dem alles »Innen« nach »Außen« getreten ist. »Wie in einem Zoo lag da die fleischgewordene animalische Verlassenheit. Es war eine Pein zu sehen, wie schamlos sie sich nach außen gestülpt hatte; alles an ihr war verrenkt, zersplittert, offen, entzündet, eine Gedärme-verschlingung« (WU 77). Dieses Bild verdichtet die Erfahrung jener gestörten Ökonomie von Drinnen und Draußen, die von Anfang an Signatur des mütterlichen Lebens ist und »Innenwelt« und »Außen-welt« schon je auf eine bestürzende Weise ineinander übergehen läßt (Nägele 2; 396/7). »Regen – Sonne, draußen – drinnen: die weibli-chen Gefühle wurden sehr wetterabhängig, weil ›Draußen‹ fast im-mer nur der Hof sein durfte und ›Drinnen‹ ausnahmslos das eigene Haus ohne eigenes Zimmer« (WU 19). Es ist kein Zufall, daß sich bereits diese Bedingungen der mütterlichen Sozialisationsgeschichte als Unterdrückung des eigenen Wünschens durch die Wünsche der anderen erweist. »Selten wunschlos und irgendwie glücklich, mei-stens wunschlos und ein bißchen unglücklich« (WU 19). Von hier erweist sich der Titel »Wunschloses Unglück« als literarische Nega-tion einer gängigen Sprachformel, die dem Bereich jener tiefgreifen-den gesellschaftlichen Unterdrückung des Wunsches zuzuordnen ist, an die sich der Autor erinnert. »Wunschloses Unglück« heißt nicht nur Unglück ohne Wünschen, es weist vielmehr auf die Unfä-higkeit, die eigenen Wünsche zu formulieren oder einzulösen. Der Tod, auf den jenes wunschlose Unglück zuläuft, ist zugleich das Ende aller Wünsche und doch der einzige Wunsch, den sich die Mutter selbst zu erfüllen vermag.

Doch für den Erzähler kehren nicht nur die Erinnerungen an die »Zustände aus einer Gespenstergeschichte« (WU 47/8) und diese Gespenster selbst, die »Revenants der Jugend« (Nägele 2; 397), sondern ausgerechnet die Phantasien der körperlichen Dekomposi-tion im Schreiben wieder. Sie fassen die lebensgeschichtlichen Er-fahrungen und Erinnerungen zusammen und verstärken sie zugleich in der Wiederholung. Statt Distanz zu schaffen, bewahrt das Schrei-ben ein Entsetzen. »Noch immer wache ich in der Nacht manchmal schlagartig auf, wie von innen her mit einem ganz leichten Anstup-fen aus dem Schlaf gestoßen, und erlebe, wie ich bei angehaltenem Atem vor Grausen von einer Sekunde zur andern leibhaftig verfau-le« (WU 99).

Sowohl das Scheitern der Mutter im Leben, wie auch das Schei-tern des Autors im Erzählen (Bohn 376) verzeichnen aber auch die Spur einer Entwicklung. Die Befreiungsversuche der Mutter, die aus den bäuerlichen Verhältnissen schließlich in die Ehe führen, mißlingen allerdings bereits im Ansatz. An der Frau vollzieht sich ein »Naturschauspiel mit einem menschlichen Requisit, das dabei systematisch entmenscht wurde« (WU 62). An anderer Stelle heißt es über diese Zeit: »Sie wurde ein neutrales Wesen, veräußerte sich in den täglichen Kram« (WU 38); die Ehe selbst erweist sich als eine Fortschreibung der früheren Unterdrückung, in der die Gewalt ins Innere des Hauses verlagert ist (WU 43). Dies macht die Mutter zunächst unfähig, eigene Initiativen zu entwickeln; es wirkt sich selbst im Alltag der Hausfrau aus. Die Möglichkeit zu »immer mehr Zeit für einen selber«, welche die Maschinen im Haushalt eröffnen, bestärkt nur eine tiefe Ratlosigkeit, »man stand nur wie schreckssteif herum, schwindlig von dem langen Vorleben als bestes Stück und Heinzelmännchen« (WU 66). Doch es gibt eine Gegenbewegung. Das Lesen, vor allem das Lesen von Literatur, eröffnet der Mutter, die ihr eigenes Leben mit dem Gelesenen zu vergleichen beginnt, die Möglichkeit, »von *sich* zu reden; mit jedem Buch fiel ihr mehr dazu ein« (WU 67). Nicht nur ihre Reden, sondern vor allem ihre Briefe, welche der Text in zunehmendem Umfang verzeichnet, künden von einer Bewußtwerdung. Die Mutter entwickelt eine eigene Sprache (Durzak 122) und erkennt ihre Situation als Selbstentfremdung (WU 88), sie sieht zugleich die tiefe Fremdheit, die sie ihrem Mann gegenüber empfindet (WU 89). Allerdings führt das Bewußtsein über diese Situation nicht dazu, den Zustand, aus dem es hervorgegangen ist, aufzuheben. Die Biographie verzeichnet lediglich das »Erwachen eines verkümmerten Ich« (Durzak 123), das weder physisch noch psychisch in der Lage ist, neu zu beginnen. Der Bewußtwerdung und Selbstgewißheit entgegen läuft, nur kurz unterbrochen durch einen vierwöchigen Urlaub in Jugoslawien (WU 84/5), das Gesetz des zerbrechenden Lebens (Weiss 448). Zudem ist die Bewußtwerdung von Anfang an nicht auf Veränderung aus. Auch die berichteten neuen Verhaltensweisen der Mutter durchbrechen nicht grundsätzlich den gewohnten Lebenszusammenhang; alles, was wie ein emanzipatorischer Akt beginnt, endet im Althergebrachten, an keiner Stelle kommt es zu einer anarchischen Auflehnung (Mixner 187). »Sie versuchte, unordentlich zu werden, aber dazu hatten sich die täglichen Handgriffe schon zu sehr verselbständigt« (WU 74). So verstärkt das Bewußtsein, das die Lektüre schafft, nur die Gewißheit des Verfehlten und Uneinholbaren. Die Mutter liest die Bücher »nur als Geschichten aus der Vergangenheit, niemals als Zukunftsträume; sie fand darin alles Versäumte, das sie nie mehr einholen würde«; ihr »zweiter Frühling« ist kein Neubeginn, sondern »nur eine Verklärung dessen, was man einmal mitgemacht hatte« (WU 68). Unter diesen Voraussetzungen erscheint der Selbstmord als ein Akt der Selbstbestimmung und zugleich als endgültige Bestätigung der Perspektivenlosigkeit dieses Lebens. Er demonstriert ein letztes Mal, daß die Bewußtwerdung der Mutter, die Erfahrung der Selbstentfremdung nicht nur zur Voraussetzung hat, sondern auch noch verstärkt.

Die Beschreibung dieses Entwicklungsprozesses ohne Ziel verändert gleichwohl den Schreibenden, seine Distanz gegenüber dem beschriebenen Leben schwindet in zunehmendem Maß. Schließlich kommt es zu einer Wende in der Erzählhaltung. Der Erzähler gebraucht im Bericht über das Leben der Mutter nicht mehr das unpersönliche »man«, sondern fühlt sich gedrängt, »sie« zu sagen. Unter den Zwängen des Vorgegebenen entdeckt er die Rudimente einer sich herausbildenden Individualität und zugleich die Grundlagen des eigenen Ich, die beide vermittels der distanzierten Sprachformeln nicht auszudrücken sind. Dem grammatischen Wechsel der Erzählperspektive, den das Erkennen dieses Zusammenhangs erfordert, korrespondiert der Sachverhalt, daß der Erzähler in zunehmendem Maß von sich selbst handelt; der Wende zum »sie« korrespondiert ein auffälliges Hervortreten des »ich«. Ausgerechnet dies unterstreicht, daß der Erzähler, der bis zuletzt die Distanz wahren will, wie ein anderer zu fühlen vermag. Sein Schreiben gerät zu einem Sich-Einträumen in die Erfahrungen der Mutter.

Der Blick vom Grab auf die unbeweglichen Bäume hinter der Friedhofsmauer wiederholt ein Lebensgefühl der Toten und befestigt zugleich jene Erinnerungen an die eigene Jugend, welche die Geschichte der Mutter durchziehen:

»erstmals erschien mir die Natur wirklich unbarmherzig. Das waren also die Tatsachen! Der Wald sprach für sich. Außer diesen unzähligen Baumgipfeln zählte nichts; davor ein episodisches Getümmel von Gestalten, die immer mehr aus dem Bild gerieten. Ich kam mir verhöhnt vor und wurde ganz hilflos« (WU 98).

Dieses Nachleben der Erfahrung eines anderen, das durch das Erzählen initiiert und verstärkt wird, verändert den Schreibenden selbst. Als er am Abend im Haus die Treppe hinaufgeht, wird diese Verwandlung sinnfällig: »Plötzlich übersprang ich ein paar Stufen mit einem Satz. Dabei kicherte ich kindisch, mit einer fremden Stimme, als würde ich bauchreden. Die letzten Stufen lief ich. Oben schlug ich mir übermütig die Faust auf die Brust und umarmte mich. Langsam, selbstbewußt wie jemand mit einem einzigartigen Geheimnis, ging ich dann die Treppe wieder hinunter« (WU 98). Die Gefahr, daß die Geschichte »zu sehr sich selber erzählt« (WU 91), wird vermieden; statt dessen verliert der Erzähler die Kontrolle über das Berichtete immer mehr, während die Mutter als Person Kontur gewinnt. Das Schreiben wird nicht »Erinnerung an eine abgeschlossene Periode« des eigenen Lebens. Vielmehr erweist sich, daß das Erinnerte fortlebt und jene literarischen Formen und Formeln zerschlägt, mit deren Hilfe der Autor zuvor »ein bißchen lügen« und sich »verstellen« konnte (WU 100). Damit bestätigt das Erinnern im Schreiben eine in der Schrift wiederholte körperliche Nähe zwischen Autor und Figur, die jene als Effekt eines schreibenden Körpers zeigt (Nägele 2; 393). Weil dieser Sachverhalt auch ins Bewußtsein des Autors drängt, verlangt er nach einer Infragestellung bisheriger Methoden des Schreibens. Denn in dem Maß, wie sich das Selbstbewußtsein des Autors aus einer Erfahrung von Verschränkung und Distanz zugleich mit den anderen begründet, schwindet das Vermögen zur geschlossenen literarischen Form. Die Einheit des biographischen Musters wird in dem Augenblick, in dem sie die wirkliche Einheit des berichteten Lebens zu erfassen beginnt, durch die Macht des erinnernd Vergegenwärtigten und durch die aufbewahrten Erfahrungen zerschlagen; sie verwandelt sich in ein Verzeichnis von Erinnerungsfetzen, die sich nicht mehr miteinander verbinden lassen. Der letzte Satz »Später werde ich über das alles Genaueres schreiben« (WU 105) weist deshalb nicht so sehr auf den Versuch, Abstand zu gewinnen, er ist vielmehr Programm eines zukünftigen Schreibens, in welchem die authentische Erfahrung, die Kraft der Erinnerung und der poetische Entwurf aneinander vermittelt werden. Der Schlußsatz der Erzählung verweist auf einen Prozeß, der nicht endet, er ist Bestätigung für eine fortdauernde Bedeutung des Autobiographischen, das zum Zentrum des Schreibens wird. Diese autobiographische Rückbiegung, deren Macht das Schreiben an der Biographie der Mutter klarlegt, wird sich später als Inschrift jenes poetischen Verfahrens erweisen, das sich mit guten Gründen an Stifter orientiert und versucht, eine lebensgeschichtliche Erfahrung in ein poetisches Programm zu übersetzen: das Bild einer neuen Welt soll aus den Ruinen der alten entstehen (Nägele 2; 391).

5.3. Die Stunde der wahren Empfindung

Das Motiv des anderen Landes, das den »Kurzen Brief« bestimmt, ist auch für die »Stunde der wahren Empfindung« von Bedeutung. Es zeigt, daß sie sich nicht nur auf die literarischen Vorbilder Rilke, Kafka und Sartre bezieht, sondern immer wieder auf eigene Texte Handkes zurückgreift. Vor allem der Bezug auf den »Tormann« ist nicht zu übersehen (Nägele/Voris 61–63). Auch diese Erzählung stellt zunächst die Frage nach der möglichen Erfahrung von Wirklichkeit durch die Sprachformel. In einer Pressekonferenz bedenkt Gregor Keuschnig das Verhältnis von Sprache und Wirklichkeit und seine dadurch bestimmte Erfahrungswirklichkeit:

»Hier wurde nichts gesagt, was nicht zum Mitschreiben bestimmt war; schon das war beruhigend! Keuschnig verstand nicht mehr, warum er so erleichtert gewesen war, als vor einigen Monaten, nach den Wahlen, statt der Wahlplakate wieder die vertrauten, lieben Reklamemotive an den Wänden erschienen. Hatten denn die Wahlplakate gedroht, daß etwas PASSIEREN würde? Warum hatte er damals die Wahlen als bloßen Spuk empfunden? Nun fühlte er sich seltsam behütet davon, daß für ihn Politik gemacht wurde. Es war so wohltuend, mit den Formulierungen andrer über sich nachzudenken: das Programm, das er mitschrieb, sagte ihm, wie er war, und was er brauchte, sogar in einer Reihenfolge! Und was von ihm das Programm nicht definierte, das konnte vernachlässigt werden – denn das waren aus Selbstverschulden unbewältigte Verhaltensformen aus dem Trotzalter. Ich bin definiert! dachte er – und das schmeichelte ihm. Definiert zu sein machte ihn endlich unauffällig, auch vor sich selber« (SE 71/72).

Damit scheint sich Keuschnig bewußt einer Situation auszuliefern, der sich der »Kaspar« noch zu verweigern sucht. Bei diesem wird die Determiniertheit des Subjekts durch Sprache unverhüllt zum Ausdruck gebracht und nicht nur als Verlust der eigenen Identität verstanden. Das Motiv der Rolle, das im »Kurzen Brief« noch am Beispiel der Amerikaner, ihres Theaters und ihrer Bilder und mit Blick auf Hans Moser auftritt, wird hier als Erfahrungszustand der Figur selbst dargestellt. Wie der Reisende im »Brief« hat sich Keuschnig beständig mit dem Einfluß der Sprache und der kulturellen Zeichen auf seine Wahrnehmungswirklichkeit auseinanderzusetzen, seine Aufgabe als Pressereferent ist es, gemäß den Richtlinien des österreichischen Außenministeriums den Franzosen ein Bild von Österreich zu vermitteln. Dabei kommt es zu einem Vergleichen des einen Landes mit dem anderen, das Keuschnig nicht nur die Schablonenhaftigkeit der Sprache bewußt macht, es befällt ihn zugleich auch ein Ekelgefühl gegen die Rituale der Lebenspraxis (Pütz 73/4). Verstärkt wird diese Situation dadurch, daß der Text schon zu Beginn über einen Traum berichtet, »ein Mörder geworden zu sein und sein gewohntes Leben nur der Form nach weiterzuführen« (SE 7). Damit beginnt die Geschichte eines sich verändernden Bewußtseins. Keuschnig will eine Situation, der er sich ausgeliefert weiß und die er als unumgänglich erkannt hat, bewußt verstärken. Er erfährt nicht nur eine Entfremdung durch Sprache, sondern er versucht umgekehrt, seine unmittelbare Erfahrung und Wahrnehmung durch Versprachlichung beliebig zu machen. Eine manische Zerstörung der individuellen Erfahrung durch Sprache kennzeichnet seine Suche nach der authentischen Situation und der wahren Empfindung.

Andererseits setzt Keuschnig allen Versuchen, die Wirklichkeit vermöge der Sprache ins Postkartenbild zu verwandeln, die einfachen Wahrnehmungen entgegen, die auf dem bloßen Zusehen beruhen. Die Formeln und Muster der Sprache und die Rituale des Alltags erscheinen ihm als komplementäre Bereiche; sie umschließen Erfahrungen und Wahrnehmungen, die er noch nicht auszusprechen vermag. Das subjektive Gefühl der Geborgenheit während der Pressekonferenz erwächst aus einer Wahrnehmung des dem Ich Entgegenstehenden; Selbstbewußtsein gründet sich auf die Erfahrung des andern.

Zugleich macht der Text das Trügerische einer nur sprachlich vermittelten Bergung bewußt. Der Schriftsteller, der in mancher Hinsicht auf frühere literarische Ansätze Handkes verweist, indem er Wiederholungsmechanismen zu beschreiben sucht und Systeme der Wahrnehmung darstellen will, thematisiert diesen Sachverhalt an einer späteren Stelle:

»[...] Ich wundere mich, wie man in den Sternen Bilder sehen kann. Mir gelingt es nicht, jeweils einzelne unter den Sternen als SternBILDER zusammenzunehmen. So habe ich auch keine Idee, wie ich all die einzelnen Erscheinungen zu ErscheinungsBILDERN zusammenfassen sollte. Ist euch aufgefallen, wie oft manche Philosophen die Wörter ›versöhnen‹, ›bergen‹ und ›retten‹ verwenden? VERSÖHNT werden bei ihnen die BEGRIFFE; GERETTET werden die ERSCHEINUNGEN, und zwar von den BEGRIFFEN, und GEBORGEN sind die von den Begriffen geretteten Erscheinungen dann in den IDEEN. Ich kenne wohl die Ideen, aber ich fühle mich nicht in ihnen geborgen. Ich verachte nicht die Ideen, sondern diejenigen, die sich in ihnen geborgen fühlen – vor allem, weil sie dort vor mir in Sicherheit sind. Geht es dir ähnlich, Gregor? Wachst du nie auf, und es gibt den Zusammenhang nicht mehr?« (SE 92/3).

Für Keuschnig dagegen erwächst der Versuch, Geborgenheit in der Sprache zu finden, aus der bewußten Absicht, sich einem als fremd empfundenen Zusammenhang zu überantworten. Der Wunsch, im Fremden bei sich zu sein, zeigt sich beispielsweise bei der Schilderung eines Blumenkaufs (SE 25/6). Keuschnig erfreut sich an einem »Bedient-Werden«, das keinerlei persönliche, sondern nur eine geschäftsmäßig unpersönliche Haltung ist. In Übereinstimmung mit dieser Empfindung erscheinen ihm alle Situationen fremd, die durch Sprache, Assoziation oder Gewohnheit Vertrautheit oder eine enge persönliche Beziehung signalisieren: er begibt sich in eine permanente Verweigerung. Die einzige Person im Text, die zur Analyse dieses Sachverhalts fähig ist, der Schriftsteller, macht dies an einfachen Beobachtungen deutlich. Ihm fällt auf, daß Keuschnig, der sich früher stets verändert hatte, nunmehr bemüht ist, »wie immer auszusehen«. Er führt diese Beobachtung aus:

»Du hast so beflissen gleich gewirkt, daß ich erschrocken bin wie vor jemandem, der gestorben ist und von dem man plötzlich auf der Straße das Ebenbild sieht. Du warst auf eine Weise gleich, daß ich dich nur an deinem Anzug wiedererkannte. Es hat übrigens keinen Sinn, wenn du mir jetzt extra in die Augen schaust: so kannst du mich nicht mehr täuschen. Gerade als Stefanie dir den Teller abnahm, hast du zum Beispiel danach sofort hinter vorgehaltener Hand die Erbsen aufgetupft, die dir beim Essen darübergefallen waren. Am Weinglas hast du nach jedem Schluck deine Lippen- und Fingerabdrücke abgewischt, und als deine Serviette einmal so auf dem Tisch lag, daß die Mundspuren zu sehen waren, hast du sie schnell umgedreht, – wie das angebissene Brot vorhin. Du willst nichts für dich tun lassen, Gregor. Nicht einmal das Salzfäßchen darf man dir reichen – als hättest du Angst, man könnte dir, indem man etwas für dich tut, so nahe kommen, daß du durchschaut wirst. Was verschweigst du?« (SE 98).

Die Beobachtung des Schriftstellers beschreibt treffend das Verhalten Keuschnigs, das sich schon zu Beginn des Textes, beim Abendessen und schließlich bei der Schilderung des Beischlafs mit seiner Freundin vorbereitet. Was der Schriftsteller an Keuschnig kritisiert, ist bei diesem zugleich bewußtes Handeln wie unbewußtes Verhalten. So folgt die Beschreibung seiner Handlungen und Wahrnehmungen einem pathographischen Muster. Zustände der Fragmentierung des Selbst, ein Beziehungswahn, ähnlich dem des Josef Bloch, unmittelbar auftretende Aggressivität und ohne innere Beteiligung vollzogene sexuelle Handlungen weisen auf eine psychische Regression, die sich der initialen Depression Conrads vergleichen läßt (Durzak 130), ohne daß es deswegen wirklich um die Beschreibung eines psychopathologischen Falls geht (Mixner 221).

Die Selbstäußerungen Handkes zeigen allerdings, daß er das Verhalten Keuschnigs bewußt so darstellt. Dies macht nicht zuletzt die Ähnlichkeit der beschriebenen Konstellation mit den drei Gedichten aus dem Band »Als das Wünschen noch geholfen hat« (Bartmann 179) deutlich. Für Handke hat die Darstellung scheinbar unmotivierter Handlungen und unpersönlicher Sexualität einen Sinn: Beide demonstrieren einen Zustand, der sich abbilden, aber nicht systematisch verarbeiten läßt. Es ist »dieses Lebensgefühl, daß es eben kein kontinuierliches Lebensgefühl mehr gibt, daß es keinen Zusammenhang geben kann, daß die Fiktionen: politische Ideologien, Religion oder Mystik usw. einem wenig Dauergefühl verleihen, und daß die Sexualität, diese aktionistische Sexualität, ein Akt dieser Verzweiflung, dieser Sinnlosigkeit ist« (TK 4; 35).

Dargestellt allerdings wird dieser Zustand als psychische Disposition der Hauptfigur. Sie wird im Anschluß an das Gespräch mit dem Schriftsteller deutlich. Keuschnig zieht sich aus, springt die Frau des Schriftstellers an und beginnt mit diesem eine Prügelei. Er erlebt sich bei »vollem Bewußtsein« als eine »sich UNSTERBLICH BLAMIERENDE Kreatur«, als ein Zwischending (SE 99/100).

Dieses Erlebnis ist nicht nur psychologisch, sondern auch erzähltheoretisch von Bedeutung. Denn es korrespondiert einem zweiten Traum Keuschnigs, in dem sich das Subjekt-Objekt-Verhältnis umkehrt, aus dem Mörder wird der Ermordete (SE 109). Und es steht parallel zum Traum einer generellen Entfremdung (SE 111–113), dessen Bilder und Erinnerungsfetzen nicht nur einem beliebigen Bewußtsein angehören, sondern sich ohne Zweifel auf die authentischen Erinnerungen Handkes, auf Österreich, die Mutter, die Tochter, wie auf eigene Texte, vor allem wieder die »Hornissen« bezieht. Es zeigt sich an dieser Stelle allerdings auch, daß die erzählte Geschichte selbst Einbrüche kennt und einer Traumlogik folgt. Der Traum von der Entfremdung scheint die wirkliche Lösung aller Beziehungen vorzuzeichnen. »So begann der Tag, an dem seine Frau von ihm wegging, an dem sein Kind abhanden kam, an dem er zu leben aufhören wollte und an dem schließlich doch einiges anders wurde« (SE 113). Ähnliche Zustände folgen, kurz darauf kommt es zu einer sprachlichen Fehlleistung Keuschnigs gegenüber seiner Frau. Statt sich von ihr zu verabschieden sagt er: »Ich hoffe, daß du stirbst« (SE 116), wenig später heißt es »und die Wurst, die das Kind im Bett aß, hieß sicher nicht zufällig *Mort*adella!« (SE 118). Diese Stellen legen klar, daß Keuschnigs unbewußtes Verhalten den Sinn seiner bewußten Handlungen erläutert. Und ein Satz seiner Frau »Erwarte nicht von mir, daß ich dir den Sinn deines Lebens liefere« (SE 116) nimmt vorweg, was er ihr sagen wollte. Das Wort der ›Nouvelle Formule‹, das er zufällig entdeckt, beschreibt sein eigenes ›Wünschen. Dieser Slogan wird zur Metapher für den Wunsch nach Auslöschung des handelnden Subjekts, für die Sehnsucht nach Rückkehr in einen subjektlosen, vormoralischen und vorrationalen Zustand.

In diesem Sinn läßt sich das als Motto verwendete Wort von Horkheimer »Sind Gewalt und Sinnlosigkeit nicht zuletzt ein und dasselbe?« verstehen. Keuschnigs bewußtem Programm korrespondiert der unbewußte Versuch einer Rückkehr in den kreatürlichen Zustand (Mixner 220); er ist fundamentaler Protest gegen den Prozeß der Kulturisation und Sozialisation, und er erweist sich als Einbruch des Wünschens. Der Text macht deutlich, daß dieses sexuell bestimmt ist. Die Textur des Traums, mit dem die Geschichte beginnt, wird allmählich durch Erinnerungen, aber auch durch wahrgenommene Gegenstände komplettiert; ein zweiter Traum macht schließlich deutlich, daß der geträumte Mord ein Lustmord war (SE 28, 34 f, 43, 45, 64; Kreis 168–170), der zudem eng mit der Mutter- und Elternbeziehung verkoppelt ist. Er weist in der Tat auf einen »komplizierten Seelenbruch« (SE 31), und er legt klar, daß es auch die erzählte Wahrnehmungstheorie mit dem unbewußten Wünschen und dem Körper zu tun hat. Das Moment der Dekonstruktion, das aus diesen Träumen hervorgeht, schafft eine »tabula rasa« von Bewußtseins- und Körperempfindungen (SE 42, 62), es macht Keuschnig für die Erfahrung einer zweiten Sozialisation frei (Bartmann 185). Dieses Schema von Dekonstruktion und Neuaufbau teilt der Roman zudem mit den zur gleichen Zeit entstandenen Gedichten aus dem Band »Als das Wünschen noch geholfen hat« (Bartmann 179). Der vom Druck der sozialen Einschreibsysteme befreite Keuschnig ist das »OBJEKTIVE LEBENDIGE« des »Blauen Gedichts« (v. Hofe/Pfaff 83). Auch deshalb führt die Feststellung des Schriftsteller, deren Wahrheitsgehalt Keuschnig bewußt ist, entschieden über den Bereich der Sprachkritik im Text hinaus. Für die Hauptfigur stellt sie eine genaue Analyse der eigenen Lage und des eigenen Bewußtseinszustandes dar. Alle Reflexion führt sie zu der Erkenntnis »Es wird nie wieder wie früher sein [...] und er wollte das auch nicht mehr. Es war gar nie so gewesen!« (SE 33).

Es erweist sich, daß Keuschnig in Wahrheit nicht nach der bergenden Sprache, sondern nach dem durch Sozialisation Verdrängten sucht. Er will ein authentisches Erlebnis haben, das in sozial kodierten Sprachformeln nicht aufgeht. Gerade in der Auseinandersetzung mit der öffentlichen Sprache der Medien und der Kulturindustrie kommt ihm dies zu Bewußtsein, dort sieht er nur noch »Geborgte Lebensgefühle; die der Organismus an diesem Tag sofort wieder abstieß« (SE 66). Daraus begründen sich Schlußfolgerungen:

»[...] in dieser Woche lief etwa KEY LARGO: doch er wußte auch, daß er nach dem Film mit Bogart und seiner beunruhigend feuchten Unterlippe gerade noch die Treppe ein wenig gemeinsam hinaufgehen würde, aber spätestens nach den ersten Metern draußen auf der Straße schon wieder der Kumpan von niemand und nichts mehr wäre, und sich fragen müßte, wozu er überhaupt noch weitergehe und wohin denn? Er wollte sich nichts vormachen: für ihn war die Zeit der Reprisen vorbei; für seine neue Lage gab es kein Produkt, dessen er sich, gegen Bezahlung, je nach Stimmung bedienen könnte, und keine Produktforschung und kein System würden das, was er brauchte, bis zur Produktionsreife kriegen. Was brauchte er also? Nach was war ihm? Nach nichts, antwortete er: MIR IST NACH NICHTS. Und indem er das dachte, fühlte er sich auf einmal im Recht und wollte dieses Recht auch verteidigen, gegen jeden« (SE 67).

Die Sprache, die Keuschnig zu überwinden sucht, ist jene, welche zeigt, »wie man Leben vortäuscht«. Er dagegen will ein neues Wahrnehmungs- und Beschreibungssystem, die ›Nouvelle Formule‹, die zur Beseitigung des Individuellen im Gleichen führt und gerade so die Macht des Wunsches freisetzt. In dieser Hinsicht nimmt die »Stunde der wahren Empfindung« jene Dialektik wieder auf, die im »Kurzen Brief« am Beispiel der Naturerfahrung abgehandelt wird. Nur der Entschluß zur nivellierenden Formel bricht mit dem Automatismus einer bloßen Wiederholung des scheinbar Neuen. Erst der Ausbruch aus den vorgegebenen Wahrnehmungs- und Beschreibungszusammenhängen macht die Wirkung dessen möglich, was der Erzähler als das »Erlebnis« Keuschnigs bezeichnet. Dabei gilt es sich allerdings bewußt zu machen, daß die Behandlung des erzählten Wunsches als geradezu mystische Sinngebung darstellt, was sich der begrifflichen Erfassung recht eigentlich entzieht. Der Diskurs des Textes unterliegt trotz aller Einbrüche jenen Mechanismen der Selbstzensur, gegen die sich sein Protagonist zur Wehr setzt. Die Ablehnung der kulturalen Diskurse bleibt Perspektive der Figur, sie begründet keine Reflexion des Diskurses, den der Text selbst benutzt (Nägele/Voris 64). Was der Protagonist überwinden will, kehrt in der Geschichte, die von ihm erzählt, wieder (Jurgensen 1/Roberts 96). Insofern sind die eingeschriebenen literarischen Bezüge und Muster in erster Linie Modellkonstruktionen, ihre Funktion ist die der Demonstration. »Dann hatte er ein Erlebnis«, heißt es im Text lapidar zur Beschreibung eines Vorgangs, der sich für die Hauptfigur als magisch aufscheinendes Naturereignis vorbereitet und schließlich auch einstellt (SE 62, 65, 77).

Die Schilderung dieses Erlebnisses beginnt mit einer psychologisierenden Formel, die auch in anderen Texten Handkes, etwa in der »Linkshändigen Frau«, das Eintauchen in den Tagtraum bezeichnet: »[...] und Keuschnig verlor sich [...]« (SE 81). Das so vorbereitete Erlebnis ist weder eine Handlung noch ein Geschehen, es entsteht aus dem bloßen Hinsehen:

»Im Sand zu seinen Füßen erblickte er drei Dinge: ein Kastanienblatt; ein Stück von einem Taschenspiegel; eine Kinderzopfspange. Sie hatten schon die ganze Zeit so dagelegen, doch auf einmal rückten diese Gegenstände zusammen zu Wunderdingen. – ›Wer sagt denn, daß die Welt schon entdeckt ist?‹ – Sie war nur entdeckt, was die Geheimnistuereien betraf, mit denen die einen ihre Gewißheiten gegen andre verteidigten, und es gab jedenfalls keine künstlichen Geheimnisse mehr, mit denen er erpreßt werden konnte, weder ein Geheimnis der Heiligen Kommunion noch des Universums: jedes einzelne hohe Geheimnis war nichts andres als das Geheimnis der schwarzen Spinne, das Geheimnis des chinesischen Halstuchs – gemacht, zur Abschreckung« (SE 81/1).

Diesem »Erlebnis«, das sich charakteristisch bei der zufälligen Wahrnehmung von Naturrest und Zivilisationsrest einstellt, korrespondiert, was sich als Geschichte in diesem Text ansehen ließe. Keuschnig wird von seiner Frau verlassen, und sein Kind wird schließlich auch von ihr entführt. Beide Ereignisse stehen scheinbar nur neben seinem ›Erlebnis‹ und sind doch in Wahrheit sowohl dessen Voraussetzungen wie auch seine Beglaubigung und Absicherung. Die Fakten der Geschichte weisen von außen auf den Zustand der Befreiung, den Keuschnig in seiner Phantasie zu erleben vermag. Die bedrohliche Ambivalenz der »anderen Zeit«, die im »Kurzen Brief« noch erschreckt und auf die Verlassenheit des Subjekts weist und die sich in der »Stunde der wahren Empfindung« zur Erfahrung einer »Elementarzeit« als einem »außermenschlichen System« steigert (SE 46), wird jetzt nach der Seite der Hoffnung hin aufgelöst (vgl. Bartmann 184). Beim Anblick der drei Dinge empfindet Keuschnig »eine hilflose Zuneigung zu allen, aus der er sich aber auch nicht helfen lassen wollte, weil sie ihm jetzt als das Vernünftige erschien. Ich habe eine Zukunft! dachte er triumphierend. Das Kastanienblatt, die Spiegelscherbe und die Zopfspange schienen noch enger zusammenzurücken – und mit ihnen rückte auch das andere zusammen [...] bis es nichts anderes mehr gab. Herbeigezauberte Nähe! ›Ich kann mich ändern‹, sagte er laut« (SE 82/3).

Nachdem Keuschnig seine Frau und sein Kind verloren hat, scheint ein Zusehen zu gelingen, das die Lösung des Ich aus allen bisherigen Lebens- und Wahrnehmungszusammenhängen zur Voraussetzung hat. Die »gewohnten Anblicke« werden zu natürlichen »Erscheinungen«, und der Schlüssel zu einer Sicht der bekannten Wirklichkeit scheint gefunden: »Jetzt erschien ihm die Idee, die ihm gekommen war beim Anblick der drei Dinge im Sand des Carré Marigny, anwendbar. Indem ihm die Welt geheimnisvoll wurde, öffnete sie sich und konnte zurückerobert werden« (SE 152). Auch hier gilt, daß es um kein strenges erkenntnistheoretisches Konzept geht. Die »Ideen« lassen sich vielmehr Kants regulativen Ideen vergleichen, sie zeigen nicht die Dinge selbst, sondern einen Weg zu ihnen (Pütz 83).

Allerdings weist die Darstellung dieser Innerlichkeit auf eine literaturgeschichtliche Tradition. Sie läßt sich am Beispiel des »Erlebnisses« erschließen: Sinn wird durch einen beliebigen Anblick, durch das bloße Zusehen verbürgt. Diese Überantwortung an den zufälligen Blick und den Zufall weist auf ästhetische Vorstellungen der Romantik zurück. Bei Novalis ist der Zufall entweder in ein metaphysisch vorgegebenes oder in ein durch die Kunst erst noch zu schaffendes Ordnungssystem integriert (Mayer 101; 126). Für Hardenberg ist er nicht unergründlich, sondern regelmäßig. Und er kann dies sein, weil er »Berührung eines höhern Wesens« ist. Der Zufall, der sich in scheinbar unbedeutenden Erscheinungen zeigt – »Sandkörner, Vogelflug und Figuren« – läßt sich geradezu experimentell benutzen; das Spiel ist nichts anderes als ein »Experiment mit dem Zufall« (Mayer 105). Es ist klar, daß es dabei nicht nur um einen metaphysischen Sachverhalt geht, sondern vor allem um die Rolle des anschauenden Subjekts, das mit seiner Wahrnehmung von Wirklichkeit zugleich die Bedeutung ästhetischer Anschauung erschließt. Bei Novalis heißt es: »Alle Zufälle unsers Lebens sind Materialien, aus denen wir machen können, was wir wollen. Wer viel Geist hat, macht viel aus seinem Leben. Jede Bekanntschaft, jeder Vorfall, wäre für den durchaus Geistigen erstes Glied einer unendlichen Reihe, Anfang eines unendlichen Romans« (Novalis, Blütenstaubfragment Nr. 66). Parallel zu dieser romantischen Auffassung erzählt Handkes Text, wie das Anschauen der drei Dinge im Sand eine geheimnisvoll gewordene Welt zur Rückeroberung frei macht. Auch dieses Hinsehen ist ein »Romantisieren« im Sinn des Novalis, und wie bei diesem erscheint hier die unbewußte Tätigkeit des Ich als »produktive Einbildungskraft« und Phantasie.

Andererseits wendet sich der Text in einem entscheidenden Punkt von seinen romantischen Vorlagen ab. Für Novalis bedeutet das Bestehen auf dem Zufall nicht allein das »Gefühl, daß man von jedem Punkt aus zu Fuß nach Hause gehen konnte« (SE 152). Es verbürgt ihm auch den Glauben an eine problemlos mögliche Begründung von Kommunikation und sozialen Beziehungen. Der »Heinrich von Ofterdingen« liefert ein Beispiel hierfür. Diese Problemlosigkeit, wenn auch bloß in der Reflexion anvisiert, gibt es für Handkes Keuschnig nicht. Für diesen gilt statt dessen – und das markiert die historische Differenz zwischen beiden Texten – daß Reflexion nicht mitteilbar ist, das Bewußtsein der eigenen Identität nur im Zuge einer Lösung des Subjekts aus allen realen und reflexiven Zusammenhängen erreicht und bewahrt werden kann. Keuschnig will in einen Zustand zurückkehren, in dem das Selbst noch nicht von den sozialen Normen der ewigen »Reihenfolge« (SE 64) oder gesellschaftlicher Akte verdeckt und kontrolliert ist (Pütz 74; Kreis 187). Seine häufigen Vorstellungen, nackt zu sein, die Entkleidungsszene vor dem Schriftsteller und seiner Freundin, zeigen diesen Wunsch im Bild. Keuschnig fühlt sich allein da ganz er selbst, wo ihm die kommunikative Situation die grundsätzliche Fremdheit zwischen dem Subjekt und den andern in Erinnerung ruft. Von daher bestimmt sich seine Beziehung zur Frau, zur Geliebten und zum Kind. Dieses repräsentiert ihm im Stande der Unbewußtheit und im Zusammenhang einer kindlichen Erfahrungswelt das Ziel der eigenen Regression: es »hat Geheimnisse« (SE 144).

Doch die »Gestalten« der kindlichen Erfahrungswelt sind ebensowenig erzählbar und mitteilbar wie Keuschnigs »Erinnerungen« und »Ideen«. Dementsprechend bedeutet ihm der Verlust des Kindes nur die Beglaubigung einer bisher nicht eingestandenen Kommunikationslosigkeit, die er unbewußt immer angestrebt hatte. Das Ende der letzten sozialen Verpflichtung löst ihn endgültig aus dem Zwang der Beschreibungszusammenhänge. In seiner neuen selbstbezogenen Lebensform verfremdet er nicht nur die Worte, mit denen sich Erlebnisse beschreiben lassen, er beseitigt auch alle Erfahrungen, die über das eigene Ich hinausführen. Insofern stellt er eine Situation wieder her, mit der Kaspars Geschichte begonnen hatte. Bis dahin scheint der Text der Argumentationsstruktur des »Kaspar« gegenläufig. Deutlich wird dies in der breit ausgeführten Schilderung der wiedergewonnenen Unmittelbarkeit und Authentizität; diese Situation erweckt gleichzeitig die Vorstellung, daß die erneut gefundene Subjektivität gleichsam von sich selbst absehen könne, daß der Gegensatz von Subjekt und Objekt, Einzelnem und Allgemeinem durch eine Erfahrung eliminiert werde.

»Keuschnig wollte nichts mehr für sich. Die gewohnten Anblicke flimmerten vor seinen Augen, als seien sie Erscheinungen – und zwar natürliche –, und jede einzelne davon zeigte ihm eine Fülle, die unerschöpflich war. Er, der nicht mehr zählte, war in die andern gefahren, die in selbstverlorener Energie kreuz und quer gingen, und er glaubte, sie müßten den Schritt wechseln bei dem Ruck, mit dem er das für ihn nutzlose Glück auf sie übertrug. Er lebte noch irgendwie – mit ihnen. Dieser Zustand war keine Laune, keine Augenblicksstimmung mehr, die gleich wieder aufhörte, sondern eine, auch aus all den flüchtigen Augenblicksstimmungen!, gewonnene Überzeugung, mit der man arbeiten konnte« (SE 151/2).

Die zum Tagtraum gewordene Anschauung macht ernst mit der Aufhebung dieser Grenzen. In ihr kann der Schriftsteller, der Walter Benjamin zitiert (GB 18), seine »Ideen« in den »Erscheinungen« bergen und Keuschnig davon abbringen, »DAS EINE ZUVIEL« sein zu wollen (SE 157); zugleich allerdings bedeutet die Freiheit von der sozialen Bindung, daß sich das anschauende Subjekt in sich selbst verliert und doch an einer Praxis festzuhalten glaubt, an der es längst nicht mehr teil hat und die ihm zum bloßen Schein wird. Die Feststellung »ich verändere mich gerade« weist auf diesen inneren Widerspruch. Keuschnig, dem alles »gereinigt« vorkommt, hat sich auf die Illusion zurückgezogen, daß ihm die Setzung neuer Erfahrungen gelingen könne. Er begreift nicht, daß er sich in scheinhaftem Handeln aus der Praxis in die Phantasie zurückgezogen hat und sich in Wahrheit passiv jedem realen Geschehen unterwirft. Der Text weist durch seine Schilderung der Innenperspektive Keuschnigs diese scheinhafte Praxis der Imagination zu: »Bei dem Anblick des von der Tageshitze noch weichen Pflasters zu seinen Füßen erlebte er sich plötzlich als der Held einer unbekannten Geschichte...« (SE 166). Aber diese unbekannte Geschichte gibt es nicht. Hoffnung auf sie besteht nur in der Perspektive der dargestellten Figur. Keuschnig, der an dieser Stelle hinter Kaspars Reflexionsniveau zurückfällt, bleibt Figur in einem Text. Im letzten Abschnitt des Romans erscheint er nicht mehr als Person, deren Geschichte erzählt wird, und nicht mehr als durch die erfundene Geschichte legitimiert. Der Erzähler selbst deutet auf die Fiktivität des neuen Bewußtseins der Figur: Sein Abrücken von der Innenperspektive macht deutlich, daß diese nicht mehr als ein Phantasma ist. Dieses wird in dem Maß zerschlagen, wie sich der Text dem Beschreiben zuwendet. Und als Beschreibung endet Handkes Erzählen:

»An einem lauen Sommerabend überquerte ein Mann die Place de l'Opera in Paris. Er hatte beide Hände seitlich in die Hosentaschen seines sichtlich noch neuen Anzugs gesteckt und ging zielbewußt auf das Café de la Paix zu. Der Anzug war hellblau; dazu trug er weiße Socken und gelbe Schuhe, und eine locker gebundene Krawatte schwang im schnellen Gehen hin und her...« (SE 167).

Doch es kommt nicht allein auf die Kritik dieser Figurenperspektive an. Wie die partiell ironische Beschreibung des Schriftstellers, dessen Bewußtsein sich für den Erzähler nun nicht mehr von dem Keuschnigs unterscheidet, legt dieser Schluß mit dem Auseinandertreten von Figuren- und Erzählerperspektive auch einen Umbruch in Handkes Schreibweise klar. Keuschnig, der sich zum Arbeiten entschließt, trägt in vieler Hinsicht Züge von Handke selbst, sein Eintreten in eine neue Geschichte weist auf neue Formen der Literarisierung, die sich sein Erfinder vornimmt. So läuft der Text, der von ihm erzählt, insgesamt auf einen poetischen Neuanfang zu. Nicht zufällig wird Keuschnig am Ende als einer beschrieben, der sein Gleichgewicht sucht. Dies könnte eine neue und zustimmende Lesart der in Handkes Büchner-Preis-Rede zitierten Stelle aus Brechts »Arbeitsjournal« sein, in der jener über die »Augenblicke der Verstörung« schreibt und lapidar endet: »gesundheit besteht aus gleichgewicht« (W 79; Jurgensen 1/Roberts 93).

Die Geschichte Keuschnigs bereitet den Versuch vor, zu einer Aufhebung des Gegensatzes von Außenwelt und Innenwelt zu kommen, der noch konventionelle Vorstellungen von Innerlichkeit bestimmt. Das Programm, welches das Ende der »Stunde der wahren Empfindung« erzählend skizziert, wird das Erzählen in der »Linkshändigen Frau« von vornherein einzulösen versuchen.

5.4. Die linkshändige Frau

Das Handlungsmuster dieser Erzählung läßt die Geschichte einer Emanzipation erwarten, und ein Teil ihres Erfolgs dürfte darauf beruhen, daß sie auch so gelesen wurde. Die Frage nach der Veränderung von Erfahrung durch eine Änderung der Wahrnehmung von Wirklichkeit wird im Bereich einer unpersönlichen Vorstadtwelt und im engen sozialen Bezugsfeld einer bürgerlichen Kleinfamilie abgehandelt. Der von einer Geschäftsreise heimkehrende Bruno inszeniert mit seiner Frau Marianne ein von männlichen Wünschen bestimmtes Spiel von Verführung und Liebe. Er verlangt, daß seine Frau das »Kleid mit dem Ausschnitt« (LF 18) anzieht, besucht mit ihr ein Restaurant und bestellt im dazugehörigen Hotel ein Zimmer, weil er und seine Frau, wie er dem Ober erklärt, »sofort« miteinander schlafen wollen (LF 20). Als sie am nächsten Morgen nach Hause zurückgekehrt sind, eröffnet ihm seine Frau, ihr sei eine »Art Erleuchtung« gekommen, sie will, daß Bruno sie verläßt und zunächst einmal zur gemeinsamen Freundin Franziska zieht, deren Lehrerkollege diese gerade verlassen hat (LF 23/4).

Ohne Zweifel ist das Verhalten Brunos zwar nicht unbedingt männlich chauvinistisch, wie die Eingangsszene vermuten lassen könnte, aber doch in hohem Maß rollengebunden (Pütz 95/6); so wie er die Liebe inszeniert, nimmt er auch im Berufsleben ganz bewußt bestimmte Haltungen ein. In seinem Büro demonstriert er sogar vor Frau und Kind, wie er Menschen einzuschüchtern versucht (LF 62/3). Andererseits lassen auch die sparsamen Schilderungen des Frauenlebens in der Bungalowsiedlung der Vorstadt eine Rollenfixierung ahnen. Beides würde die Motivation für den Ausbruch aus einem starren und festgelegten Leben liefern. Doch es wird deutlich, daß sich der Text grundsätzlich von Motivationen fern hält. An keiner Stelle nutzt der Erzähler die Möglichkeiten der auktorialen Erzählweise, er schildert alle Vorgänge wie auch die Verhaltensweisen der Frau, die psychische Prozesse ahnen lassen, in distanzierter Außensicht, oder er schiebt in den Text Parallelgeschichten ein. An zwei Episoden läßt sich zeigen, daß jene eingeschobenen Texte das Formgesetz der umgreifenden Erzählung wiederholen. In der einen Szene berichtet die Frau, die sich gegen die ständigen Erklärungen der Freundin zur Wehr setzt, von einem Interview im Fernsehen »wo der Interviewer zu einem sagte: ›Erzählen Sie doch eine Geschichte von der Einsamkeit!‹, und wie der andre dann nur stumm dasaß« (LF 44). Später schildert ihr der Verleger, wie er sich von einem Mädchen trennte, weil er plötzlich beim Erblicken eines jungen Manns aus dem Auto die Vorstellung hatte, daß sich die Freundin vor ihm ekle (LF 53/4). Beide Geschichten beschreiben wortlose Reaktionen, künden vom Einwirken des Unbewußten auf das Bewußte und davon, daß die Reden alle Sachverhalte verfehlen. Sie erläutern nicht, und sie geben keine Begründungen, insofern weisen sie nicht nur auf die Haltung der Frau, sondern auch auf das Erzählen des Erzählers.

Der Text, der von der Frau erzählt, beschreibt weder die Genese noch die Entwicklung von Konflikten; und was sich als Lösungsversuch ansehen läßt, setzt stets erneut beim status quo ein. Ob dieser zu Recht so ist oder möglicherweise nur einer falschen Sicht von Wirklichkeit entspringt, bleibt unklar. Die Entwicklung der zentralen Zweierbeziehung wird szenisch, bildhaft und eigentümlich von außen dargestellt. Das Erzählen verfährt phänomenologisch, es simuliert eine filmische Abfolge, und so bildet es insgesamt eine Parallele zum Verfahren der Segmentierung, das auch das Drehbuch der »Falschen Bewegung« bestimmt (Durzak 141). Es folgt dem Gesetz der Metonymie, das sich bereits im »Brief« als Darstellungsprinzip anzudeuten beginnt (Zeller 125; Bartmann 224/5). Statt auf eine Referenz der Bilder untereinander setzt der Text auf die Möglichkeit konnotativer Sinnentfaltung (Bartmann 224). Die Meinung, daß alles ganz äußerlich sei und als intensives Bild auch still zu stehen scheine, wird zum Darstellungsprinzip (Schober 177 ff.).

Damit versucht Handke, ein ästhetisches Programm einzulösen, das er an anderer Stelle entwickelt und auf das sich auch das der »Linkshändigen Frau« nachgestellte Motto aus den »Wahlverwandtschaften« bezieht.

»Gestern las ich den Satz (von Goethe): ›Auf ihrem höchsten Gipfel wird die Poesie ganz äußerlich sein‹ – und der war wie die freundschaftliche Erleuchtung einer Schreibhaltung, die auch mir für das, was ich schreibe, als Herrlichkeit auf Erden vorschwebt. Um diese allumfassende Äußerlichkeit zu erreichen, muß der jeweilige Schriftsteller oder Poet aber ohne Markierungsrest *innerlich* geworden sein – das heißt, er muß die künstliche, politisch oder religiös organisierte Solidarität aufgeben und sich selber ohne Erbarmen erforschen – als ob er noch nichts über sich selbst wüßte und auch niemand anderer ihm sagen könnte, wer er sei. Ohne Ausreden innerlich geworden, wird seine Poesie ganz herzhaft äußerlich werden können, selbstverständlich, offen, solidarisch ohne Vorverständigung« (Zimmer; PW 45).

Dem Prinzip des »äußerlichen Schreibens« nähert sich der Text in mehreren Schritten und auf unterschiedlichen Ebenen. Zunächst werden die Vorgänge im Bewußtsein der »Frau«, wie Marianne im Text immer heißt, entweder durch Bilder oder aber durch andere Texte skizziert. Dabei wird deutlich, daß die Ausgangssituation der Trennungsgeschichte nicht von bestimmten Wünschen, sondern nur von einer unbewußten Ablehnung des Bestehenden bestimmt ist. Der Text zeigt dies einerseits, indem er eine strukturelle Gleichartigkeit von Wahrnehmungsbewußtsein und Tagtraumwelt demonstriert und diese bei der Darstellung eines Festes im Haus der Frau fast überzeichnet. Andererseits läßt er das Wünschen Mariannes im Wunschtext ihres Kindes seine erläuternden Metaphern finden. Dort wird der Zustand eines in jeder Hinsicht spannungsfreien Lebens phantasiert, das weder äußere noch soziale Bedingungen kennt. Im »schöneren Leben« ist es »weder kalt noch heiß« (LF 8) und von »allen Freunden gibt es jeweils vier, und die Leute, die man nicht kennt, verschwinden« (LF 9), zudem aber würde man »auf Inseln wohnen« (LF 9). Der Gesamtkomplex dieser Bilder, vor allem aber das letzte Motiv, erweist sich in Verbindung mit dem »Titelsong« des Buches von der »Lefthanded Woman«, der als Countrysong von Jimmy Reed identifiziert wurde (Durzak 145), als eine utopische Vorstellung, die im vollen Wortsinn ortlos ist. Sie rückt in die Nähe des Wunsches, »niemand zu sein«, den die folgenden Raumphantasien der »Lehre der Sainte-Victoire« und der »Langsamen Heimkehr« formulieren (LSV 25, LH 200; Bartmann 225).

So wenig das Wünschen der Frau bestimmt ist, so wenig sind es die ihm entgegenstehenden Bilder. Gleichwohl ist der Text von einer kontrastiven Metaphorik gekennzeichnet, diese erweckt den Eindruck von Gegensätzen, die unauflöslich scheinen. Die Versuchung ist groß, einem Hinweis Handkes anläßlich der Verfilmung des Buches zu folgen und sie als mythisch aufzufassen (Mixner 231). Die Metaphernreihe des Lichts und des Leuchtens, häufig mit den Augen der Frau in Verbindung gebracht (LF 21, 42, 72), weist auf ein geheimnisvolles Geschehen, das sich der Beschreibung wie der Erklärung entzieht (Pütz 90), die Bilder scheinen in der Tat eine mythische Aura zu erhalten, der gegenüber die Geschichte selbst an Bedeutung verliert (Bartmann 219). Auf jeden Fall aber wird deutlich, daß das Für-Sich-Sein der Frau nur in Opposition zu anderen möglich ist (Nägele/Voris 70).

Während Bruno, um sich im Berufsleben behaupten zu können, »das Starren« eingeübt hat und ihm andere aus Mariannes Gegenwelt darin folgen, wird die Frau nicht nur in ruhigen und statischen Bildern, sondern häufig auch im Zustand »völliger Versunkenheit« dargestellt. Die Tatsache, daß sie sich »verschauen« kann, ist Zeichen dafür, daß sie »ganz bei sich« und doch »ganz außer sich« zu sein vermag. Die Monotonie ihrer Blicke, die wiederum wie im »Kurzen Brief« allemal Blicke auf Natur sind, deutet auf diesen Zustand der Hauptfigur. Auch bei ihr bereitet der Blick in die Natur den Versuch vor, zu einem Bild von sich selbst zu kommen. Dabei markieren die im Text beschriebenen Naturblicke wiederum eine Bewegung, die von der Dekonstruktion des Wahrgenommenen zum Aufbau einer neuen Perspektive reicht. Am Anfang erscheint der aus dem Fenster blickenden Frau eine starre, unbewegte Welt, welche die Assoziation von Tod und Fremdheit erweckt. Am Tag, nachdem sie den Song von der »Lefthanded Woman« gehört hat, unternimmt sie eine Bergwanderung mit dem Kind (LF 102–105). Auf der Höhe angekommen, gelingt nicht nur der Frau ein verklärt anmutender Panoramablick, eine Raumphantasie mit Lichtblitzen, Wahrnehmungszuständen aus dem »Kurzen Brief« und der »Stunde der wahren Empfindung« vergleichbar. Auch dem Kind legt sein Sich-Versenken im Blick herab lebensgeschichtliche Erinnerungen frei. Sein bewegungsloses Schauen ist Außensicht und Innensicht zugleich.

Am Ende des Textes schließlich wandelt sich für die Frau die starre Natur in eine bewegte, und die Betrachterin selbst ist in ein Bild bewegter Natur einbezogen. Sie sitzt auf der Terrasse, und die »Fichtenkronen bewegten sich hinter ihr in der spiegelnden Fensterscheibe. Sie begann zu schaukeln; hob die Arme« (LF 131).

Zugleich zeigen die Blicke nach draußen die Grenzen dieser Lösungsversuche. Es wird deutlich, daß die Projektionen von Innenwelt auf Außenwelt fehlerhaft sein können. Auch Wunschbild und kindliche Spielwelt, die sich als konkrete Utopien miteinander zu versöhnen schienen, erweisen sich nicht einfach als kongruent. Gerade das Kind, das der Mutter zum Vorbild wird, spiegelt die Selbstbezogenheit ihres eigenen Zustands, denn es wehrt sich auffällig entschieden gegen die mütterlichen Versuche fürsorglicher Vereinnahmung. Auch darauf weist der Text. Neben die Blicke in die Natur treten die Blicke der Frau in den Spiegel. Sie belegen ihre Schwierigkeit, sich zu orientieren, und sie machen die Widersprüchlichkeit aller Selbstbefreiungsversuche deutlich. Denn diese sind durch eine narzißtische Spur gekennzeichnet. Der Wunsch nach Selbstverwirklichung und das Bedürfnis nach Kommunikation werden im Bild der sich selbst Anschauenden zum Widerspruch. Es zeigt sich, daß es für sie weder um einen Rollenwechsel, noch um eine diskursive Selbstreflexion gehen kann. Dies wird in doppelter Hinsicht deutlich. Einmal formuliert die Frau ihre Wünsche nicht selbst, sondern sie zitiert Texte, die sich als Deutungsmuster für ihr

Verhalten heranziehen lassen. In dem Buch, das sie übersetzen soll, findet sie die Passage: »Au pays de l'idéal: J'attends d'un homme qu'il m'aime pour ce que je suis et pour ce que je deviendrai« (LF 56). Und zu einem späteren Zeitpunkt liest sie, ebenfalls wieder in der Nacht, eine korrespondierende Szene in einem zu übersetzenden Buch: »›Und niemand hilft Ihnen?‹ fragte der Besucher. – ›Nein‹, antwortete sie. ›Der Mann, von dem ich träume, das wird der sein, der in mir die Frau liebt, die nicht mehr von ihm abhängig ist.‹ – ›Und was werden Sie an ihm lieben?‹ – ›Diese Art Liebe‹« (LF 73).

Zum andern wird die Haltung der Frau gegenüber den Figuren deutlich, die ihr Verhalten erklären wollen und dann doch nur bekannte und allemal unzutreffende Geschichten zitieren. »Meint, was ihr wollt. Je mehr ihr glaubt, über mich sagen zu können, desto freier werde ich von euch« (LF 37). Den falschen Anspruch des Deutens vertritt vor allem Franziska, die Lehrerin, die alle Handlungen auf den Begriff zu bringen trachtet, und die herrschenden Erklärungsmuster für »Beziehungsprobleme« bereit hält. Die Ablehnung ihrer Idee der Gemeinschaft durch die Frau wiederholt eine Einstellung, die der Erzähler des »Kurzen Brief« und seine Frau gegenüber John Ford demonstrieren. In der Kritik hat man zu Recht darauf hingewiesen, daß Franziska eine Gegenfigur ist, durch welche emanzipatorische Ideen und Haltungen abqualifiziert werden. Andererseits sollte man sich eingestehen, daß Franziskas Erklärungen auch auf eine herkömmliche Lesererwartung antworten. Überdies erinnert ihr Reden an eine Schreibweise, von der sich Handke fern zu halten bemüht ist. Seine vehemente Attacke gegen Karin Strucks »Mutter« legt dies klar (EF 49–55).

Weil in der Geschichte der Frau Erfahrungswirklichkeit und psychische Prozesse auf einer Ebene als nebeneinander stehende Bilder verhandelt werden, erweist sich jede Suche nach den Gründen der Geschichte als falsch. Ihr gegenüber behält allein die Anschauung recht, die traumhaft erlebte Realität (in der Situation der Trennung), utopischen Schein (in der Begegnung mit dem Kind) und Außenwirklichkeit miteinander vermittelt. Diese Vermittlung begründet die Struktur des Textes und ist zugleich schon alles, was dieser zeigen will. So bildet er allererst Wahrnehmungszustände ab, die über die Situationen hinausweisen, denen sie im Erzählen zugeordnet sind. Erzählte Wirklichkeit, angeschaute Wirklichkeit und vorgestellte Wirklichkeit gehen spielerisch ineinander über. Dies begründet jene neue ästhetische Sicht, die des wirklichen Gegenstandes ebensowenig bedarf wie der erzählten Individualität. Deshalb ist »Schauspielen« die Metapher für den neuen Zustand, den die Frau erreichen und darstellen soll, stehen in ihrer »Gegenwelt« der

Mann, der »nicht spielen kann« (LF 118) und der Schauspieler, der sich nicht »aufs Spiel setzen« will. Ihnen gegenüber behauptet sich die Frau durch eine andere Einstellung zur Wirklichkeit, die sich nur als Zustand, nicht aber im Weg einer Handlung darstellen läßt. Ihr gelingt ein Sich-Aufs-Spiel-Setzen, das zum Wirklichkeitsspiel wird und die deutende Rationalität entkräftet. Und dies in einem so weitgehenden Maß, daß es nicht ihr, nicht das eines einzelnen und unverwechselbaren Subjekts, sondern nur ein je mögliches Spiel mit der Wirklichkeit ist.

Es ist zunächst befremdlich, daß dieses Spiel mitunter durch eine Aggressivität deformiert zu werden droht, die sich gegen das Kind richtet (LF 71/2). Doch gerade von hier wird ein entscheidender Punkt klar. Die bedingungslose Haltung der Frau beruht auf einem Rückzug aus den Formen der Sozialisation, der hinter die Stufe der Kulturisation zurückfällt. Ihr Verhalten ist rücksichtslos in diesem Sinn; jeder Versuch, hinter die Ordnungen der Sozialisation und Kulturisation zurückzugehen, ist ein Wirklichkeitsspiel, das auf jene geheime Kraft weist, die auch den ästhetischen Bildern uneingestanden innewohnt und von ihrer Oberfläche meist verdeckt wird. Denn das Ästhetische lebt aus dem, was der Ratio entgegengesetzt ist, dieses Formgesetz teilt es mit dem Mythos und dessen dunklem Urgrund. Wenn überhaupt, so fallen in dieser Hinsicht das äußerliche Erzählen und der Gestus einer Remythisierung in der Erzählung zusammen.

Der Ablösung der Sprachspiele durch ein Wirklichkeitsspiel, das unmittelbar auf die Psychogenese und die Formen der Sozialisation weist, korrespondiert die Erzählweise. Der Satz »Du hast dich nicht verraten«, den sich die Frau nach ihrer Party im Spiegel zuspricht (LF 130), macht nicht nur deutlich, daß sie selbst sich von allen Bindungen, Erklärungen und Entschuldigungen fernhält, er weist auch auf ein Schreiben, das sich bewußt aufs Abbilden beschränkt und die Möglichkeiten des auktorialen Erzählens nicht nutzt.

Der Text der »Linkshändigen Frau« zeigt nicht nur wie die »Stunde der wahren Empfindung« die labile Grenze zwischen Innenwelt und Außenwelt, er zieht auch im Erzählen die Konsequenz aus dem Sachverhalt, daß beide komplementäre Bereiche sind. Was sich als Zustand einer Innerlichkeit erzählen ließe, schildert er deshalb in Bildern von außen. Gerade diese Vertauschung vertraut auf die Kraft der Poesie und die Eingängigkeit ihrer Bilder.

Die Verschränkung von innen und außen, Innerlichkeit und Wahrnehmungsbewußtsein und die imaginative Kraft der Subjektsperspektive werden wiederum nicht ausgeführt, sondern in einem erzählten Bild dargestellt. Dieses Bild ist Abbild, Montage und

Selbstzitat zugleich. Nach ihrer Party ist die Frau allein in der Nacht, sie schüttelt den Würfelbecher – ohne Zweifel signalisiert dies das Eintreten in einen anderen Zustand, so wie einst die Würfel in Providence dem Reisenden im »Kurzen Brief« die »andere Zeit« gezeigt hatten (KB 25). Die Frau aber beginnt zu zeichnen. Zuerst ihre eigenen Füße, dann den Raum dahinter, dann das Fenster und schließlich einen Blick aus dem Fenster auf »den sich im Lauf der Nacht verändernden Sternenhimmel« (LF 131). Zu dieser Zeichnung braucht sie Stunden, es scheint, daß sie nicht nur »jeden Gegenstand in allen Einzelheiten«, sondern auch ein Inbild zeichnet, und daß ihr Zeichnen vor allem eine innere Bewegung ausdrückt. Die Topik des Bildes macht dabei deutlich, daß die Blicke nach außen und innen miteinander verschränkt sind, der eine geht aus dem anderen hervor. Der Blick über die eigenen Füße nach draußen und zugleich nach innen läßt sich einem Bild vergleichen, das Handke in seiner Büchner-Preis-Rede verwendet. Dort berichtet er über seine Erinnerung an ein KZ-Photo, auf dem sich für ihn der photographierte Mensch bereits zu »einem austauschbaren Symbol verflüchtigt« (AW 76) hat. Plötzlich aber nimmt er dessen mit den Spitzen aufeinander zeigende Füße wahr und sein Gefühl wie seine Phantasie geraten in Bewegung. Was er außen wahrnimmt, wirkt nicht nur nach innen, sondern verändert folgende Außenwahrnehmungen, erzeugt eine Phantasie, aus welcher eine poetische Verwandlung hervorgeht. Gerade dies weist auf die Erzähltechnik der »Linkshändigen Frau«:

»Jedenfalls belebt der Anblick dieser aufeinander zeigenden Füße über die Jahre hinweg meinen Abscheu und meine Wut bis in die Träume hinein und aus den Träumen wieder heraus und macht mich auch zu Wahrnehmungen fähig, für die ich durch die üblichen Begriffe, die immer die Welt der Erscheinungen auf einen Endpunkt bringen wollen, blind geblieben wäre. Ich bin überzeugt von der begriffsauflösenden und damit zukunftsmächtigen Kraft des poetischen Denkens« (W 76).

6. Filmisches Erzählen: Chronik der laufenden Ereignisse und Falsche Bewegung

Zu Recht hat man verschiedentlich darauf hingewiesen, daß sich viele Texte Handkes der Technik einer filmischen Darstellung von Wirklichkeit vergleichen lassen. Noch die Geschichte der »Linkshändigen Frau« scheint Muster und Variationen filmischer Sequenzen zu erzählen (Durzak 139), und schon vorher schildert die »Angst des Tormanns beim Elfmeter« vermittels des erzählerischen Kunstgriffs »filmischer Verfremdung« einen allmählichen Verlust der Orientierungsfähigkeit in der Wirklichkeit: »die Wirklichkeit erscheint dem Helden wie eine in Schnitt und Gegenschnitt, in Totale und Detail, in Zoom und Schwenk künstlich hergestellte Ansicht: eine Montage von Bildern und Geräuschen: eine zusammengestellte zweite oder dritte Natur, die nur noch Abbilder von Bildern der Wirklichkeit liefern kann« (Grossklaus 52).

Die Verfilmungen des »Tormanns« und der »Linkshändigen Frau« benutzen diese Darstellungstechnik und wiederholen so das in den Texten Vorgeschriebene. Gleichzeitig verdichten sie eine Darstellungsabsicht, die Handkes Texte spätestens seit dem »Tormann« bestimmt. Aus den semiotisch schon zugerichteten Zeichen und Bildern, die sie erzählen und die den »Trivialmythen der Bewußtseinsindustrie« wie den »Mythen des Alltags« angehören, lassen sie neue Bedeutungszusammenhänge entstehen: »Signifikate des ersten Systems [..] werden zu Signifikanten im zweiten bzw. dritten: im mythischen System« (Grossklaus 58). Nur auf diesem Umweg vermögen Text wie Film Dinge und Gegenstände der Welt aus ihrem entfremdeten Status als Zeichen trivialmythischer Zusammenhänge zu lösen und ihren Gegenmythos der »entsemiotisierten Welt« nach dem Durchgang durch einen vorsemiotischen Zustand zu erreichen (Grossklaus 60). Die vielzitierte Äußerung Handkes anläßlich der Verfilmung der »Linkshändigen Frau« »Es soll mythisch sein, mythisch!«, weist in diese Richtung (Schober 180).

Ohne Zweifel bestärken die Filme und Verfilmungen Handkes von Anfang an auch eine andere Linie, die sich in seinen Texten spätestens seit dem »Kurzen Brief« durchzusetzen beginnt: die Annäherung an eine unvermittelte Erfahrung wird wieder über das Erzählen einer Geschichte versucht (Nägele/Voris 102). Die Tendenz der Remythisierung im Erzählen und die narrative Semiotik des Films erweisen sich strukturell als symmetrisch. Gleichwohl bringt diese Symmetrie durchaus unterschiedliche Wirkungen hervor. Daß man die »Falsche Bewegung« als »Prosaauflösung« eines

111

Drehbuchs (Durzak 141) betrachtet hat und mitunter der Eindruck vorherrscht, die Einheit einiger Texte, insbesondere der »Linkshändigen Frau«, entstehe erst am Schneidetisch (Durzak 144), wiegt weniger schwer als der Sachverhalt, daß die Bildsequenzen des Films grundsätzlich andere Wirkungen erzeugen als jene der Texte. Der Mißerfolg der Tormann-Verfilmung und der zumindest problematische Film über die »Linkshändige Frau« weisen darauf. Dabei ist sich Handke der besonderen Schwierigkeiten des Mediums Film durchaus bewußt. Schon in einer Studie von 1968 erkennt er, daß die Bilder des Films nicht anders als die literarischen Formen zur »Bildung einer genormten (und auch normativen!) filmischen Syntax« (E 69) führen:

»Ein Filmbild ist kein unschuldiges *Bild* mehr, es ist, durch die Geschichte aller Filmbilder vor diesem Bild, eine *Einstellung* geworden: das heißt, es zeigt die bewußte oder unbewußte Einstellung des Filmenden zu dem zu filmenden Gegenstand, der auf diese Weise der Gegenstand des Filmenden wird [...] die Einstellung von dem Gegenstand dient als *Ausdruck* des Filmenden: die Einstellung, dadurch, daß vor ihr schon eine Reihe von gleichen Einstellungen von dem Gegenstand produziert worden sind, die alle das gleiche *bedeuten,* wird, das kann man sagen, zu einem filmischen *Satz,* der nach dem Modell bereits vorhandener filmischer Sätze gebildet worden ist« (E 69).

Das Drehbuch zur »Chronik der laufenden Ereignisse«, einem Fernsehfilm des WDR, der 1971 ausgestrahlt wurde, trägt dieser Überlegung noch Rechnung. Es zielt durch seine Anlage auf eine Bewußtmachung dieses Sachverhalts. Dabei entwickelt es eine weitere Differenz. Es legt klar, daß die Bildersprache des Fernsehens bereits in Konkurrenz zu jener des Films steht. Anders als der Kinofilm, der allererst die »Wunschbilder« zu bewahren vermag, zeigt der Fernsehfilm auch »jene Schreckgespenster und Schreckbilder«, die »dem Film bei der Sendung vorausgehen und ihm folgen würden« (CLE 129). Das Abbilden dieses Kontrastes macht den Fernsehfilm zugleich literarisch, persönlich und politisch.

Literarisch ist der Fernsehfilm, insofern er auf eine Erzählabfolge abzielt, die vertraut erscheint und bekannte Einstellungsarten benutzt; literarisch ist er auch dadurch, daß dieses Erzählen überdies allegorisch ist (CLE 129/130). Formal geschieht dies dadurch, daß das Drehbuch zwischen die Wunschsequenzen von Kinofilmen typische Fernsehbilder des politischen Features, der Diskussionsrunde und der Unterhaltungsshow einfügt.

Persönliches Dokument ist der Fernsehfilm, weil er versucht, die »Chronik der Fernsehbilder, die in der Bundesrepublik in den Jahren 1968 und 1969 von den politischen Vorgängen, vor allem von der

Bewegung der Studenten, gezeigt wurden« (CLE 128/9) mit einer »Chronik der Bilder meiner Gefühle, Wünsche und Befürchtungen von damals« (CLE 129) zu verbinden. So wird eine private Handlung in öffentlichen Filmklischees erzählt, darin wiederum sind öffentliche Themen des Fernsehens eingeblendet (Nägele/Voris 103).

Politisch aber ist dieser Film, weil er nicht nur einen »mythischen Kampf zwischen Kino- und Fernsehbildern« zeigt, in dessen Verlauf schließlich »die Kinobilder von den Fernsehbildern verdrängt werden« (CLE 137), sondern bewußt macht, daß die Fernsehbilder einerseits die unmittelbare Wahrnehmung von Wirklichkeit deformieren, andererseits auch die Wirklichkeit selbst zu verändern vermögen. Damit weist der Fernsehfilm nicht nur auf die Unvereinbarkeit von politischen und poetischen Anschauungen voraus, die das Drehbuch der »Falschen Bewegung« zentriert, er knüpft zugleich an Überlegungen an, die Handke in seiner Büchner-Preis-Rede und in einer Stellungnahme zum Ende des Vietnamkriegs entwickelt. »Die Geborgenheit unter der Schädeldecke« berichtet davon, daß die »fertigen Bilder« des Fernsehens nur eine »Fiktion von Verständigung« (W 73) erzielen, weil sie als ritualisierte Bildfolgen allein noch bereits feste Begriffe und Meinungen abrufen und wiederholen lassen. Noch provozierender bringt die Argumentation in »Was soll ich dazu sagen?« Fernsehen und Politik in Verbindung, indem sie die Existenz politischer Moral grundsätzlich in Zweifel zieht. Die Vietnam-Friedensverhandlungen in Genf erscheinen nicht anders als gewerkschaftliche Lohnverhandlungen. Sie sind ritualisierte Kämpfe, die nicht nach Sachzwängen oder Geboten der politischen Moral ablaufen, sondern längst nur noch das Gesetz der Medien erfüllen.

»So ist der Waffenstillstand in Vietnam nicht aus der doch immer nur beschworenen menschlichen Friedensliebe entstanden, auch nicht aus der *Material*erschöpfung, sondern aus der *Bewußtseins*erschöpfung der kriegführenden Amerikaner und ihrer Fernsehzuschauer. Diese Erschöpfung des Bewußtseins tritt dann als Sehnsucht nach Frieden auf, die man mit Friedensliebe nicht verwechseln darf. ›Danke fürs Mitmachen, danke fürs Zuschauen!‹« (W 27).

Es ist nur folgerichtig, daß in der »Chronik der laufenden Ereignisse« kaum mehr deutlich wird, daß die Geschichte der drei Hauptfiguren Baumont, Spade und Kelly, die immer wieder durch die Allmacht der Fernsehbilder zerrissen wird, die Story des »Gläsernen Schlüssels« von Dashiell Hammett nacherzählt (CLE 53, 115; ÜD 82). Denn dieses Handlungsmuster ist von Handke bereits dem Duktus der Fernsehbilder angepaßt. Die Handlung wird »ganz langsam, vielleicht auch langweilig« erzählt, und alle Aktion im Film »geschieht eigentlich immer nur durch den Film selber, durch den Schnitt oder durch die Art der Einstellung« (ÜH 82).

In verschiedener Hinsicht allerdings durchbricht der Fernsehfilm diese Langsamkeit. Mitunter werden die Formen der Fernsehunterhaltung und -information ins Absurde verzerrt, etwa in einer politischen Diskussion über die Rolle der Schizophrenie in der Gesellschaft (CLE 48), oder in eine Folge von Slapstickeinlagen umgeformt, so in der Schilderung einer Fernsehshow mit Geschicklichkeitsspielen (CLE 57/8). Bisweilen entstehen auch Bildfolgen, die nicht Abläufe sind, sondern aus einer Kompilation von Fernsehfilmbildern oder aber aus Einstellungen des dokumentarischen Fernsehspiels entstehen (CLE 95–97; 101; 120). Schließlich werden durch das Medium des Bildes auch Perspektiven entworfen, die sich dem Erzählen Handkes als verwandt erweisen: »Kreisende Totalen von Landschaften, die einander überblenden, die Städte bei Nacht, die Berge bei Tag, die Ebenen am Abend, von Hügeln und Hubschraubern aus. Völlige Lautlosigkeit. Blick auf Hochhäuser, Flußtäler, Bergrücken. Es entsteht der Eindruck von Geschichte« (CLE 66). An einigen Stellen wird zudem das Darstellungsprinzip einer allegorischen Bildersprache vorgeführt: Bilder werden mit Texten gekoppelt und erhalten so die Aufgabe der Demonstration.

Der Blick auf die Dinge verbindet die »Chronik der laufenden Ereignisse« mit der »Falschen Bewegung«. Sie hat strukturelle Ähnlichkeit mit der Erzählweise des »Tormanns« und der »Linkshändigen Frau«, auch in ihr kommt es neben der Demonstration des Bilder-Sehens zu einer Verkoppelung von Bild und Schrift (FB 16, 18). Was oberstes Gesetz der Fernsehwirklichkeit ist, erscheint der Hauptfigur Wilhelm zugleich als Voraussetzung des Schreibens. Doch in diesem Drehbuch, das sich nicht auf die Überzeugungskraft einer beliebigen Geschichte verläßt, sondern Züge und Figuren aus Goethes ›Wilhelm Meister‹ nacherzählt, umerzählt und als Kontrast einer neuen Geschichte benutzt (Pütz 69), ist die Wahrnehmung kein Verfahren, das durch die Voraussetzungen des Mediums bestimmt wird. Sie ist vielmehr als »erotischer Blick« aus dem Gefühl des Wahrnehmenden begründet:

»Was ich sehe, ist dann nicht mehr nur ein Objekt der Beobachtung, sondern auch ein ganz inniger Teil von mir selber. Früher hat man dazu, glaube ich, Wesensschau gesagt. Etwas Einzelnes wird zum Zeichen für das Ganze. Ich schreibe dann nicht etwas bloß Beobachtetes, wie die meisten das tun, sondern etwas Erlebtes. Deswegen will ich eben gerade Schriftsteller sein« (FB 58).

Ganz anders als Goethes Wilhelm Meister findet der Wilhelm der
»Falschen Bewegung« keine harmonische Beziehung zur Welt. Sein
Bezugssystem bilden eine überzivilisierte Welt und die Gesetze der
Technokratie (Mixner 214), die Handke bereits bei seiner Beschreibung von La Défense als Voraussetzungen einer modernen Ortlosigkeit erscheinen (W 37). Wilhelm löst sich aus allen Beziehungen und
sucht schließlich den äußersten Ort der Natur, die Zugspitze auf,
um dort schreiben zu können. Der Entschluß zum Schreiben und
gegen das Handeln (Pütz 72) ist Kontrafaktur der Goetheschen
Entwicklungsvorstellung, die Begegnung mit andern Menschen ändert nicht Wilhelms Erfahrungshorizont, sondern erweist sich als
»Falsche Bewegung« (Pütz 67). Die Absicht der Selbstfindung, die
sich beim Betrachten eines Photos einstellt (FB 11), führt in immer
größeren Gegensatz zu den »Tatsachenmenschen« (FB 36). Die
zunehmende Entfernung von der Gesellschaft erwächst aus einer
Steigerung privater Stimmungs- und Wunschbilder (Nägele/Voris
104), die im Schreiben ebenso bewußt werden wie die Unmöglich-
keit ihrer politischen Einlösung (FB 52). Diese Erfahrung verbindet
Wilhelm unmittelbar mit seinem Erzähler. Wie dieser weiß er sich in
unüberbrückbarer Distanz zum Politischen, er ist nicht in der Lage,
seine Wünsche in gesellschaftliche Handlungen und Vorstellungen
einzubinden.

Aufhebbar scheint die Grenze zwischen Bedürfnis und Politik
nicht durch Handeln, sondern nur durch den poetischen Entwurf;
allein der ästhetische Vorschein gibt eine Hoffnung auf Erfüllung
der Wünsche (FB 52), so wie die Büchner-Preis-Rede von der »begriffsauflösenden und damit zukunftsmächtigen Kraft des poetischen Denkens« spricht (W 76; Nägele/Voris 106).

Unabhängig von dieser inhaltlichen Übereinstimmung schreibt
der Autor Handke der Geschichte Wilhelms Bilder seines authentischen Lebens und Signifikanten seiner eigenen Texte ein. Die
Traumbilder des Halbschlafs (FB 38/9), die Metaphorik des Übers-
Eis-Gehens (FB 48), die Erfahrung der Einsamkeit und der Verlassenheit in Deutschland (FB 42, 45), der Wunsch, allein und bezie-
hungslos zu sein (FB 8, 70) und das Bild der Natur als Gegenwelt
und Ort einer intensiven Selbsterfahrung (FB 55, 81), die zugleich
Voraussetzung des Schreibens ist, erweisen die Bildsequenzen der
Geschichte Wilhelms als Fragmente eines autoanalytischen Diskurses, der keiner logischen Verknüpfung bedarf.

Es ist auffällig, daß dieser Text der Bildfolge des Films schon ein
anderes Prinzip der Verknüpfung entgegensetzt, das im Schreiben
Bedeutung gewinnt. Wilhelm begründet seine Trennung von Politik
und Menschen damit, daß er der Ablenkung des zufällig Sehens

entgehen will. Zu Therese sagt er: »zum Schreiben muß ich mich ungestört und genau erinnern können, sonst schreibe ich nur was Zufälliges« (FB 32), später heißt es, als »Erinnerungsvorgang wird das Schreiben, glaube ich, endlich selbstverständlich werden« (FB 77/8).

Das Erinnern erweist sich als eine Form der poetischen Phantasie, welche die Außenbilder und die Innenbilder aneinander vermittelt. An die Stelle einer Harmonie von Individuum und Gesellschaft setzt die »Falsche Bewegung« eine Verschmelzung der Wahrnehmungs-bilder und der Bilder von Phantasie und Erinnerung. Ausgerechnet diese utopische Botschaft des Ästhetischen erhält durch eine emble-matische Abbildung Gewicht. Sie erscheint in einer Bildeinstellung, die wiederum Bild und Schrift unmittelbar aufeinander bezieht: »Das Bild der Ebene und des Himmels. Schrift über dem Bild: ›Manchmal starrte ich lange vor mich hin, absichtlich ohne etwas anzuschauen. Dann machte ich die Augen zu, und erst an dem Nachbild, das sich dabei ergab, merkte ich, was ich vor mir gehabt hatte. Auch während ich schreibe, schließe ich die Augen und sehe einiges ganz deutlich, das ich bei offenen Augen gar nicht wahrneh-men wollte‹« (FB 61/2). Gerade diese Situation des Schreibens führt zurück auf eine Einstellung in der »Chronik der laufenden Ereignis-se«, in welcher eine Spielszene durch Stimmen kommentiert wird: »Man schließt die Augen, damit sich inzwischen alles verändern kann, aber dann ist es zu spät, die Augen wieder aufzumachen« (CLE 103). So erwächst unmittelbar aus dem filmischen Erzählen die Reflexion auf die Voraussetzung schreibenden Erzählens.

7. Heimkehr zu den Anfängen des Ich und den Gesetzen der Tradition: die »Tetralogie«

7.1. Langsame Heimkehr

Im März 1977 vermerkt Handkes ›Journal‹ »Das Gewicht der Welt« als Programm: »Die naturalistischen Formen zerdenken, bis sich die didaktischen, zeigenden (Brecht) ergeben; die didaktischen Formen zerdenken, bis sich mythische ergeben (mein Schreiben)« (GW 321). Es ist bisher deutlich geworden, daß sich Handkes Schreiben bereits vor der offenen Form des ›Journals‹, die mitunter den Zustand einer tiefgreifenden Dissoziation verrät, verändert, auch wenn an die Stelle einer einzigen und durchgängigen neuen Schreibweise zunächst unterschiedliche Schreibhaltungen treten, die allesamt Geschichten von der Gefährdung des Ich sind. Dabei zeigen sich vor allem zwei Darstellungsmodelle. Das erste demonstriert die »Stunde der wahren Empfindung«, in der das erzählte Ich Keuschnig durch Destruktion bedroht ist. Während sich die Figur dort immerhin imaginär als Held einer gedachten und unbekannten Geschichte ihrer selbst versichert, werden im Verlauf des Erzählens überdies dessen Voraussetzungen in Frage gestellt. Kausale Handlung wird durch den Zufall als sinnstiftende Kraft, zielgerichtetes Handeln durch Träume und Tagträume, bewußtes Gestalten durch bloßes Abbilden von Wahrnehmungen ersetzt. An jeder Stelle korrespondiert so dem erzählten Sinnverlust eine Eliminierung des erzählbaren Sinns. Wahrnehmungen und Erfahrungen der Figur beziehen sich auf eine nicht erzählte Geschichte, ohnehin nähren die Ängste, Dissoziationen und Verstörungen Gregor Keuschnigs den Verdacht, er sei ein »Borderline«-Patient (Moser 1136–1160; Jurgensen 1/Roberts 89 ff.). Das zweite Darstellungsmodell entwickelt die »Linkshändige Frau«; dort sind alle inneren Vorgänge in Außenbilder übersetzt, das gefährdete Ich zeigt nur seine Oberfläche.

Das ›Journal‹ zieht die Konsequenz aus diesen einseitigen Konstellationen, die alle Texte bestimmen. Es mahnt zur Überwindung jener Geschichten der Gefährdung und formuliert als Ziel, die »fixen Ideen einzelner« in den »Mythos vieler« zu übersetzen (GW 277/8); eine andere Sprache und neue Geschichten sollen dies leisten. Die nachfolgende »Tetralogie« löst das gestellte Programm ein und führt zugleich Ansätze des vorangehenden Werks zu einem vorläufigen Ziel. Die Texte der »Langsamen Heimkehr«, der »Lehre der Sainte-Victoire«, der »Kindergeschichte« und des Dramatischen Gedichts »Über die Dörfer« präzisieren dabei den Begriff des Mythos, indem sie ihn lebensgeschichtlich und psychogenetisch auf die Biographie ihres Autors beziehen und ihn zugleich als allgemeines Gesetz des Psychismus beschreiben.

Es ist signifikant, daß sich dabei eine bildungsgeschichtliche und eine lebensgeschichtliche Entwicklungslinie miteinander verschränken; jeder Rückbesinnung auf das eigene Ich korrespondiert eine auf die Tradition. Deshalb auch wird die »Lehre der Sainte-Victoire«, indem sie von der Entstehungsgeschichte der »Langsamen Heimkehr« erzählt, nicht nur werkgeschichtliche Dokumentation. Beide Texte sind vielmehr durch Raumbilder und erzählte Phantasieräume miteinander verschränkt, die wiederum autobiographische Durchblicke eröffnen, auch dies verbindet beide Texte mit Stifter (Gabriel 214). Schon aus diesem Grund wird Sorger mit seiner geplanten Arbeit »Über Räume« die »Übereinkünfte seiner Wissenschaft« verlassen müssen, »sie konnten ihm höchstens manchmal weiterhelfen, indem sie seine Phantasie strukturierten« (LH 107). Wiederum kann eine Notiz aus dem »Gewicht der Welt« belegen, daß die »Langsame Heimkehr« zugleich nach Europa und ins eigene Bewußtsein führt, das lebensgeschichtliche Erinnerungen bewahrt und neu durchdenkt. Dort vermerkt Handke:

»Als ich heute abend zurückkam, von Österreich und Deutschland, fühlte ich mich an der finsteren ›Porte de la Muette‹ am Rand des Bois de Boulogne auf einmal als jemand, dessen Existenz gleichzeitig noch, als eine Art zweiter, verborgener Lebensgeschichte, in dem kleinen Heimatort in Südkärnten vor sich ging, ganz körperhaft, vor den Augen aller Dorfbewohner, und mein Körper erstreckte sich in diesem Moment auf eine schmerzhafte und zugleich fast tröstliche Weise durch Europa, in das ich mich der Länge und Breite nach verlor als Flächenmaß (GW 27).

Auch der schlafende Sorger erfährt »nachts immer noch die Entfernung von Europa und ›den Vorfahren‹: nicht nur als die unvorstellbare Wegstrecke zwischen sich und einem anderen Punkt, sondern auch sich selber als einen entfernten (wobei allein der Tatbestand der Entfernung schon Schuld war)« (LH 40). Damit entwickelt die »Langsame Heimkehr« im Zuge der Raumphantasien ein Moment der Dekonstruktion, dem wieder ein Neuaufbau folgt. Sie wiederholt damit erneut ein Muster, das andere Texte schon vorher entwerfen. Die tote und bedrohliche Natur, die Erinnerungen an eine frühe Geschichte in Europa birgt, gilt es zu überwinden.

Darüber hinaus ist Valentin Sorger, der Erdforscher der »Langsamen Heimkehr«, der zunächst in Alaska arbeitet und dann über die Westküste nach Europa zurückkehrt, als Figur zugleich Erinnerungsbild an eine künstlerische Auseinandersetzung Peter Handkes mit Cézanne, er ist dessen »Homme aux bras croisés« (LSV 36). Sein Name scheint überdies eine Beziehung zu Heidegger herzustellen, der in »Sein und Zeit« die Sorge als einen existenzialen Ort des »Unzuhause« bestimmt, zudem werden zentrale Begriffe aus Heideggers Werk, wie »Anwesenheit«, »Offenheit«, »Räumlichkeit« in der »rein philosophische(n) Erzählung« variiert (GB 163; Laemmle 427).

In seiner Abhandlung »Über Räume« soll Sorger auch »eine sogenannte Landschaft *Am kalten Feld* in der Bundesrepublik« beschreiben (LSV 92/3). Dieses ›Kalte Feld‹ ist nicht nur eine geologische Formation, sondern auch ein lebensgeschichtlicher Signifikant des Autors. Er weist einerseits auf die Gewalt in Deutschland (LSV 91/2), andererseits auf die familiale Sozialisation des Verfassers. Die Bedeutung jener Bilder von Gewalt unterstreicht die »Falsche Bewegung«, in der man eine parallele Stelle finden kann (Durzak 147). Dort äußert der Hausherr über die Einsamkeit in Deutschland: »Die Angst gilt hier als Eitelkeit oder Schande. Deswegen ist die Einsamkeit in Deutschland maskiert mit all diesen verräterisch entseelten Gesichtern, die durch die Supermärkte, Naherholungsgebiete, Fußgängerzonen und Fitnesszentren geistern. Die toten Seelen von Deutschland ...« (FB 45). Sorgers Forschungen, die immer mit Erinnerungen gekoppelt sind, führen zugleich unmittelbar an die »Flurzeichen der Kinderzeit« (LH 109).

Den Zusammenhang der bedrohlichen Räume mit der familialen Sozialisation bestätigt ebenfalls die »Lehre der Sainte-Victoire«. Das ›Kalte Feld‹ in Deutschland ist mit einer Erinnerung an den Stiefvater verbunden, dessen bedrohliche Konfigurationen fast alle Texte Handkes durchziehen und die Bilder der Kindheit zu einem lebensbedrohenden Komplex verdichten. Diese Verknüpfung gilt es zu berücksichtigen, wenn man das Verfahren der Mythisierung in Handkes letzten Texten beschreibt. Auch da, wo es vermeintlich weit vom Autor wegführt, ist es autobiographisch zentriert, liefert es die geheime Inschrift für die Geschichte eines einzelnen. Es gehört allerdings zur Eigenart von Handkes Schreibweise, daß sie diesen Bezug verschlüsselt.

Zunächst nähert sich die Tetralogie dem »Mythos vieler« durch Rekonstruktion einer historischen Situation und konventioneller Beschreibung. Ausschlaggebend dafür ist, daß die in früheren Texten, vor allem dem »Kurzen Brief« punktuell auftretenden Naturbilder durch Landschaftsbeschreibungen zentriert und zusammengefaßt werden. Dabei scheint, was ursprünglich das Heraufkommen literarischer Landschaftsbeschreibungen begründet, auch im modernen Text fortzuwirken. Entwerfen und Erzählen von Landschaften weisen auf die Voraussetzungen und das Grundgesetz der modernen Gesellschaft. Weil für sie Entzweiung mit der Natur und Herrschaft über diese Bedingung ihrer Freiheit ist, hat die ästhetische Rekonstruktion und Vergegenwärtigung der Natur als Landschaft »die Aufgabe, den Zusammenhang des Menschen mit der ›umruhenden‹ Natur offen zu halten und ihm Sprache und Sichtbarkeit zu verleihen« (Ritter 161). Daß die Natur als Landschaft »Frucht und Erzeugnis des theoretischen Geistes ist« (Ritter 146), gilt auch für die ästhetische Landschaftsdarstellung bei Handke. Auch dort wird die Natur zur Landschaft, weil alle Wahrnehmungen durch eine ordnende Phantasie zentriert sind.

Es ist kein Zufall, daß Sorger wie der Protagonist der »Falschen Bewegung« in die Natur flüchtet. Doch wo bei jenem der Weg in die Einsamkeit der Zugspitze das Gefühl der Ortlosigkeit verstärkt, das allein im »Erinnerungsvorgang« des Schreibens überwunden werden kann (FB 77), führt für Sorger das Anschauen der Landschaft in Alaska nicht nur immer wieder zu Momenten der Ephiphanie, früheren Naturblicken vergleichbar; Sorger erkennt auch die Muster einer Verschränkung von Zivilisation und Natur, die erstere als Natur und letztere als Landschaft erscheinen läßt. Sein fiktiver Blick aus dem Flugzeug erfaßt einerseits die Geometrie und »Ruppigkeit der Urlandschaft«, andererseits denkt sich der Betrachter die in die Natur angelegte Ansiedlung als »ideale[n] Ort, zivilisiert und zugleich elementar« (LH 44). Von vornherein erzählt die »Langsame Heimkehr« von einem Lebensgefühl, das der Wilhelm der »Falschen Bewegung« erst zu schreiben sich vornimmt (FB 77, 81); von Anfang an erweist sich alles Beschreiben schon als Formung, durch welche bewußte und unbewußte Beobachtungen, theoretische Erklärungsmuster und ästhetische Bilder zur Deckung gelangen.

Einerseits führt dies zu einer Remythisierung der Wahrnehmung, die den Blick der Figur in die Landschaft bestimmt. Dies demonstriert die ordnende geographische Beschreibung des Erdforschers Sorger. Der erinnert sich beim Vergleich der indianischen Landschaftsnamen mit denen der Zivilisation an die Naturmythologie der Antike, die unmittelbar mit dem Namengeben verknüpft ist. Von hier bezieht er mythische Bilder, die schließlich auch seine wissenschaftlichen Beobachtungen überformen.

»*Pferdehufseen, Quelltöpfe, Trogtäler, Lavafladen* oder *Gletschermilch* aus *Gletschergärten*: hier über ›seiner‹ Landschaft verstand er solch übliche Formenbezeichnungen, welche ihm doch so oft als unzulässige Verkindlichungen erschienen waren. [...] er hatte nun Lust, den Gattungsbezeichnungen jedes einzelnen Gebildes noch einen freundlichen Eigennamen beizugeben – denn die wenigen Namen auf der Landkarte stammten entweder aus der kurzen Goldsuchergeschichte der Region [...] oder es gab bloße Zahlen als Namen, [...] Wie Vorbilder waren da die paar indianischen Ortsbezeichnungen: die ›großen Verrückten Berge‹ im Norden der ›Kleinen verrückten Berge‹, oder der ›Große Unbekannte Bach‹, der die ›Kleine Windige Schlucht‹ durchlief und in einem namenlosen Sumpf verlorenging« (LH 72).

Andererseits rekonstruiert der Text der »Langsamen Heimkehr« insgesamt eine historische Schreibweise, die sich als ein bestimmendes Muster erweist. Seine Landschaftsbeschreibungen lassen sich auf einen Grundsatz beziehen, den Schiller in seiner Rezension von Matthissons Gedichten für den Landschaftsdichter aufstellt. »Es gibt zweierlei Wege, auf denen die unbeseelte Natur ein Symbol der menschlichen werden kann: entweder als Darstellung von Empfindungen, oder als Darstellung von Ideen« (SNA 22; 271). Da die Empfindungen nicht ihrem Inhalt, sondern allein ihrer Form nach darstellbar sind, erhebt sich eine weitere Forderung: »[...] insofern also die Landschaftsmalerei oder Landschaftspoesie musikalisch wirkt, ist sie Darstellung des Empfindungsvermögens, mithin Nachahmung menschlicher Natur« (SNA 22; 271/2). Diese Anforderungen erfüllt der Roman des Erdforschers Sorger. Die Abfolge der Landschaftsbilder in Alaska erscheint als bewußte Komposition, in der alle Bilder durch eine Perspektivfigur zentriert und einander zugeordnet sind. Zudem dürfte der beschriebene Wechsel der Landschaftsformen Cézannes Gesetz der Modulation folgen, wenn alle Erdformen um den Betrachter zu kreisen beginnen und sich dabei verändern (Cézanne 91, 130/1). An der Stelle von Cézannes Modulation durch Farbe ließe sich hier an eine Modulation durch Formen denken, es bleibt zu erinnern, daß sich bereits Schiller dieser Metaphorik bedient und in bezug auf die Farben in der Landschaftsmalerei und Landschaftspoesie von »Harmonie«, »Ton« und »Modulation« spricht (SNA 22; 272).

Alle Wahrnehmungen, Empfindungen und Wünsche Sorgers zeigen sich auf die Betrachtung dieser Landschaften bezogen. Diese sind nicht nur Auslöser von Empfindungen, sondern zugleich Muster für eine Selbstreflexion, die auf sie gründet, denn von Anfang an sind seine Wahrnehmungen anthropomorph, sie folgen dabei einer Notiz des »Gewichts der Welt«: »Als ob das Sehen anthropomorph würde vom langen Aufenthalt an einem einzigen Ort – und dieser anthropomorphe Blick [...] wäre eine andere mögliche Wirklichkeit [...]« (GW 100).

Beim Betrachten der Naturbilder werden für Sorger unbewußte Wünsche und bewußte Reflexion eins. Jeder seiner Blicke in den Raum ist zugleich einer in die mythische Urgeschichte der Welt.

Dazu bietet die Landschaft Alaskas alle Voraussetzungen. Sie erscheint Sorger als geschichtslos, bestimmt allein durch den Wandel der Erdformen, und als zivilisationsfern, im ersten Stadium der Auseinandersetzung des Menschen mit der Natur. Der Blick in diese unberührte Natur ruft Vereinigungsphantasien hervor und in einem äußerlichen Sinn verwandelt sich auch Sorger so wie sein Kollege Lauffer, der allmählich schon durch seine Kleidung zu einer der ortsüblichen »Landschaftsfiguren« wird (LH 59). Die Landschaft des Nordens ermöglicht überdies nicht nur unbewußte Identifikation und wissenschaftliche Distanz zugleich, sie erscheint auch als Arsenal von Zeichen, die ein bewußtes »Lesen« ebenso erlauben wie ein unbewußt phantastisches Dechiffrieren, das auf die Konstitution des Selbst bezogen ist, weil es die Natur außen mit den Bildern des eigenen Bewußtseins zusammenfallen läßt. Aus der erdachten räumlichen Distanz des Flugzeugs sieht Sorger nicht nur die unterschiedlichen Muster, die Natur und Zivilisation am Boden abbilden (LH 43/4), er phantasiert sich auch eine überflogene Ebene als »einen vielgliedrigen Körper mit einem unverwechselbaren, einmaligen, ihm sich jetzt zuneigenden Gesicht. Dieses Gesicht erschien reich, unheimlich und überraschend: reich nicht bloß in der Vielheit der Formen, sondern auch in deren Eindruck von Unerschöpflichkeit; unheimlich in der Beinah-Namenlosigkeit der unzählbaren, immer seltsam an eine Menschenwelt erinnernden (oder sie vorwegnehmenden) und wie nach Namen schreienden Einzelformen (LH 71).

Es ist nicht zu übersehen, daß dem Erdforscher Sorger damit eine Sehweise zugeschrieben wird, die sich bereits in der Malerei des 19. Jahrhunderts durchzusetzen beginnt. Bei Courbet und Runge erweisen sich die Zeichensysteme von Natur- und Menschenwelt als vertauschbar. Courbets »Atelier« und seine parallelen Bildstudien »Ursprung der Welt« und »Grotte« einerseits, Runges »Landschaft auf der Flucht« und sein Zyklus der »Zeiten« andererseits können dies belegen. Diese Verknüpfung von unbewußter Wahrnehmung und künstlerischer Sehweise prägt Handkes Text in signifikanter Weise, sie verwischt auch, auffällig genug, die Grenze zwischen Bildern und Wirklichkeit. In New York geht ein Bilderlebnis des Museumsbesuchers Sorger unmittelbar in eine Wahrnehmung der Stadt über.

»Noch von den Werken bestärkt, vor denen er sich, als vor strengen (und auch frech knisternden) Beispielen, allmählich aufgerichtet hatte, stand er oben auf der monumentalen steinernen Innentreppe und erfaßte, gleichsam in einem einzigen machtvollen Herzsprung, die von den unten Kopf an Kopf drängenden Leuten schwärzliche Halle, und mit den Leuten drinnen zugleich, durch die haushohen Glastore, die gesamte Tiefe der auf das Gebäude (das am Parksaum lag) zuführenden felsengrauen 82. Straße, und ganz am Ende der von mehreren dicht befahrenen Avenuen geschnittenen Straße einen graublauen Schimmer von dem die Insel Manhattan begrenzenden schmalen Meeresarm, der East River heißt, und über dem Wasserstreifen einen stetig hin und her flatternden weißlichen Vogelschwarm, der jeweils im Moment des Umkehrens durchsichtig wurde« (LH 196/7).

Umgekehrt deuten die Formen der Natur über sich hinaus, sie imaginieren einen mythischen Urzustand und liefern Sorger die Bilder einer utopischen Weltgeschichte, von der es heißt, in ihr gebe es »nichts Gewaltsames oder auch nur Jähes« (LH 52). Entdeckt können diese Formen werden, weil Sorger zu zeichnen beginnt. Der bestimmte Ort, der diese Entdeckung möglich macht, und den Sorger täglich zeichnet, »bildete sich erst heraus mit der andauernden Mühe des Zeichnens, und wurde dadurch beschreibbar« (LH 52).

Dies weist auf die zweite Überlegung, die Schiller in seiner Besprechung von Matthissons Gedichten entwickelt. Die Darstellung der Landschaft kann in den Kreis der Menschheit gezogen werden, insofern sie zum Ausdruck von Ideen wird, die aus der »symbolisierenden Einbildungskraft« (SNA 22; 273) hervorgehen. Sowohl die Phantasien der Vereinigung wie die Bilder des Gewaltlosen lenken die Romanfigur auf das Vermögen der eigenen Vorstellungskraft. In dieser werden bewußte Wahrnehmung von Wirklichkeit und unbewußtes Wünschen aufeinander bezogen. Daß die Raumphantasien des Forschers häufig mit erotischen Phantasien gekoppelt sind, unterstreicht dies nur. Sorger, der im Hochgefühl seiner durch Zeichnen zustande gekommenen Euphorie des Erkennens zwei Frauen anspricht und mit ihnen so schnell und mühelos intim wird, daß es ihm nachher selbst wie ein Traum erscheint, erlebt diese Begegnung wiederum als Raumerfahrung. »Die Kälte ihrer Fingernägel. Die Klarheit ihres Leibesinnern! Er sah sich in der warmen Nacht durch die Kontinente gestreckt und die Frauen, die sich um ihn kümmerten, als das letzte Mal für unabsehbare Zeit« (LH 114).

Gerade so erfaßt Sorger zusammen mit seinen eigenen lebensbestimmenden Phantasien auch das Formgesetz von Bildern. Die »Leitformen«, die er sucht, findet er in den Anschauungsformen vorrationaler Naturwissenschaft, den »Formerforschungen der Maler« und der »Musik des Sängers« vorgezeichnet (LH 121). Die Bedeutung dieser Leitformen aber ist vorgeprägt durch die vielen geometrischen Muster von Kreis, Arkade und Kuppel, die Sorgers Wahrnehmung schon je strukturieren (Gabriel 217 ff.; Bartmann 230). Immer auch ließe sich der Selbstreflexionsprozeß des Protagonisten in einer Kette von Bildern skizzieren. Damit nähert er sich dem Vorbild Stifters, von dem in der »Lehre der Sainte-Victoire« zu Beginn die Rede ist. Jener liefert die »tägliche Schrift«, die nicht nur als Text, sondern als eine Offenbarung ästhetischer Sehweisen gelesen wird. Sorger wie Lauffer stehen vor der Aufgabe, die Stifter in den »Nachkommenschaften« beschreibt, sie versuchen, eine unendliche Natur abzubilden. Doch während Lauffer zu scheitern droht, weil er wie Stifters Maler Roderer alles ins Bild bringen will, geht Sorger den Weg Stifters, der aufhörte, ein Maler zu sein und Räume wie Landschaften erzählte.

Im Verlauf einer Phantasie, in der Sorger ein Muster im getrockneten Schlamm wahrnimmt und erneut wie schon vorher vom Aufgehen in der Natur träumt, kann er den Satz sprechen: »Ich bin es, der bestimmt« (LH 69). So zeigt noch der Wunsch nach Vereinigung die Spur jener Gewalt der Projektion, die Voraussetzung aller utopischen Bilder ist. Von hier aus werden die utopischen wie die idyllischen Perspektiven auf das Dorf der Eskimos fragwürdig. Es wird klar, warum Sorger die Indianerin, als sie beim Abendessen den Erwartungen der Europäer entsprechend geschminkt ist, plötzlich wie eine »dunkle, gefährliche Maschine in strahlender Menschengestalt« (LH 77) erscheint. An jeder Stelle rufen die Wunschbilder ihre Gegenbilder hervor, jede Balance, welche die Hauptfigur erlangt, ist wie schon in vorangegangenen Texten labil und kurzfristig. Und doch erhält sich noch nach Sorgers Rückkehr in die Zivilisation die Erinnerung an die belehrenden Bilder der Natur und den Wunsch nach Erfahrung einer Ganzheit, welche die Grenzen des Ich sprengen kann. Das ständige Überblenden von authentischen und phantasierten Bildern erklärt, warum Sorgers Naturbilder von Alaska niemals zu jenen theoretisch fundierten Landschaftsbildern erstarren, wie sie bereits das 18. Jahrhundert kennt, und warum sie andererseits keine Bewegungslandschaften sind, in denen sich wie in den romantischen Vorlagen das betrachtende Ich verliert. Die Beschreibung von Landschaften zitiert vielmehr Erinnerungen an eine Urgeschichte der menschlichen Seele und setzt im gleichen Zug Phantasien einer anderen Geschichte frei. Erinnerungen wie Phantasien beziehen sich dabei allerst auf das beschreibende Ich selbst. Das Zurückdenken an Alaska, das Sorger noch in der Universitätsstadt am Pazifik gelingt, bewahrt zugleich die Bilder seines Wunsches. Erinnern und Wünschen begründen das Vermögen der Phantasie, aus Wahrnehmungen eine zweite Wirklichkeit zu entwerfen, in der die Konstitution des Selbst im Zentrum steht. »Jeder einzelne Augenblick meines Lebens geht mit jedem anderen zusammen – ohne Hilfsglieder. Es existiert eine Verbindung; ich muß sie nur frei phantasieren« (LH 112/3).

Der Verlust der unmittelbaren Wahrnehmung von Natur, wie sie in Alaska möglich ist, wird von Sorger an der Westküste zwar als mythisches Gesetz des »Raumverbots« (LH 132) erfahren, weil die Rückkehr in die Zivilisation für ihn zugleich ein Weg zurück in eine durch Gewalt und Schuld geprägte Geschichte ist. Doch noch in der Welt der städtischen Zivilisation erhält sich aus der Kraft der Erinnerung das Vermögen der Phantasie, Wirklichkeit neu als Erfahrungsraum zu entdecken. Jetzt heißt es von Sorger, »er, der die großen Räume verloren hatte, vertiefte sich gelehrig in die kleinsten« (LH 137). Im begrenzten Kreis der Familie des Freundes geht Phantasie unmittelbar aus Beobachten hervor, macht die Erinnerung schon das bloße Hinsehen produktiv. Das skurrile El Dorado des Liebespaares aus dem »Kurzen Brief« erhält so sein Gegenbild, das die Gemeinschaft als Raum der Geborgenheit und Freiraum der Phantasie zugleich erscheinen läßt (LH 136, 139). Das Gesicht der Frau seines Freundes verwandelt sich für Sorger in eine Landschaft; zugleich wird diese Phantasie bereits wieder zum Zentrum einer anderen. Das zur Landschaft gewordene Gesicht der Frau erscheint ihm schließlich als »Menschheitsgesicht« (LH 139).

Nirgends allerdings wird deutlicher als hier, daß die geschlossene Welt der Innerlichkeit und Erinnerung schon deshalb wieder überschritten werden muß, weil sie eine nur imaginäre Ordnung errichtet. »Deine Räume gibt es nicht. Es ist aus mit dir« (LH 133) hört Sorger als Warnung. Deshalb schreitet seine Phantasie zum Entwurf von Ideen, die der Text »Leitformen« nennt (LH 120). In dieser Hinsicht stellt die Erfahrung der Figur diejenige ihres Erfinders nach, auch hier wird klar, daß bei Handke Lebensprobleme der erfundenen Figuren und Darstellungsprobleme der Texte häufig symmetrisch sind (Bohn 368). Für beide gilt, daß Anschauung und Deutung in einer Wahrnehmung zusammenfallen, die jede Ähnlichkeitsbeziehung auf sachliche Identitäten zurückführt und sich somit mythisch nennen läßt (CB 45; Elm 376). Beide sind einem »wilden Denken« (Elm 373; Lévi-Strauss, Denken 11–48) verpflichtet, das dem domestizierten entgegensteht. Schon die Erfahrung des »Raumverbots« deutet darauf hin, daß Sorgers Landschaftsbilder eine »mythische Geographie« entwerfen (Hoffmann 35, 203; CR 27; CPF 110, 118, 125). Die mythische Wahrnehmung, die den modernen Text bestimmt, hängt unmittelbar mit dem Unbewußten zusammen (Hoffmann 199, 266/7), sie repräsentiert eine verdeckte Struktur menschlichen Bewußtseins (Eliade 9/10, 153/4). Intrapsychische Konstellationen bildet sie als raumzeitliche ab und gibt dabei den Raumbildern den Vorrang (CB 42). Die sich im Lauf der Zeit verändernden Aufzeichnungen Sorgers, die jener an der Westküste wieder liest, belegen dies: »in das Interesse an den langzeitlichen Naturräumen hatte sich eine Betroffenheit durch Raum-Formen eingemischt, die gleichwo (nicht allein in der Natur) sich bloß episodisch bildeten, in dem ›ich, Sorger‹ sozusagen ›ihr Augenblick‹ wurde, der sie zugleich zu Zeit-Erscheinungen machte« (LH 189). So erweist sich das mythische Bewußtsein beim modernen Autor bereits als ein sekundäres, das dazu dient, intellektuell nicht lösbare Schwierigkeiten durch eine affektive Sinngebung zu überwinden. Für Sorger wird die Wildnis in Alaska zu »seinem höchstpersönlichen Raum« (LH 11), seine Versuche der »Zusammenschau« sind zugleich Blicke auf sich selbst. »Es beschäftigte ihn ja schon seit langem, daß offenbar das Bewußtsein selber mit der Zeit in jeder Landschaft sich seine eigenen kleinen Räume erzeugte, auch da, wo es bis zum Horizont hin keine Abgrenzungsmöglichkeiten zu geben schien« (LH 107).

Der mythische Raum ist nicht nur dem ästhetischen im Innersten verwandt (CR 29), mythisches Denken und ästhetische Phantasie konvergieren auch darin, daß sie auf einen lebensgeschichtlichen Prozeß bezogen sind. Als Denkformen, die aus dem Unbewußten hervorgehen, rekonstruieren sie zugleich weit zurückliegende Erfahrungsstufen des wahrnehmenden Ich, sie berühren eine »Kindheitsgeographie« (Bartmann 231), den Entstehungsort der Phantasmen des Ursprungs; Sorgers Heimkehr zielt »nicht nur in eine gewisse Gegend, sondern ins Geburtshaus zurück« (LH 140).

Diesen Sachverhalt bestätigt der Text der »Langsamen Heimkehr« noch im Detail. An jeder Stelle wiederholen die Phantasien Sorgers Erinnerungen, die sich auf Bilder, Geräusche und Wahrnehmungen seiner frühesten Jugend beziehen (LH 143/4). Wie eng gerade die Geräuschbilder mit Kindheitserinnerungen verbunden sind, bestätigt das »Gewicht der Welt« in zwei Abschnitten über Geräusche (GW 42, 187); es bleibt zu erinnern, daß auch die »Hornissen« solche Audiogramme erzählen. An diesen und anderen Rekonstruktionen erweist sich der besondere Charakter der Beziehung zwischen dem mythischen Denken und dem Vermögen der produktiven Phantasie. Die lebensgeschichtliche Zeitachse, der sie nachfolgen, verwandeln beide in eine Bilderfolge. Damit bewahren sie das Wünschen ebenso wie die Erinnerung an die erste und imaginäre Konstitution des Selbst, ausdrücklich heißt es im Text »Sorger hatte die Gewalt zu wünschen [...]« (LH 184/5). Der Forscher phantasiert sich das Bild einer Frau in den Schnee, das ihm selbst so wirklich erscheint, daß es ihn zu erregen vermag (LH 158).

Den Ausgang der Phantasien Sorgers von entscheidenden Zeitmarken der Psychogenese beschreibt auch das Ende eines langen

Traums kurz vor dem Rückflug über den Atlantik. Der Forscher träumt sich nicht nur bereits nach Europa zurück, sondern er erinnert sich aufwachend an die Bilder des eigenen Ursprungs, die auf die Geschichte seines Körpers weisen. »Das Kopfpolster berührte ihn wie die nackte Fußsohle eines Säuglings, und im Aufwachen wirkte ein Kind in ihm, das dann still, ohne Wimpernzucken, mit dem eigenen Atem spielend, zum Fenster hinausschaute. Alles, was er sich organisch wünschte, war organisch; und alles Anorganische anorganisch. ›Das bin ich!‹« (LH 192/3).

Das Vermögen zu solchen Rückbiegungen begründet im Text Wahrnehmung und Imagination von Wirklichkeit zugleich. Traum und Tagtraum sind Voraussetzungen dafür, daß Sorger, den der Erzähler ein ebenso genaues wie stimmungsvolles Landschaftspanorama beobachten läßt, eine imaginierte Wahrnehmungsperspektive zu einer authentischen erklären kann. So mündet die Rekonstruktion lebensgeschichtlicher Bilder unmittelbar in jene Verdoppelung des Selbst, die das Schreiben ermöglicht. »[...] und Sorger stand in Gedanken unten am See und schaute zu dem Turmzimmer hinauf, wo er gerade stand und die dünne, kräftigende Luft einatmete. Über alle Dächer ging der Rauch wie ein Mann, und aus allen Parkbäumen staubte ein unablässiger Baumschneefall. ›Das ist jetzt!‹« (LH 194). Die Erfahrung eines erfüllten Jetzt, welche die »Stunde der wahren Empfindung« entwickelt, ist hier verdichtet, die Verdopplung des Selbst aber hat jetzt eine Befreiung durch Sprache zur Voraussetzung. Sie erst ermöglicht Sorger jene Distanz, die er später zu der Lebensgeschichte des Fremden empfindet, der ihm sein Unglück erzählt und vorspielt (LH 175, 178). Sorger, der in der Erinnerung in die Gewaltwelt der eigenen Geschichte zurückzusinken droht, befreit sich, indem er eine Formel mythischer Gewalt spricht: »Ich habe keinen Vater mehr« (LH 100).

Der imaginierten Erfahrung einer Verdoppelung und dem Sich-Lossprechen von der gewaltbestimmten Vaterwelt symmetrisch ist das mythische Erlebnis des »gesetzgebenden Augenblicks« (LH 168). Auch dieses geht aus Sorgers Erinnerungen hervor und leitet seine Phantasien, als er in einem Coffee Shop in den Bildern der Zivilisation die Erdformen wiederzuerkennen vermeint (LH 170/1). Bereits zu diesem Zeitpunkt erkennt er, was ihm später zur Gewißheit wird; zum »Gesetz« des eigenen Lebens wird die Erfahrung des gesetzgebenden Augenblicks allererst dadurch, daß sie aufgeschrieben wird (LH 169), der Weg zum eigenen Stil setzt eine Rückkehr voraus (LH 199). Allein so wird deutlich, daß die Geschichte nicht Gewalt, sondern eine »von jedermann [...] fortsetzbare friedensstiftende *Form*« (LH 168) ist. Das schreibende Aufbewahren trägt dazu bei, das Gesetz zu erfüllen; schon vorher heißt es lapidar: »[...] ich bin nur, was mir gelungen ist, euch zu sagen« (LH 140). Damit spricht die »Langsame Heimkehr« einen Sachverhalt offen aus, der im Schlußbild der »Falschen Bewegung« nur in einem Bild aufblitzt, das die Zeichen der Natur und der Zivilisation und Kulturisation ineinander spiegelt. »Eine weiße Schneewächte gegen den grauen Himmel, lange. Das Sturmgeräusch. Ein Schreibmaschinengeräusch dazwischen, das immer stärker wird« (FB 81).

7.2. Die Lehre der Sainte-Victoire

Vom Modus jenes »Sagens«, welches die »Langsame Heimkehr« anvisiert, aber auch von seinen Voraussetzungen handelt präziser die »Lehre der Sainte-Victoire«. In ihr gibt sich der nach seinem Stil suchende Wissenschaftler Sorger endgültig als sein Erfinder zu erkennen. Bereits in der »Langsamen Heimkehr« spricht der Erzähler die Figur Sorger mit ›du‹ an und schreibt ihr eine Erfahrung zu, die seine eigene ist. Auf seiner »ersten wirklichen« Reise lernt er, »was der eigene Stil ist« (LH 199). In der »Lehre der Sainte-Victoire« ist dieser Stil gefunden, zugleich kann der Erzähler sagen: »der Geologe hat sich noch vor dem europäischen Boden in mich zurückverwandelt [...]« (LSV 93). Es zeigt sich, daß der Erdforscher, der sich dem Erzähler »anverwandelt« hat, in »vielen Blicken« weiterwirkt (LSV 102).

So bekommt die mythische Rekodierung der Voraussetzungen des Erzählens autobiographische Authentizität. Das Benennen und Namengeben, von dem der Text handelt und das dem Mythos ebenso zugeschlagen werden kann wie der kindlichen Phantasiewelt, bezieht sich auf eine wirkliche Sozialisationsgeschichte. In der Rekonstruktion der eigenen künstlerischen Entwicklung verbinden sich die Jahre in Frankreich mit Erinnerungen an Kindheit und Jugend; die zweimal unternommene Reise des Erzählers zur Montagne Sainte-Victoire verbindet Bilder aus seinem Pariser Aufenthalt mit Erinnerungsbildern an Berlin, Reminiszenzen an einen Urlaub in Jugoslawien und schließlich mit den Phantasien und Wahrnehmungen des Kindes in Kärnten. Daraus entsteht ein »mythe personnel« (Mauron 1; 32, 34). In ihm werden autobiographische Erinnerungen, unbewußte Phantasien und mimetischer Entwurf aufeinander bezogen. Das »Gewicht der Welt« bestätigt schon vorher diese biographische Inschrift der erzählten Mythen und die mythische Überformung der autobiographischen Erinnerungen: »Immer wieder das Bedürfnis, als Schriftsteller Mythen zu erfinden, zu finden, die mit den alten abendländischen Mythen gar nichts mehr zu tun haben: als bräuchte ich neue Mythen, unschuldige, aus meinem täglichen Leben gewonnene: mit denen ich mich neu anfangen kann [...]« (GW 181). Zudem sind die Bilder der primären familialen und der sekundären künstlerischen Sozialisation so miteinander verkoppelt, daß sie einen Zustand der Zerrissenheit aufheben, der im »Journal« noch als unauflöslicher Widerspruch von Ich und Welt dargestellt wird und den Handke in einem Interview als »eine Art Disharmonie von Anfang an zwischen dem Ich und der Welt, einen ontologischen Riß zwischen manchen Figuren und deren Geschichte« bezeichnet (Schäble 427; vgl. auch GW 118).

Deshalb weist das autobiographische Ich der »Lehre der Sainte-Victoire« zwar auf die Rolle des »lebendigen Ich«, das sich gegenüber den sozialen Einschreibsystemen zur Geltung zu bringen sucht, und es markiert Schnittstellen zwischen jener Einschrift und der Urschrift des Unbewußten. Sie weisen auf die Entstehung des Unbewußten durch das Gesetz des Symbolischen und die Sprache (Kreis 29). Doch es ist kennzeichnend für den lebens- und werkgeschichtlichen Ort des erzählten »mythe personnel« der Künstlerautobiographie, daß dieser bereits auf regressiven Entdifferenzierungen psychischer Konflikte aufbaut und einen »lebensgeschichtlichen Neubeginn« (Loch 238, 247) entwirft. Dem Verfasser des »Journals« wird diese Verschränkung ausgerechnet am Mythos des Narziß bewußt. Er nähert sich dabei jener Auffassung von den Wandlungen des Narzißmus zu einer schöpferischen Kraft, die in der Psychoanalyse neuerlich Bedeutung erhält. »Der Mythos von Narziß: Ob nicht vielleicht gerade das lange, forschende Anschauen des eigenen Spiegelbilds (und im weiteren Sinn: der von einem verfertigten Sachen) die Kraft und Offenheit zu langem, unverwandtem, sich vertiefendem Anschauen andrer geben kann? [...]« (GW 239). Deshalb auch tritt hier das Unbewußte, die im fiktionalen Text wie im kulturalen Diskurs verdrängte Wahrheit des Menschen, nicht mehr als Zerstörer der konventionellen Sprache und der kulturisierten Reden auf (Kreis 68). Der Persönlichkeitsmythos, den die »Lehre« entwirft, bezieht sich nicht allein auf ein »Frühgeschehen aus der Ontogenese der Seele« (Loch 90), welches in Anlehnung an die Theorie von Jacques Lacan den »Versöhnungswunsch« aus dem »Begehren des Begehrens des anderen« hervorgehen läßt (LSV 25). Vielmehr liefert er auch ein Schema der Konfliktbewältigung, er ist Teil des Neuaufbaus einer Persönlichkeit. Die Superposition (Mauron 1; 23) der Texte Handkes bestätigt, daß die »Lehre der Sainte-Victoire« in diesem Sinn als Zusammenfassung und Überwindung früher dargestellter psychischer Konflikte gelten kann.

Es ist signifikant, daß der Text der Dichterlehre gegenüber den Bildern der primären Sozialisation jene der sekundären in den Vordergrund schiebt; sie machen erst ein Dichterleben aus. Die Suche nach einem »Lehrmeister« (LSV 33) führt zu Cézanne und wird gleichzeitig eine umfassende Auseinandersetzung mit der Landschaftsmalerei, sie weist auf eine Tradition, die von Ruisdael (LSV 119) über Courbet (LSV 31–33) bis hin zu Edward Hopper (LSV 19/20) reicht. Dabei ist auffällig, daß die Bildbeschreibungen weniger auf historische Differenzen abheben als vielmehr auf das Verbindende, auf eine Oberfläche der Bilder, die dem Dichter als »Sehtafel« dient, die meist ein »wiederkehrendes Phantasie- und Lebensbild erfaßt« (LSV 18). Es gilt sich zu erinnern, daß Handke bereits in einer Studie über den Maler Pongratz davon handelt, daß »die *Schemata* fürs Schreiben und Malen« vergleichbar sind (EF 14; Mixner 172). Im Nachhinein wird deutlich, daß sich daraus schon früher eine Verklammerung von Bildern und Texten begründet. Der »Judenfriedhof« am Aufstiegsweg von Mutter und Kind in der »Linkshändigen Frau« dürfte ebenfalls eine Reminiszenz an Ruisdaels gleichnamiges Bild sein (LF 103). Dementsprechend verfolgt der Erzähler bei seiner Beschreibung keine historische Linie, sondern er zielt auf eine philosophisch fundierte Erkenntnistheorie. Seine Deutung Cézannes zeigt eine Parallele zu einem kurzen Text Heideggers über den Maler. Die »Lehre« versucht jenes »Eindringen in die Gefahr der äußersten Beziehung zu den einfachen Dingen« (Laemmle 428), das der Philosoph am Maler entdeckt. Die Erkenntnis des Zusammenhangs, die in der »Langsamen Heimkehr« »frei phantasiert« (LH 113) werden soll, wird jetzt zum »Freiphantasieren« (LSV 100), sie ist eher ein Entbergen, denn ein voraussetzungsloses Erfinden. Dadurch allererst wird das Schreiben in eine Nähe zu Cézannes Malen gerückt, über das Heidegger ausführt:

>»Im Spätwerk des Malers ist die Zwiefalt
>von Anwesendem und Anwesenheit einfältig
>geworden, ›realisiert‹ und verwunden zugleich, verwandelt in
>eine geheimnisvolle Identität.

>Zeigt sich hier ein Pfad, der in ein Zusam-
>mengehören des Dichtens und des Denkens
>führt?« (HEF 13; 223).

Durch diese Wendung werden die regressiven Mythenbildungen, die noch in den Abschnitten »Vorzeitformen« und »Raumverbot« der »Langsamen Heimkehr« vorherrschen, wie schon der Mythos von Narziß in produktive Mythen verwandelt, die textkonstituierende Kraft haben, sie erschließen zugleich eine philosophische und eine psychologische Wahrheit. Sie legen die autobiographische Inschrift von Handkes Texten frei und erweisen sich als Teil des Entwurfs einer idealen Biographie, gerade darin gründen sie in der Gewalt des Unbewußten. Die kindliche Orientierung am Imaginären wird durch diese Mythen rekonstruiert und als ein produktives Vermögen wiederholt, das alle Phantasmen in Phantasie verwandelt und alle Phantasien auf Vorhandenes rückbezieht. So vermittelt auch dieser Text die Ordnung der Dinge, die Ordnung des Symbolischen und die Sprache des Unbewußten miteinander (Loch 32, 91/2; Freud 7; 193).

Möglich wird diese Vermittlung dadurch, daß wie in der »Langsamen Heimkehr« Landschaften als Zeichensysteme betrachtet werden. Jetzt sind diese sogar wie eine Schrift lesbar. Ausgehend von Cézannes »Rochers près des grottes au-dessus de Château Noir« (LSV 76) entdeckt Handke, daß die Bilder des Malers »Ding-Bild-Schrift in einem« sind (LSV 78). Damit greift er eine Tradition auf, die sich bereits in der Bildbetrachtung des 19. Jahrhunderts durchzusetzen beginnt. Seit dieser Zeit behandeln philosophische und literarische Kommentare Landschaften nicht mehr als Abbilder, sondern als Zeichen- und Chiffrensysteme für nicht Sichtbares. Die Maler selbst nehmen den Gedanken des Landschaften-Lesens auf. In einer Rezension Schillers heißt es »der tote Buchstabe der Natur wird zu einer lebendigen Geistersprache, und das äußere und das innere Auge lesen dieselbe Schrift der Erscheinungen auf ganz verschiedene Weise« (SNA 22; 273), der Maler Runge betont nicht nur die Notwendigkeit »charakteristischer Zeichen« zur Naturdarstellung, er sieht auch, daß sich Arabeske und Hieroglyphe zur Landschaft verwandeln und in dieser »alles Bedeutung und Sprache« erlange (Runge 25, 38, 91). In der Moderne führt Adorno diesen Gedanken fort, wenn er am Beispiel von Malerei und Musik die Entstehung des Schriftcharakters, der Ecriture in der Kunst klarlegt (AGS 16; 634). Daraus ergibt sich jene Beziehung von Texten und Bildern, die Handke ins Auge faßt. Allerdings bleibt ein Unterschied. Während die Bilder Abbild und Schrift zugleich werden, entsteht in den Texten eine doppelte Schrift. Bild und Text aber konvergieren darin, daß sie Raumbilder und Bildkomplexe entwerfen, die das Unbewußte abbilden und zugleich auf historischen Erfahrungen beruhen (CR 22; Hoffmann 200). Zudem weisen beide nicht nur auf einen Bruch zwischen Zeichen und Bezeichnetem und auf die Verselbständigung der Zeichensysteme, sie stellen diese Tranformation auch manisch immer wieder nach. Der Maler Courbet und der Dichter-Maler Stifter liefern hierfür die Beispiele.

Der erzählte Persönlichkeitsmythos der »Lehre der Sainte-Victoire« setzt eine geglückte Herausbildung des Selbst voraus und versucht, sie durch einen Mythos von Autorschaft zu bekräftigen. Gerade deshalb erfordert seine Orientierung an Vorbildern auch eine biographische Engführung. In Cézannes Entwicklung erkennt der Künstler-Erzähler den entscheidenden Wendepunkt, der mit einer neuen Arbeitstechnik, dem Malen »auf dem Motiv« zusammenfällt (Cézanne 118). Die düster-phantastischen Landschaften, die den Erzähler ebenso beunruhigen wie die traumdrohenden Landschaften anderer Maler, und die Schreckbilder, etwa die »Versuchung des Heiligen Antonius«, die allesamt auf die schonungslose Enthüllung von Triebleidenschaften abzielen, verschwinden aus dem Werk Cézannes. Sie werden abgelöst durch die Darstellung des »reinen, schuldlosen Irdischen: des Apfels, des Felsens, eines menschlichen Gesichts« (LSV 21). Dieser Wende setzt der Erzähler seine eigene lebensgeschichtlich bedeutsame und ebenfalls durch ästhetische Bilder bezeugte Entwicklung parallel. Er legt klar, daß in seinen Phantasien wie in seinen Texten an die Stelle der Zypressen, der Totenbäume der Antike, die etwa noch im »Kurzen Brief« auf Entfremdung und Depersonalisation weisen (Elm 363; Mixner 154), die »Pins parasol« als neue Bilder der Geborgenheit treten (LSV 23). Begleitet ist diese Wendung wie in der »Langsamen Heimkehr« von einem geometrischen Symbol der Selbstversicherung. Der »Große Bogen«, so lautet die Überschrift des ersten Kapitels, meint nicht nur den Bogen der Heimkehr, den die »Langsame Heimkehr« beginnt, sondern auch den Torbogen, den »le grand pin« bildet und der die »Sainte-Victoire« einrahmt. Diese Wendung ist zugleich ein Versuch, im Schreiben ursprünglich transzendente, bewußtseinsunabhängige Bilder im Sinne Kants wieder in transzendentale zurückzuverwandeln. Auch hierin wird eine Entwicklung sichtbar, denn der »Kurze Brief« und die »Stunde der wahren Empfindung« sind noch von einer gegenläufigen Bewegung bestimmt (Elm 363). Auch dafür findet der Erzähler sein Vorbild in Cézanne, der sein Verfahren der »Realisation« in Anlehnung an Kants Erkenntnistheorie entwickelt (Cézanne 12/13); dahin gehört auch, daß sich Handke bereits in der »Langsamen Heimkehr« zur Selbstreflexion »Kants fundamentaler Anschauungsformen bedient: des Raumes (in Alaska und in Kalifornien) und der Zeit (in Manhattan)« (Pütz 1; 111).

Im »Kontakt der Maleraugen mit der Natur« entsteht aus Sinnesempfindungen (Cézanne 94, 83), aus der schöpferischen Gestaltungskraft, dem »Temperament« Cézannes (Cézanne 81), eine gedeutete Wirklichkeit. Es ist kein Zufall, daß Cézanne diese Darstellungstechnik als Theorie im ursprünglichen Sinn der griechischen

Naturphilosophie ansieht, gerade dadurch wird sie der alleinigen Verfügung der Vernunft entzogen. »Alles ist, *besonders in der Kunst, Theorie,* entwickelt und angewandt im Kontakt mit der Natur« heißt es in Gasquets Gesprächen mit Cézanne (Cézanne 93). Damit greift die »Lehre der Sainte-Victoire« auf einen Ansatz zurück, den die »Langsame Heimkehr« im Rekurs auf Lukrez (LH 148; PW 74; Gabriel 218) entwickelt und den der »Chinese des Schmerzes« in der Orientierung an Vergils »Georgika« weiterführt.

Während Cézanne die Rolle der Empfindungen und Wahrnehmungen hervorhebt (Cézanne 45, 83) und als ihr Medium die Farben und ihre Modulation namhaft macht, finden die Überlegungen des autobiographischen Dichter-Künstlers eine weitere Bestärkung im Begriff der Imagination, wie er bei dem ebenfalls im Text erwähnten Philosophen Vauvenargues entwickelt wird. »J'appelle imagination le don de concevoir les choses, d' une manière figurée, et de rendre ses pensées par des images. Ainsi l'imagination parle toujours à nos sens« (Vauvenargues 64). Doch wo der Maler vermittels der Farbtöne eine Landschaft zu realisieren vermag (Cézanne 12, 15, 73, 94), bleiben dem Erzähler allein die Ordnung der Metaphern und die Fähigkeit, der Wirklichkeit Namen zu verleihen. So berichtet der Text von einem Benennen, aus dem er selbst hervorgeht, er entwirft den Mythos seiner Entstehung. Der Erzähler nennt eine Landschaftsformation die »Ebene des Philosophen«, er heißt eine Stelle, an der er einem bedrohlichen Hund begegnet »Saut du loup« (LSV 62). Die Episode mit dem tollwütigen Tier liefert dabei ein Muster für das Vermögen der ästhetischen Phantasie, die ebenso entschieden wie Handkes Gewährsmann Lukrez in »De rerum natura« dem Schrecken und der Todesangst entgegentreten will. Die Angst des Bergbesteigers vor dem Tier weicht durch ein »Phantasiebild«, das er sich zu dem Hund denkt (LSV 59), sie schwindet völlig durch einen Traum, in dem sich der Hund in ein Schwein verwandelt (LSV 61/2), und sie führt schließlich zu einer Spielszene, in welcher sich der Erzähler selbst in einen Wolf verwandelt und sich wie ein Kind zuschreibt, wovor er ursprünglich Angst hatte. So bestätigt sich jene Einheit von »Regel des Spiels *und* Spiel der Regel«, welche die Grenze zwischen Bildern und Erfahrungswelt aufhebt (LSV 52). Das schon früh dargestellte produktive Verfahren des Verwechselns, das dem Erzähler vor dem »Omniprix« (LSV 64/5) widerfährt und das Benennen, die ebenfalls an die magische Weltordnung des Kindes erinnern, verleihen dem Bilder- und Landschaften-Sehen eine doppelte Bedeutung. Beide stellen eine Einheit zwischen des Erzählers »älteste[r] Vergangenheit und der Gegenwart« her (LSV 11). Sie ermöglichen auch den Blick auf das geheime »*Ding* der Verborgenheit«, das als zentrales Bild die Jugenderinnerungen des Erzählers durchzieht, und befördern dessen Rekonstruktion durch die produktive Phantasie (LSV 68). Diese stellt jenes geheimnisvolle Ding, den »Holzstoß« des Alexius, dessen Legende das Kind kennenlernt, als leitendes mythisches Bild und zentrales Phantasma der Jugend dem wirklichen Hund in Puyloubier als der Inkarnation des bewußtlosen Willens zum Bösen (LSV 58–61) unmittelbar gegenüber.

Angesichts dieser Beziehung verwundert es nicht, daß dem Kind einst auch das Bild der Bilder, das Allerheiligste in der Kirche als ein »*Allerwirklichstes*« (LSV 83) erschien. Aus solchen Transformationen begründet sich die zugleich produktive und lebenserhaltende Kraft regressiver Phantasien: Die mythischen Rekonstruktionen werden in eine phantastische Familiengeschichte des Erzählers umgeschrieben. In seiner Phantasie verknüpft sich die Geschichte des »Heiligen Alexius unter der Stiege« mit jener des georgischen Malers Pirosmani, der die letzte Zeit seines Lebens in einem Holzverschlag zubrachte, der sich in der kindlichen Vorstellung ebenfalls »unter einer Stiege« befand. Diese Stiege phantasiert sich das Kind ins Haus der Großeltern und sich selbst schreibt es eine Abkunft aus Georgien zu. Die unbewußte Zusammenziehung von Phantasien rückt den Erzähler in die Verwandtschaft des Pirosmani und schafft die Bedingung für das »Wunschbild« von sich selbst »als dem Schriftsteller« (LSV 70); unmittelbar aus den Kinderphantasien begründet sich eine mythische Genealogie des Erzählers und eine lebensbestimmende Phantasie von Autorschaft.

Es zeigt sich, daß diese Phantasie einerseits aus dem Leben hervorwächst, andererseits erst für die unverstellten Erinnerungen frei macht. Erinnerungen und Phantasien werden dabei wie häufig von Farbeindrücken ausgelöst und erweisen sich als symmetrisch. Die »rötlichen Fruchtsaftflecken im hellen Wegstaub« lassen an das »Saftrot der Maulbeeren vom Sommer 1971 in Jugoslawien« denken; der »Augenblick der Phantasie« vereint nicht nur »die eigenen Lebensbruchstücke in Unschuld«, sondern wirkt auch als »unbestimmte Liebe, mit der Lust, diese, in einer treuestiftenden Form!, weiterzugeben« an das »verborgene Volk« der Leser (LSV 72/3). Der Maulbeerenweg, der sich perspektivisch der Erinnerung öffnet, dabei zugleich die ästhetische Phantasie freisetzt, und von dem der Erzähler das »Recht« ableitet, eine »Lehre der Sainte-Victoire« zu schreiben, ist ein »Pfad«, der im Sinne Heideggers »in ein Zusammengehören des Dichtens und Denkens« (HEF 223) führt; von hier erweist sich die Bedeutung des Mottos zu Beginn der »Langsamen Heimkehr«: »Dann, als ich kopfüber den Pfad hinunterstolperte, war da plötzlich eine Form ...«

Der Bezug auf Alexius, der als Heiliger seine Identität zu verleugnen sucht und am Ende seines Lebens unerkannt im Vaterhaus lebt, läßt dem Erzähler ein »sanftes Gesetz« in Natur und Geschichte zugleich erscheinen. Es steht in ausdrücklichem Kontrast zu jenen Katastrophen, in die er Stifters Erzählungen »fast regelmäßig ausarten« sieht; die Bilder von Natur und Geschichte erscheinen ihm zwar als unwiderruflich, aber immerhin als »verschlungene Schriftzeichen« lesbar (LSV 74, 78). Wie der »Strich« des Malers Ding, Bild und Schrift aneinander vermitteln kann (LSV 79), so schreibt sich der Erzähler eine andere Geschichte zu und erkennt dabei zugleich seine wirkliche.

Die Beziehung zwischen Cézannes »Homme aux bras croisés« und der Romanfigur Sorger liefert ein Beispiel für die Bedeutung solcher Verwandlung und Umschreibung (LSV 36/7). Erst der besondere Zusammenhang zwischen Umdeuten und Deuten erklärt, warum sich der Erzähler »im Bedürfnis nach Dauer, willentlich in die alltäglichen, gemachten Dinge« (LSV 82) vertiefen kann. Die mythische Rekonstruktion einer lebensgeschichtlichen Entwicklung und die phantastische Familiengeschichte entwerfen zugleich eine Geschichte von der Entstehung künstlerischer Produktivität, verweisen die Phantasie aufs Gedächtnis. Die produktiven Entwürfe gehen unmittelbar aus der Erinnerung an die Bilder der Geborgenheit hervor, die sich aus einem lebensgeschichtlichen Urzustand herleiten (LSV 22–25). Überdies kann sich das autobiographische Ich auch hierin an Vauvenargues orientieren. »La mémoire conserve le précieux dépôt de l'imagination et de la réflexion« (Vauvenargues 64). Eine Erinnerung, welche die Bilder der Phantasie, der Imagination erhält, hat zugleich Schutzfunktion. Vor dem erinnernd bewahrten Vermögen der Phantasie verliert die unmittelbare Konfrontation mit der Vergangenheit, die problematische Wiederbegegnung des Erzählers mit seinem Vater (LSV 96/7), an Bedeutung. Während sich Sorger in der »Langsamen Heimkehr« noch den Satz »Ich habe keinen Vater mehr« phantasiert (LH 100), hat der Erzähler der »Lehre der Sainte-Victoire« diesen Haß überwunden. Dort heißt es selbstbewußt: »Der Verstand vergißt; die Phantasie vergißt nie« (LSV 99).

Erinnert wird hier allein noch, was der Phantasie angehört. Dies wird besonders an den Blicken auf Deutschland deutlich. Das Bild des ›Kalten Feldes‹ und die davon ausgehenden Phantasien der Gewalt und der »Zweckformen« (LSV 91) ändern sich im Zuge eines Freiphantasierens, das unter der Stadtlandschaft Berlins die geologische Formation eines »Urstromtales« bloßlegt, dem sich die Zeichen der Zivilisation noch immer anpassen (LSV 94/5). So wie der

Schrecken vor dem Hund in Puyloubier traumhaft und spielerisch beseitigt werden kann und der ursprünglich drohende Vater dem Sohn seinerseits »wie jemandes Sohn« vorkommt (LSV 97), vermag der Erzähler »ein anderes Deutschland« zu sehen: »[...] es lag, Ausdruck von Hermann Lenz gleich ›nebendraußen‹; es schwieg humorvoll und hieß *Mittelsinn;* es war ›das schweigende Leben der regelmäßigen Formen in der Stille‹; es war ›schöne Mitte‹ und ›Atemwende‹; es war ein Rätsel; es kehrte wieder und war wirklich« (LSV 98).

Der lebensgeschichtlichen Bedeutung dieser Phantasie korrespondiert ihre ästhetische. Überdies läßt sich aus dem bei Vauvenargues entwickelten Zusammenhang von imagination, réflexion und mémoire erklären, warum das Freiphantasieren beim autobiographischen Erzähler wie bei Cézanne nicht Erfinden, sondern »Realisieren« heißt. So wie für Vauvenargues selbst die philosophische Wahrheit einem Wiederfinden und Verknüpfen des Evidenten aufruht, richtet sich der Blick des Erzählers wie der des Malers auf eine verdeckte, gleichwohl evidente Linie. Auch dies macht der Text sinnfällig. Der erzählte Aufstieg auf das Massiv der Sainte-Victoire folgt einer geologischen Formation, die der Erzähler zuerst an Cézannes Bildern des Bergmassivs zu entdecken vermag, bevor er sie in der Natur wiedererkennt (LSV 109, 114). Sein Bericht rekonstruiert, was bei Cézanne der malerischen Realisation vorangeht. Bei diesem kann er lesen: »Um eine Landschaft richtig zu malen, muß ich auch zuerst die geologische Schichtung erkennen« (Cézanne 16). Genauso geht es dem Erzähler. Der »Pas de l'Escalette« wird für ihn zum geheimen Drehpunkt aller Naturwahrnehmungen im Gebirge wie zum Zentrum seiner ästhetischen Phantasien. Überdies schwindet die Grenze zwischen den Bildern der Natur und jenen der Sozialisation; aus dem Kreisen der Erinnerung, das bis in die eigene Kindheit zurückreicht, entstehen schließlich die Phantasmen von urzeitlichen Erdformen, sie korrespondieren den authentischen Landschaften der »Langsamen Heimkehr«. Zugleich sieht der Erzähler, wie sich ihm das »Reich der Wörter« eröffnet, zusammen mit dem *»Großen Geist der Form«*, er denkt an keinen »Leser« mehr (LSV 115). Um den wiedererkannten Mittelpunkt gruppiert seine Phantasie Gegenstände und Formen, vor allem aber jene Kreise der Erinnerung (LSV 87), auf welche sich die »Lehre der Sainte-Victoire« gründet. Dabei vermischen sich erneut bildungs- und lebensgeschichtliche Erfahrungen. In Berlin vermag der Erzähler die durch Stadtbauten überdeckte Naturlandschaft freizuphantasieren, nachdem er die »Zweckformen« des ›Kalten Feldes‹ wahrgenommen hat (LSV 94–96); im Anschluß an das Erlebnis auf der Sainte-Victoire gelingt ihm eine vergleichbare Wahrnehmung im Morzger Wäldchen bei Salzburg. Gerade sie entwächst der Erinnerung an ein Bild. Auch dafür gibt es eine Parallele. Stifter führt den Maler Roderer in den »Nachkommenschaften« aus der Natur, die er nicht ins Bild bannen kann, vor eben jenes Bild, das auch Handke beschreibt. Und auch für diesen wird das Betrachten des Bildes Voraussetzung einer Erkenntnis. Im erinnernden Vergleichen von Bild der Natur und erlebter Natur erscheint ihm das Wäldchen seiner Kindheit sowohl als natürliche Urlandschaft wie als Urlandschaft der eigenen, in der Kindheit gründenden Phantasien. Es bleibt daran zu erinnern, daß Handke schon in dem Stück »Die Unvernünftigen sterben aus« versucht, aus der imaginären Wahrnehmung der »Flecken in mir« und der »Wälder außerhalb von mir«, von der Stifter spricht, einen Zusammenhang von Naturwahrnehmung und Beobachtung des Selbst abzuleiten. Noch deutlicher als dort vereinen jetzt Phantasie und Erinnerung geographische Erfahrungsräume, Bilder der ontogenetischen Entwicklung und Erinnerungsmarken der eigenen Jugend bis hin zu der Farbentesttafel bei der Musterung. Ayers Rock, der Berg der Ureinwohner Australiens, die Römerstraßen der Provence (LSV 130/1), Bois de Boulogne und kindliche Spielwelten im Wäldchen verschmelzen miteinander; aus Erinnerung genährte Phantasien, unmittelbare Wahrnehmung und erzählerische Realisation werden eins. Von der psychologischen Bedeutung dieses Sachverhalts zeugt eine Notiz des Autors: »Ich sah im Traum die Landschaft, die ich beschrieben, in ihre Folge gebracht und neu zugänglich gemacht hatte, als mein sonniges Wappenschild in der sie umgebenden Finsternis liegen, und ich hob das Schild auf und hielt es mir vor die schmerzende Brust (den großen Wald)« (GB 214).

Deshalb steht am Ende des Textes eine Bilderfolge, die Stufen familialer und kulturaler Sozialisation ineinander spiegelt und aus ihnen den Mythos der Geburt von Autorschaft bildet, dessen Signifikant der Holzstoß ist, der sich mit der Erinnerung an die Legende von Alexius wie auch mit den Kindheitserinnerungen an das Morzger Wäldchen verbindet, ohne die Konturen der authentischen Biographie zu verwischen (LSV 69, 139). Dazu kommt ein Weiteres. Schon jetzt wird der Mythos von Autorschaft mit der Metaphorik der Schwelle verbunden; sie dürfte auf Trakls »Ein Winterabend« und zugleich auf Heideggers Auslegung dieses Gedichts anspielen; überdies deutet diese Metaphorik auf den »Chinesen des Schmerzes« voraus, in dem sie zentrale Bedeutung gewinnt (LSV 127; Trakl 102; HUN 26–28). So findet die Phantasie des Mittelgrundes hier ihr Äquivalent, denn in der Heideggerschen Interpretation trägt die Schwelle das »Zwischen«, sie »hält die Mitte, in der die Zwei, das Draußen und das Drinnen, einander durchgehen, aus« (HUN 26).

Die existentielle Bedeutung, welche die ästhetische Erfahrung in jener Schwellensituation erlangt, wird in der »Lehre der Sainte-Victoire« zugleich als eine soziale entwickelt. Dabei erweist sich das Augenpaar, das der Erzähler am Ende der »Lehre« phantasiert (LSV 139), als eine métaphore obsédante (Mauron 30). Sie legt klar, daß die Künstler-Autobiographie ihre prägenden Muster aus kindlichen Erfahrungen bezieht und zugleich in der wirklichen Geschichte des autobiographischen Erzählers mit seinem Kind ihren Paralleltext findet.

7.3. Kindergeschichte

Es ist nur folgerichtig, daß Handke mit der sich anschließenden »Kindergeschichte« hinter die Metaphorik des Kindseins und der kindlichen Blicke auf eine authentische Geschichte zurückgreift. Sie liefert biographische Belege für einen Zustand, den die »Langsame Heimkehr« als erfundene Handlung und die »Lehre der Sainte-Victoire« als erzählende Theorie nur zu rekonstruieren vermögen; gerade das Authentische verbürgt nunmehr die Geschlossenheit des ›mythe personnel‹. Eine Notiz im »Gewicht der Welt« macht deutlich, daß die Darstellung der Kindheit seiner Tochter Amina Handke die Möglichkeit gibt, ein zentrales Thema seines Schreibens zu verdichten und doch nicht allein von sich zu sprechen. »Nachdem ich, schon in der Kindheit, einmal *mich* erlebt hatte, ereignishaft und gespenstisch in der zeichenlosen Alltäglichkeit, wußte ich, daß ich für das ganze Leben eine Beschäftigung hätte (die auch das ganze Leben erfordern würde: nie würde ich mich für immer durchdacht haben)« (GW 322).

Ohne Zweifel ist die Geschichte der Tochter von Anfang an auch eine des Vaters. Am Beispiel der Erfahrungen des Kindes, erinnert sich der Autor an Phasen des eigenen Lebens und an Leben und Werk bestimmende Wünsche und Projektionen. Zugleich ist die »Kindergeschichte« die Darstellung einer besonderen Beziehung von Vater und Kind. Dies hat zur Folge, daß sie sowohl über ein hohes Maß an Konkretion verfügt, wie auch zugleich über ein spekulatives Potential. Insofern nimmt sie die frühere »Immunisierung« von Kindheit (Durzak 164), die sich im »Kurzen Brief« und in der »Linkshändigen Frau« beobachten läßt, wieder auf und verändert sie zugleich. Der ursprünglich werkkonstituierende Gegensatz von Wunschwelt und Realwelt wird nun nicht mehr allein auf den

Phantasieraum des Kindes und die Phantasien seines Autor-Vaters bezogen; vielmehr entwerfen die gemeinsamen Phantasien einen beiden offenstehenden Erfahrungsraum, der, nachdem er durch verschiedene Phasen wechselseitiger Abhängigkeit beeinflußt ist, schließlich alle Zeichen einer Gegengründung hat. »Hatte sich nicht, auch durch den unauflösbaren Zwiespalt zwischen der Arbeit und dem Kind, allmählich die Sicherheit eingestellt, endlich frei von dem Lügenleben der ›modernen Zeit‹ zu zweit eine Art über den Zeitläuften stehendes Mittelalter fortzusetzen [...]« (KG 86).

Sein authentisches Modell erhält dieser Erfahrungsraum im berichteten wirklichen Rückzug von Vater und Kind aus der »Zwangszukunft« der neuen Gemeinschaften (KG 21; Gabriel 228/9) und der Welt der »Realität-Tümler« (KG 86) in eine abgeschlossene gemeinsame Welt. Die auf ein »Damals« weisenden Sätze, welche die Geschichte des Kindes an jedem Punkt an nachprüfbare Daten und Orte des Erzählerlebens knüpfen (KG 24/5), bezeugen diese Verschränkung. Sie legen klar, daß der Erzähler die Geschichte des Kindes in doppelter Hinsicht auf seine eigene bezieht: Sie wird als Erinnerung an eigene Erfahrungen wie als Phantasie einer möglichen Geschichte dargestellt und aufgefaßt. Das Überblenden der authentischen und der erwünschten Geschichte wiederholt dabei jenes Kreisen der Räume, das in der »Langsamen Heimkehr« Sorgers Suche nach der Identität des Selbst begleitet. Schon dort werden dargestellte Räume und Landschaften nicht allein geologisch oder geographisch bestimmt, sondern nach ihrer psychologischen Repräsentanz. Die »Kindergeschichte« führt diese Linie weiter und zieht sie zugleich deutlicher aus; sie beschreibt die Bedeutung von Lebensräumen für die Herausbildung des Selbst und die Sozialisation des Kindes. Weil es auch hier nicht nur um geographisch benennbare Räume und Landschaften, sondern vorab um Sprach- und Kulturräume und um Institute der Kulturisation, um Wohngemeinschaften, Kindergärten und Schulen geht, beherrscht zunächst die Darstellung der sekundären Sozialisation des Kindes seine erzählte Geschichte. Es scheint allerdings, daß gerade in ihr authentische Erfahrungen des Erzähler-Vaters rekonstruiert werden.

Die Beschreibung dieser Sozialisation ist von einer polemischen Abgrenzung gegen andere geprägt, die sich der Opposition des Autors Handke gegen den Kulturbetrieb vergleichen läßt. Viele seiner ursprünglich auf das Feld des Ästhetischen bezogenen Überlegungen werden jetzt in einem anderen Zusammenhang wiederholt, auch jetzt sind sie eine Attacke gegen die herrschenden Meinungen. Über ein »kindloses Leutepaar« heißt es, »noch nie hatten in erstarrten Gesichtern solch unbarmherzige Augen gestanden und sich solch gnadenlose Lidschläge ereignet« (KG 40); immer wieder zeigt sich, daß aus den genauen Beobachtungen eine grundsätzliche Polemik wird. Über die überzeugt Kinderlosen heißt es:

»In der Regel hatten sie einen scharfen Blick und wußten auch, selber in furchtbarer Schuldlosigkeit dahinlebend, im Expertisendeutsch zu sagen, was an einem Erwachsenen-Kind-Verhältnis falsch war; manche von ihnen übten solchen Scharfsinn sogar als ihren Beruf aus. In die eigene Kindheit vernarrt und in das eigene fortgesetzte Kindsein, entpuppten sie sich in der Nähe als ausgewachsene Monstren [...]« (KG 41/2).

Von hier ist es nicht weit zu jener grundsätzlichen Beobachtung über die Vertreter der herrschenden Meinungen:

»Wenn man sich auf diese geborenen Staatsanwälte einließ, zeigte sich übrigens, daß sie mit ihrer Zählweise der Welten – die ›dritte‹ und die ›vierte‹ waren dabei die ›relevantesten‹ – in der Regel eine geheime Schuld übertönten, ja oft sogar einen unsühnbaren Verrat: sie hatten allesamt schon viel Böses getan. (Seltsam dann die Tränen dieser Larven!) Solche ›Wirklichkeitler‹ oder ›Wustmenschen‹ – es wimmelte wohl seit jeher von ihnen – erschienen dem Mann als die Sinnlosen Existenzen: fern von der Schöpfung, schon lange tot, machten sie so gesund wie böse weiter, hinterließen nichts, woran man sich halten konnte, und taugten nur noch für den Krieg« (KG 87).

Gegen den normativen Anspruch der pädagogischen Diskurse und die Anforderungen der Sozialisationsinstitute erhebt sich deshalb eine Gegengründung, in der sich der Erzähler als Vater und Autor zugleich wiederzufinden hofft. Sein hermetisch abgeschlossenes Zusammenleben mit dem Kind erweist sich als Versuch, eine utopische Gemeinschaft zu errichten, die sich ihr eigenes Gesetz gibt; sie leitet sich allein aus dem Wunsch her. Doch bevor der Text von dessen Vermögen erzählt, zeigt er die Gefahr einer Beziehung, in der allererst väterliches Wünschen Gewalt hat. Er macht deutlich, daß dieses die Fundamente der scheinbar symbiotischen Gemeinschaft zu zerstören droht. Denn die auf ein »Damals« bezogenen Sätze rekonstruieren nicht nur gemeinsame Erinnerungen, sondern auch die Einschreibung väterlicher Erfahrungen in die Geschichte des Kindes. Das gemeinsame »Mittelalter«, das Vater und Kind erleben, geht aus einem Verfügungsanspruch des Erwachsenen hervor. Der abstrakte väterliche Wunsch, ein Kind zu haben, mit dem die Geschichte des Kindes wie das Erzählen beginnt, ist seine Grundlage. »Ein Zukunftsgedanke des Heranwachsenden war es, später mit einem Kind zu leben. Dazu gehörte die Vorstellung von einer wortlosen Gemeinschaftlichkeit [...] von Nähe und Weite in glücklicher Einheit« (KG 7). Des Vaters Anspruch gegenüber dem Kind bestimmt noch die erste Phase der gemeinsamen Geschichte. Der Satz

»Das Wünschen wird möglich« (KG 30), mit dem der Vater zuerst seine Beziehung zum Kind beschreibt, ist dem noch sprachlosen und gehunfähigen Kind zugesprochen, das, obwohl bereits als ein anderer erkannt, immer noch reine Projektionsfläche väterlicher Wünsche ist. Dieser Ursprung der »Kindergeschichte« bringt die Spannungen hervor, die sich zeigen, sobald das Kind selber zum Sprecher wird und Sprache die Beziehung der beiden zueinander und zu ihrer Umgebung bestimmt (KG 59, 115). Noch die Vorkommnisse des »Tages der Schuld«, der aggressive väterliche Gewaltausbruch gegen das Kind im Verlauf eines begrenzten häuslichen Unglücksfalles, werden ausdrücklich auf den ursprünglich imaginären Charakter der Gemeinschaft von Vater und Kind zurückgeführt, in der es noch keine gemeinsame Sprache, sondern nur Wünsche und Projektionen des Vaters gibt. »Es war die Unwirklichkeit; und Unwirklichkeit heißt: Es gibt kein Du« (KG 52). Das Erzählen gewinnt dabei eine autoanalytische Schärfe wie nie zuvor, es macht deutlich, daß der »Tag der Schuld« ein entscheidender Wendepunkt in der Beziehung des Vaters zum Kind ist. Den schuldbewußten Reden des Vaters, der sich nach seinem Ausbruch körperlicher Gewaltanwendung wie ein »Verdammter« zu seinem Kind hockt (KG 53) und es »in den bisher unaussprechlichen, auch undenkbaren ältesten Formen der Menschheit« (KG 54) anspricht, antwortet

»ein klares, strahlendes Augenpaar, gleichsam erhöht über dem Umweltdunst, und selten hat es für einen elenden Sterblichen einen flammenderen Trost gegeben [...] mit solcher Aufmerksamkeit tritt das Kind erstmals in seiner Geschichte als jemand Handelnder auf; und sein Eingriff, wie auch all die künftigen, zu verschiedenen Anlässen, ist leichthin wie eine Berührung Stirn an Stirn und zugleich so vollkommen lakonisch wie das ›Weiterspielen‹-Zeichen eines erfahrenen Schiedsrichters« (KG 54).

Einerseits läßt sich dieser Moment der Epiphanie im Gegensatz zu vergleichbaren Ausnahmezuständen früherer Texte auf Ursachen zurückführen, die der Erzähler selbst kritisch betrachtet. »Nur in der Trauer – über ein Versäumnis oder über eine Schuld –, wo die Augen umfassend magnetisch werden, weitet sich mein Leben ins Epische« (KG 56). Andererseits erwächst gerade der aktuellen Gefährdung jener idealen Gemeinschaft ihre Remythisierung im Erzählen; die Leiderfahrung bringt unmittelbar den ästhetischen Entwurf hervor. Aus der authentischen Beziehung wird ein mythisches Muster, an dem sich der Erzähler als Vater wie als Autor orientiert. Dabei wird das kindliche »Weltvergessen« (KG 133), das auf Stifters Satz abhebt »[...] Kinder revolutionieren nicht und Mütter auch nicht [...]« (STW 17; 324), als Welt eigener Gesetze Vorbild für den

Erwachsenen. Es suspendiert alle geltenden Normen und Verhaltensweisen so gründlich, daß der Vater mit Verwunderung bemerkt, wie seine Tochter selbst ihre kindlichen Peiniger stets als Angehörige der eigenen Welt, als »gute Boten« (KG 60) begrüßt. Diese Mythisierung hat unterschiedliche Konsequenzen. Zum einen steigert sie die authentischen Erfahrungen zu Bildern eines geschichtlichen Widerspruchs, vor dem es kein Entrinnen zu geben scheint. Die Geschichte des Kindes korrespondiert jener des ewigen Volkes. »In dem anderen Land nun wurde die Geschichte des Kindes, ohne besondere Ereignisse, zu einem kleinen Beispiel der Völker-Geschichte, auch der Völker-Kunde; und es selber wurde, ohne irgendein eigenes Zutun, der Held erschreckender, erhabener, lächerlicher und insgesamt wahrscheinlich alltäglich-ewiger Geschehnisse« (KG 75). Der Gewalt des Prozesses der Sozialisation korrespondiert in der Verknüpfung der Geschichte des Kindes mit jener des Volks der Juden die reale historische Gewalt, den Augen der Kinder, die »den ewigen Geist« überliefern, tritt das Bild des Bethlehemitischen Kindermords gegenüber (KG 126). Das unbekannte Paar von Vater und Kind, das der Erzähler auf einem Schiff beobachtet (KG 129), liefert ihm zwar das Bild einer »archaischen Weltzugehörigkeit« (Bürger 500), das bereits von der Aura der »Zielzeit« (KG 129) umgeben ist. Andererseits erinnert es noch an einen unauflöslichen Widerspruch. In deutlicher Anlehnung an Ingeborg Bachmanns »Fall Franza« wird der Ortsname »Gallizien«, den sich der Erzähler zu den beiden phantasiert, lebensgeschichtlicher Signifikant, der die Geschichte der Kindheit, den Heimatort in Südkärnten, und die Geschichte der Gewalt, den Ort der Vertreibung der Juden, assoziativ zusammenfallen läßt (KG 129; Bachmann 24 ff.).

Auch die ursprünglich genau markierten lebensgeschichtlichen und zeitlichen Grenzen der idealen Gemeinschaft des Vaters mit dem Kind sind durch Remythisierung beseitigt. Unendliche Wiederholbarkeit und Zeitlosigkeit werden dieser Beziehung zugesprochen; es gibt weder eine neue Zeit, noch eine Endzeit für den, der in sie eintritt, »[...] mit jedem neuen Bewußtsein begannen die immer gleichen Möglichkeiten, und die Augen der Kinder im Gedränge [...] überlieferten den ewigen Geist« (KG 126). Die Aufhebung der Zeit, welche die authentische Beziehung von Vater und Kind geschichtslos macht, schafft die Voraussetzung für eine Erkenntnis, die schon in der Kunstlehre der »Sainte-Victoire« mit einem Begriff Schopenhauers als »Nunc stans« bezeichnet wird. Dieses stehende Jetzt (LSV 9/10) umgreift die erfüllten Augenblicke, von denen in der »Stunde der wahren Empfindung« die Rede ist.

Die Erfahrung eines ewigen Jetzt wiederholt sich in der Landschaftsschau auf dem Grand Ballon. Dabei zeigt sich, daß die Konstitution eines mythischen Ich und die Bilder der ästhetischen Phantasie einander bedingen. Der Stillstand der Zeit, das mythische Ich und die mythische Gemeinschaft erfordern die unendliche Ausdehnung des Phantasieraums, der in der Weltvergessenheit der Kinder vorgezeichnet ist. So wird die mythische Anschauung bereits zu einer ästhetischen Erfahrung transformiert. In ihr sind die Zeit- und die Namenlosigkeit der mythischen Orte überwunden. Dem bestimmten Ort des Grand Ballon entspricht jener, an dem der Erzähler zum ersten Mal das »Inbild« des Kindes wahrnimmt und hinter dessen »babyhaften Zügen das erleuchtete allwissende Antlitz erkennt«: und jener ›Square des Batignolles‹ wurde im Lauf der Nachmittage ein Ortsname, der, allein als Name, dem Erwachsenen für einen ewigen Moment mit dem Kind steht« (KG 28; Bürger 501).

Auch diese Form der Wahrnehmung von Wirklichkeit, bei der Phantasie und reale Erfahrung, Bild und Inbild zur Deckung kommen, nennt der Erzähler noch Mythos, weil sie es mit dem Erzählen zu tun hat und eine Darstellungsform ist, in der das Ich sich selbst gegenübertritt. Dies wird ebenfalls auf dem Grand Ballon deutlich. Dort vermeint der Erzähler, seine Frau, das Kind und sich selbst zu sehen. Es ist eine Verdoppelung, die jener an die Seite zu stellen ist, von der bereits die »Langsame Heimkehr« berichtet. »Es war der einzige mystische Augenblick, da der Mann sich je in der Mehrzahl sah; und nur ein solcher enthält den Mythos: die ewige Erzählung« (KG 91). Weil der Erzähler sich, das Kind und die Frau nicht als »Familie« wahrnimmt, sondern als »Dreiheit, die dort in einen unnahbaren Stoff gehüllt ist« (KG 91), wird deutlich, daß er zugleich eine Situation phantasiert, die vor der Konstitution des Selbst liegt. Remythisierung und Mythos erweisen sich zugleich als Akte einer produktiven Phantasie, die an die Stelle von Geschichten die Vergegenwärtigung jenes entscheidenden Ablaufs setzt, in dem sich das Selbst herausbildet. Auch hier ist die Phantasie eine Macht, die sowohl zur regressiven Entdifferenzierung der Entwicklung des Selbst, wie zu seinem Neuaufbau befähigt.

Dieses Zurückphantasieren, das auch Remythisieren genannt werden kann, entwirft eine Form der Verständigung, die der Sprache nicht mehr bedarf. Die Beziehung zum Kind, die in anderen Texten durch die métaphore obsédante der Kinderaugen vorbereitet wird, beschreibt in der authentischen Geschichte eine Verständigung durch Blicke. Die Augen der Kinder und ihre Blicke gilt es für den Erzähler lesen zu lernen, damit er in den mythischen Raum und die ästhetische Erfahrung einzutreten vermag. Vorbereitet ist diese neue Form der Verständigung durch Regression in eine ältere

Sprachschicht. Die biblische Sprache, in der ein fremder Vater sein Kind beschimpft und die offenbar der Selbstanklage des Vaters am »Tag der Schuld« entspricht, scheint dieser Remythisierung angemessen, gerade von ihr zeigt sich das Kind betroffen (KG 133/4). Der nächste Schritt ist eine Regression in die Formen sprachloser Mitteilung. Angesichts der mit Hakenkreuzen versehenen Vogelhäuschen ihrer heimatlichen Umgebung schlägt der Vater vor, die Symbole mit Farbe zu überdecken: so tritt an die Stelle der diskursiven Auseinandersetzung mit einer von Gewalt und Bedrohung gekennzeichneten Welt die sprachlose Geste (KG 135/6; Pütz 115). Das Löschen und Übermalen jener Zeichen einer historischen Gewaltordnung erfordert keine Begriffe und Begründungen. In der Abkehr vom konventionalisierten Zeichen und von kommunikativer Sprache bestätigt sich die geheime Ordnung der Kinder erneut als ein Vermögen der Phantasie. Im Unterschied zu früheren Darstellungen entsteht aus ihr nunmehr eine Methode der Verständigung, eine Privatsprache, die auch dem Vater zugänglich ist. So stellt sich die Gestik, welche die Verständigung zwischen Vater und Kind bestimmt, gegen die »Hundenamen« der allgemeinen Konversation und die Drohnensprache des »Blechernen Zeitalters« (KG 64). Im gleichen Zug wird das phantasierte Inbild der Familie gegen eine schon längst beendete Verbindung des Vaters mit seiner Frau gesetzt; das geschichtslose Beisammensein von Vater und Kind behauptet sich gegen die Ansprüche der »Seins-Nichte«, die für ihr Leben der Geschichte bedürfen wie jener Jude, der das Kind mit Tod und Zerstückelung bedroht (KG 92/3). Damit entwirft die neue Gemeinschaft einen Austritt aus der Geschichte, wie ihn noch der »Kurze Brief« für unmöglich hält, der deshalb die Europäer nicht am Mythos der Amerikaner teilhaben läßt.

Die sprachlose Gestik, die sich der Vater als Verständigungsform seiner Beziehung zum Kind und in den Kinderszenen wünscht, die er immer bewußter wahrzunehmen beginnt, leitet zu jener anderen Kommunikation über, die zwar Sprache benutzt, doch schon eine neue Sprache ist. Sie bewahrt zugleich die Erinnerung an einen früheren Moment der Epiphanie, in dem der beobachtende Vater zum »Augenzeugen« eines »mystischen Augenblicks« wird und in dem bei Untergang der Sonne nicht nur der Himmel unwirklich beleuchtet ist, sondern auch die Uferbüsche »in einer wunderbaren Übereinstimmung mit dem kurzen Kinder-Haar im Vordergrund« wehen (KG 33). Schon damals ist sich der Erzähler der Schwierigkeiten bewußt, diese Erfahrung mitzuteilen und »die Formenfolge eines solchen Augenblicks freizudenken«, so wie er in der »Lehre der Sainte-Victoire« die Zusammenhänge freizuphantasieren hat.

Jahre danach und inmitten jenes Lebensbereichs, in dem sich noch immer die Zeichen der Gewalt erhalten haben, kommt es zu einem vergleichbaren Moment der Epiphanie. Doch jetzt wird das Bild dreidimensional:

»In dem Buschwerk öffnen und entfalten sich tiefe, schwarze Zwischenräume, in Übereinstimmung mit den im Vordergrund fliegenden Haaren, wie vor fast einem Jahrzehnt bei dem Alleingang an den fremdländischen Fluß (die Haare sind nur länger geworden, mit dunkleren Strähnen dazwischen); und durch diese Räume geht es jetzt, in einem allgemeinen wilden Wehen, bis an das Ende der Welt« (KG 136).

Die tiefen schwarzen Zwischenräume in der Gebüschreihe, die den Hof des Wohnhauses umgibt, markieren nunmehr räumliche und zeitliche Durchblicke zugleich; sie weisen auch auf den Modus eines Erzählens, das im Abbilden Bilder, Inbilder (KG 28) und Vergangenheitsbilder aneinander zu vermitteln hat. »Nie durften solche Augenblicke vergehen, oder vergessen werden; sie verlangten einen Zusatz, in dem sie weiter schwingen könnten; eine Weise; den GESANG« (KG 136).

Von diesem Gesang spricht das Schlußmotto des Textes, das Pindars sechster olympischer Ode entstammt. Das Wort des Vaters »Komm hierher mein Kind und geh ins allgastliche Land hin, folgend meiner Stimme Rufen!« (Pindar 46/7) gehört in die Geschichte des Iamos, der von seinem Vater Apollon die Sehergabe erhält. Dieser Bezug ist signifikant. Er formt die authentische Geschichte zwischen Vater und Kind zur mythischen Wunschgeschichte einer Initiation um, in der geistige und leibliche Vaterschaft zusammenfallen und sich zugleich die Rollen vertauschen. Die Geschichte des Vaters mit dem Kind verdichtet nicht nur frühere Konfigurationen von Kindheit. Sie zeigt auch, wie der Vater gerade in dem Augenblick, als er beginnen will, das Kind zu erziehen, von diesem Belehrung erfährt.

»So blieb der Meister immer noch das andere, indem es ihn lehrte, mehr Zeit für die Farben draußen zu haben; genauer die Formen zu sehen; und in der Folge tiefer – nicht bloß in Stimmungen – den Ablauf der Jahreszeiten an einem sich entrollenden Farn, einem zunehmend ledrigen Baumblatt oder den wachsenden Ringen eines Schneckenhauses zu empfinden.
Von ihm erfuhr er auch das Eigentliche über das Wesen der Schönheit: ›Das Schöne sieht man so schlecht‹« (KG 131/2).

Nur noch als Autor, nicht aber als leiblicher Vater vermag der Erzähler dieses Kind zu leiten. Sein erzählter Mythos der Initiation baut deshalb auf jenem Mythos von Autorschaft, jenem besonderen ›mythe personnel‹ auf, den die Geschichte des Alexius und des

Pirosmani in der »Lehre der Sainte-Victoire« begründen. Allein eine auf diesem Weg zugleich mythisch und ästhetisch befestigte Geschichte von Vaternachfolge kennt den Schrecken des Zugesprochenen nicht mehr, thematisiert das Wünschen nicht mehr als Gewalt. Sie verwandelt vielmehr die Einschreibung der väterlichen Wünsche in das Leben des Kindes zum Angebot der Teilhabe an einem gemeinsamen Leben. Darauf zielt die Äußerung Handkes, die »Kindergeschichte« sei auf das Wort »Cantilene« hin geschrieben, das Goethes »Maximen und Reflexionen« entnommen ist (GB 246; HA 12; 474, MuR 773).

Die auf den Schulmappen der Kinder wahrgenommene geheime Schrift der Verheißung, die als Zentrum jener Initiation zu denken ist, erfordert einen mythischen Gesang, das Dramatische Gedicht »Über die Dörfer« stellt diesen vor. Dort wird der Vater endgültig zum Sprecher einer anderen Sprache, die nichts mehr mit den kulturellen Einschreibsystemen zu tun hat. Das Dramatische Gedicht berichtet vielmehr von Erfahrungen, Wünschen und Phantasien, welche die Sprache der Kulturisation zwar hervorbringen und bedingen, von dieser aber an jeder Stelle unterdrückt werden. Insofern steht jener Text zu Recht am Ende der künstlerischen und authentischen Autobiographie, welche die Tetralogie skizziert.

7.4. Über die Dörfer

Die »Langsame Heimkehr« beschreibt eine Rückkehr zu den Ursprüngen des Selbst und ist eine Hinwendung zur Psychogenese. Ihre Beschreibung von Außenwirklichkeit zielt auf die Abbildung psychischer Repräsentanzen. Die »Lehre der Sainte-Victoire« macht aus dieser Urgeschichte der Sozialisation einen Mythos von der Geburt des Künstlers; Herausbildung des Selbst und Entstehung von Autorschaft stellt sie als ein und denselben Prozeß dar. Die »Kindergeschichte« liefert den authentischen Beleg für den Zusammenhang zwischen den Gesetzen des Psychismus und der Imagination, der diese Kongruenz ermöglicht. In der Erinnerung an die Geschichte mit dem Kind wird eigene Kinderzeit rekonstruiert. Dabei herrscht freilich noch ein Verfahren der Projektion vor, das geistige Vaterschaft an leiblicher erweist und umgekehrt. Das Dramatische Gedicht »Über die Dörfer« formuliert von diesen Voraussetzungen ausgehend einen Aufruf, der eine zweite Heimkehr beschwört: »Über die Dörfer« denkt sich der Autor zu seiner wirklichen Heimat zurück und verwandelt diese schon wieder zum In-Bild (vgl. EF 61). Die Hauptfigur Gregor kehrt aus der Fremde in die Heimat zurück, um dort nach dem Tod der Mutter die Verteilung des Erbes mit den Geschwistern zu regeln. Im Verlauf dieser Auseinandersetzung versetzt sie sich nicht nur unbewußt in die Situation der auf dem Lande lebenden Geschwister, sie fällt auch zurück in Wahrnehmungen der eigenen Kindheit.

Dieser Rückbezug, der durch einen äußeren Anlaß verursacht wird, ist weder Nostalgie noch Regression, sondern vielmehr Form einer Kritik; diese wiederum hat einen zeitkritischen und einen autoanalytischen Ansatz. Der erste verknüpft »Über die Dörfer« mit einer Tendenz der gegenwärtigen Literatur, das Thema der Heimat aufzunehmen und die Bedeutung des Herkommens für die Sozialisation zu beschreiben. Eine Notiz aus der »Geschichte des Bleistifts« zeigt, daß Handke diese Wendung bewußt vollzieht und daß er sie aus einer lebensgeschichtlichen Erfahrung begründet sieht. »Was ist heutzutage das Drama? Daß es weder Volk noch Heimat gibt. Doch es bleibt einem auf die Dauer nichts übrig, als das eigene Land und das eigene Volk, jedenfalls in der Idee, zu lieben – das aber habe ich erst durch die Jahre in den fremden Ländern gelernt« (GB 171). Das Freilegen des Verschütteten lenkt den Blick nicht nur auf den Ausgangspunkt der eigenen Entwicklung, sondern auch auf deren Gesetz und Eigenart. Der Autor erkennt, daß in seinem Werk wie in seinem Leben Gedächtnis, Phantasie und Imagination durch eine lebensgeschichtliche Entwicklung geprägt und aufeinander bezogen sind.

Mitteilbar werden dieser Zusammenhang und die Beschreibung des Weges zurück allein, indem sie in einer Darstellungsform gespiegelt werden, welche die Erinnerung an wirkliche biographische Erfahrungen zugleich präzisiert und verallgemeinert. Durch Konfiguration, Dialog, erzählende, lyrische und liedhafte Passagen hat der Text teil an allen drei literarischen Hauptgattungen (Pütz 118). Seine Figuren sind stilisiert, »keiner darf ein Charakter« werden und gleichwohl soll »keine Person austauschbar« sein (GB 245). Die Schauplätze von Großbaustelle und Dorf weisen nicht nur auf die Bereiche von Arbeit und Tod, sondern vor allem auf eine fundamentale Spannung von Heil und Hoffnungslosigkeit, Verdammung und Verklärung, die den Text bestimmt und eine Antithetik mythischer Qualität an die Stelle der dramatischen Tektonik setzt (dazu Pütz 119).

Den Status eines Menschheitsgedichts und eines Epos von der Familie (GB 140) erhält das Stück durch die geheimnisvolle Kommentatorin des Geschehens, die Nova genannt wird. Sie vertritt ohne Zweifel das Gesetz jener neuen Zeit, von der in anderen Texten Handkes immer schon unter dem Namen der ›anderen Zeit‹ die

Kraft zu. »Eure Kunst ist für die Gesunden, und die Künstler sind die Lebensfähigen – sie bilden das Volk. Übergeht die kindfernen Zweifler« (ÜD 98). Das Fest und das Rätsel, das jeder feiert, indem er sich auf das Gesetz seiner Herkunft besinnt, der Dichter aber, indem er es beschreibt und schreibend wiederholt, sind Metaphern für diese Rekonstruktion. So setzt das Dramatische Gedicht familiale und kulturale Sozialisation in eins und bewahrt seine Entwürfe durch mythische Rekodierung.

Die Verwandlung der erinnerten authentischen Geschichte ins Dramatische Gedicht und die Transformation des Autors in eine Figur desselben und seinen Organisator zugleich beschwören und wiederholen die produktive Kraft von Phantasie und Gedächtnis. Sie machen den ›mythe personnel‹ zugleich zum Mythos von Autorschaft. Dessen Vermögen wird dadurch bekräftigt, daß im Text unterschiedliche Sprachebenen und Erinnerungsstufen als gleich erscheinen und behandelt werden. Umgangssprache, Kulturzitate und Selbstzitate Handkes werden dem Erzählen der einen Geschichte anverwandelt. Im mythischen Entwurf fallen Fiktion und Wirklichkeit zusammen (Sebald 158). Das Freidenken des Vorhandenen gerät einerseits zu dessen Verwandlung: »kann nicht auch der Bau hier bald ein Teil dieses Erdkellersystems sein? Kann nicht der Beton zurück zu Urgestein gedacht werden? Im Bauschutt sind Quellen, und sie werden im Hang frische Seitentäler bilden« (ÜD 23/4). Schließlich aber kommt es andererseits zu einer postulativen Überzeichnung der Macht ästhetischer Anschauung, die sich gegen den geschichtlichen Prozeß wie gegen die »Tatsachensklaven« (ÜD 25) behaupten soll: »Das Bergblau *ist* – das Braun der Pistolentasche ist *nicht*« (ÜD 97).

Nova, die von der Gewalt der Phantasie und zugleich vom Gesetz der Form spricht, liefert eine Verklärung von Autorschaft, die mythische Bilder erfordert. Zugleich legt sie klar, daß sich diese Bilder, abgesehen von ihrem Bezug auf die Psychogenese des Autors, auch in einem allgemeinen Sinn auf die Herausbildung des Selbst beziehen lassen. Die Erkenntnis *»Ich bin es«* (ÜD 10) erfordert diese doppelte Lesart. Der Hauptsatz des neuen Glaubens »Du kannst dich liebhaben« (ÜD 103) führt über den ursprünglichen Zustand der Dissoziation wie über jenen punktuellen Zusammenfall von Ich und Geschichte hinaus, von dem noch der Verfasser des »Journals« handelt. Im Mythos von Autorschaft, der zugleich ein allgemeiner Mythos von der Herausbildung des Selbst ist, spricht sich der Erfinder der dramatischen Figuren eine eigene Geschichte zu und bezieht die Konstitution der Phantasie auf jene des Selbst. Hieraus begründet sich die Bedeutung des Eintritts in die andere und die neue Zeit, den

Handkes Figuren so häufig versuchen. Diese ist die Kunst selbst, und deren Gesetz ist als Vermögen zur Rekonstruktion des Autobiographischen zugleich ein Gesetz des Psychismus. So wendet sich der Text vermöge der Phantasie dem Leben zu. An die Stelle des früher gefeierten Augenblicks und der Phantasien des stehenden Jetzt tritt die Hoffnung auf eine Bewegung, die weiterweist, indem sie zurückführt und die im Dramatischen Gedicht festgeschrieben werden soll: »Geht ewig entgegen. Geht über die Dörfer!« (ÜD 106).

8. Selbstreflexion und poetologische Skizzen: die »Journale«

Die Tagebuchaufzeichnungen, deren erste den Untertitel »Ein Journal. (November 1975–März 1977)« trägt, sind nicht einfach Vorarbeiten zu den Werken. Zwar sollte das »Gewicht der Welt« ursprünglich diese Aufgabe erfüllen, doch bereits dieser Text und mehr noch die nachfolgende »Geschichte des Bleistifts« und die »Phantasien der Wiederholung«, welche die Zeiträume von 1976–1980 und 1981–82 abdecken, bestätigen einen Sachverhalt, der sich schon im »Gewicht der Welt« andeutet. Die Aufzeichnungen sind den Texten strukturell und inhaltlich vergleichbar, sie sind der Beobachtungsform des Reisens und Flanierens verbunden, beschreiben eine Ziellosigkeit des handelnden Subjekts (Bartmann 111) und pendeln wie die erzählenden Texte zwischen dem Versuch des Beobachters, alle Beziehungen zur Welt abzubrechen und doch wieder in Zuständen der Epiphanie zu sich zu finden (vgl. dazu GW 51; 177; 265; 324; Bartmann 117). Schließlich heben die »Journale« immer wieder. darauf ab, daß die Schwelle zwischen Privatheit und Mitteilung, die Grenze zwischen Innenwelt und Außenwelt nicht scharf ist, sondern einen Übergangsbereich darstellt, in dem sich die »fixen Ideen einzelner« in einen »Mythos vieler« verwandeln (GW 278).

Ohne Zweifel auch unterliegen die »Journale« wie die Texte einer Entwicklung, die einen Selbstreflexionsprozeß abbildet. Schon das »Gewicht der Welt« hat man mit guten Gründen der nicht narrativen Form der Erzählungen und Romane Handkes an die Seite gestellt und darauf hingewiesen, daß die weißen Stellen zwischen den Notizen die gestrichene Form »Erzählen« sind (Bartmann 113). Zudem zeigt sich, daß die »Phantasien der Wiederholung« durch ihre Idee einer schöpferischen Wiederholung jene poetologische Reflexion vollenden, die sich in den vorangegangenen »Journalen« bereits andeutet. Dabei begründen und rechtfertigen sie zugleich den auffälligen Rückbezug der späten erzählenden Texte Handkes auf eine literarische und philosophische Tradition. Unterstreichen läßt sich dies, wenn man sich klar macht, daß das »Gewicht der Welt«, dessen Titel auf Sartres »Das Sein und das Nichts« verweist (Hinweis H. Cellbrot, Freiburg), nach der Vorbemerkung zur gekürzten Taschenbuchausgabe »Phantasie der Ziellosigkeit« heißen sollte (vgl. GW 267; Tb/st 500; 8).

Bei Sartre betrifft die Formel vom »Gewicht der Welt« die Frage der Freiheit und Verantwortlichkeit des Menschen. Weil dieser »verurteilt ist, frei zu sein«, trägt er »das ganze Gewicht der Welt auf

seinen Schultern [...]: er ist, was seine Seinsweise betrifft, verant-
wortlich für die Welt und für sich selbst« (SAS 696). Daß Handke
dieser existentialistischen Ontologie folgt und mit Sartre die »Ge-
worfenheit«, die Tatsache der Geburt, bereits als eine »Verantwortlichkeit« begreift, die auf die »Eigentümlichkeit der menschlichen
Realität« weist, »daß sie ohne Entschuldigungsgrund ist« (SAS 698),
legen einige andere Notizen klar. Sie zeigen, daß das Schreiben und
die Tätigkeit der Phantasie Versuche sind, diesen Zustand vergessen
zu machen, wenn nicht gar zu überwinden. Über die Absicht einer
Befreiung von der Geschichte handelt bereits das »Gewicht der
Welt« (GW 138) ebenso wie davon, daß der Blick auf Landschaften
immer auch einer auf die Geschichte ist (GW 218). In der »Geschichte des Bleistifts« wird dies als ontologische Dimension des
Schreibens deutlich: »Schreibend reinige ich mich, meine Vorfahren, mein Volk, durch die Form; und meine Vorfahren sind nur
wenige, meine Nachkommen aber sind alle!« (GB 149).

Abgesehen von dieser ontologischen Fundierung beschreibt das
»Gewicht der Welt« das Herauswachsen des Schreibens aus der
Wahrnehmungswirklichkeit, die »Geschichte des Bleistifts« schildert die Bedingungen und das Verfahren des Schreibens selbst als
eine allmähliche Verdichtung von Beobachtungen, Zitaten, Erinnerungen, Träumen und Phantasien zu selbständigen Textsegmenten.
Die »Phantasien der Wiederholung« schließlich liefern nicht nur
Versatzstücke einer Poetologie, die sich im Rekurs auf die Tradition
voll herausbildet, sie lassen auch eine stärkere Konzentration und
Gewichtung erkennen; die formlose Form wird jetzt offenbar bewußter eingesetzt. So spiegelt die Abfolge der »Journale« nicht
unbedingt einen Objektivierungsprozeß, sondern in erster Linie
versuchen die Aufzeichnungen, die werkbestimmenden Bezugs-
punkte und die autoanalytischen Einsichten schärfer zu konturieren.

Schon von Anfang an unternehmen auch die »Journale« einen
Versuch der Zerstörung vorgegebener literarischer Formen, wie er
die Texte des Autors zumindest bis zum »Kurzen Brief« bestimmt;
sie sind eine offene Form, die sich weder eindeutig dem Tagebuch,
noch der Autobiographie zuordnen läßt. Wie alle anderen Texte
Handkes stehen allerdings auch sie in der Versuchung, einen neuen
ästhetischen Zusammenhang an die Stelle der eliminierten traditionellen Formen zu setzen (Pütz 102). Es läßt sich zeigen, daß das
»Gewicht der Welt« durchaus einer Formung unterliegt, seine Ge-
samtstruktur weist genau abgezirkelte zeitliche Bögen auf und ist
durch die Darstellungsprinzipien von Parallelität und Gegenläufig-
keit bestimmt (Pütz 106/7). Zudem deuten der Beginn, eine Szene

des Sich-Bückens im Herbst, und der Schluß, ein Erheben des Hauptes im Frühling (GW 9, 325) in dem Bewußtsein, sich »freigedacht« zu haben, darauf hin, daß hier den Notizen ein Zusammenhang zugeschrieben wird, der nicht beliebig ist: die Aufzeichnungen des »Journals« schildern eine Ursprungsgeschichte der poetischen Phantasie, die in den folgenden »Journalen« weiter geführt wird.

Die »Geschichte des Bleistifts« und die »Phantasien der Wiederholung« verzichten allerdings auf eine vergleichbare zeitliche Strukturierung. Das Ende der »Phantasien« macht deutlich, daß die »Journale« Abschnitte eines Entwicklungsprozesses schildern, der nicht abgeschlossen ist. Jenen Text beendet weder wie im »Gewicht der Welt« eine allegorisch lesbare Szene, noch wie in der »Geschichte des Bleistifts« ein unendlicher Wunsch (GB 250), sondern eine offene Perspektive: »Ich werde mich entschlossen verirren« (PW 99).

Ihre Bedeutung erhalten die »Journale« gerade durch ihre besondere Form; mehr noch als die anderen Texte lassen sie sich dem Darstellungsmodus vergleichen, der die »Chronik der laufenden Ereignisse« bestimmt. Nicht minder deutlich als das Drehbuch, das persönliche Wahrnehmungen und öffentliche Bilder ineinander spiegelt, versuchen die »Journale«, die Erlebnis- und Bewußtseinsvorgänge in einem nicht selektierten, nicht zugerichteten Zustand festzuhalten (Pütz 102). Die Notizen erscheinen als eine »Reportage des Bewußtseins« (Pütz 9), bei welcher das Ich »Summe aller Impressionen« und beobachtende Instanz zugleich ist (Pütz 10); dadurch wirkt das »Journal« wie eine leere Einschreibfläche (Bartmann 112), die Äußerungen ohne intentionale Form versammelt. Gleichzeitig wird der Text der Aufzeichnungen zu einer »Reportage der Sprachreflexe«, zum Versuch, die »Augenblicke der Sprache« festzuhalten, wie es die Vornotiz zum »Gewicht der Welt« formuliert (GW 6). »Immer wieder auf die paar Momente am Tag hindenken, wo die schmerzhaft sprachlose, stammelnde Welt spruchreif wird« (GW 194).

So sind wie in den anderen Texten Handkes unverstellte Wahrnehmungen des Subjekts, der Vorgang des Schreibens und der Anspruch auf Mitteilung unmittelbar miteinander verbunden. Doch während das »Gewicht der Welt« selbstbewußt darauf abzielt, die »ewige Entzweitheit zwischen einem und der Welt« (GW 118) dadurch zu überwinden, daß die eigenen »fixen Ideen« in die »Mythen aller« verwandelt werden (GW 277), mithin auf die Fähigkeit des Schreibens und der Phantasie setzt, unterstellen die »Phantasien der Wiederholung« gerade diese Verwandlung nicht einem Versuch der Selbstbehauptung, sondern sie leiten sie aus einer Nachfolge her. Im

»Gewicht der Welt« wird das »sich selber Anschauen« zur Voraussetzung des »Nachdenkens« (GW 17), leitet sich das Gefühl für andere aus dem »Ich-Gefühl« ab (GW 51; Jurgensen 1; 179), aus einem radikalen Selbstbezug, der die Innerlichkeit als »Methode der exoterischen Rede des Journals« (Bartmann 117) erweist. Überdies wird die Beziehung zwischen dem Ich und der Welt in einem fast mechanistischen Bild dargestellt. Das Ich ist eine »unzuverlässige Maschine zum In-Gang-Setzen der Welt: als ob gleichsam erst das Ich sich einschalten muß (wie ein Kraftwerk), damit die Welt beleuchtet wird (sich erleuchtet)« (GW 20), dieses Bild wird später durch die Vorstellung des antropomorphen Sehens fortgeführt. Es ist klar, daß unter diesen Bedingungen der immer wieder angesprochene Mythos vom Narziß, sicher im Bewußtsein jener Vorwürfe, welche die Kritik unermüdlich gegen den Autor erhebt, eine neue Bewertung erfährt. »Der Mythos von Narziß: Ob nicht vielleicht gerade das lange, forschende Anschauen des eigenen Spiegelbilds (und im weiteren Sinn: der von einem verfertigten Sachen) die Kraft und Offenheit zu langem, unverwandtem, sich vertiefendem Anschauen andrer geben kann?« (GW 239).

In den »Phantasien der Wiederholung« dagegen schreibt der Aufzeichner des Journals vor allem über die Vorbilder, an denen er sich mißt. Seine »Freude des Wiederholens« (PW 42) richtet sich auf die literarische Tradition, das eigene Schreiben orientiert sich an den Klassikern, am Zeitgenossen Ludwig Hohl, aber auch an den antiken Autoren, wie zum Beispiel an Vergil.

»Durch Mich-Vergleichen erst finde ich mich: und nur mit den Klassikern kann ich mich, Satz für Satz, vergleichen, mich unterscheiden und so mich finden – die meisten wollen lesend, schauend, usw. *unmittelbar* sich finden: so verlieren sie sich (z. B. an die Musik). Ich kann nur geduldig vergleichend etwas von mir herausfinden (Pont-de-Ruan, Balzacs Landschaft)« (PW 53).

Wie die »Phantasien der Wiederholung« verzeichnet schon die »Geschichte des Bleistifts«, daß sich die eigene Fähigkeit zu schreiben aus dem Vermögen zur Wiederholung herleitet. »Ich nehme erst richtig wahr in der Wiederholung« (GB 98) heißt es dort, »Sich deutlich halten durch Wiederholung« (GB 187) wird als Grundsatz formuliert, und obwohl der Gedanke aufkommt, das Wiederholen habe sich nur auf Alltäglichkeiten zu beziehen (GB 157), erscheint es als ein Grundsatz, der das Unzeitgemäße des eigenen Schreibens erfaßt. Jenes provoziert gerade dadurch, daß es zurückgreift. Dieser Gedanke gerät zu einer Bewertung des eigenen Schreibens:

»Bei meinen früheren Arbeiten habe ich mich noch im Schutz der anderen, der Pioniere, erlebt. Bei der jetzigen Arbeit aber bin ich ganz auf mich allein gestellt (ohne doch Pionier zu sein). Aber es gibt beim Schreiben wohl gar keine Pioniere, nur die Wiederholer. Und die Wiederholer sind die einsamsten Menschen auf der Welt; das Wiederholen ist die allereinsamste Tätigkeit« (GB 128).

Schließlich wird das Wiederholen der Rolle des Erinnerns gleichgestellt; die dichterische Phantasie selbst ist nicht voraussetzungsloser Entwuf, sondern Rückgriff. Eben dies verkoppelt die Versatzstücke einer Poetologie mit einer Autoanalyse; die Methode der Verbindung weist dabei unmittelbar auf jene Entwicklung, die in der »Lehre der Sainte-Victoire« geschildert wird. »Erst, wenn das, was war, in die Phantasie gehoben, noch einmal kommt, wird es mir wirklich: Phantasie als die auslegende Wiederkehr« (GB 202).

Das »Gewicht der Welt« will noch voraussetzungslose subjektive Erfahrungen verzeichnen und betrachtet diese als »Möglichkeitsfeld für alle«, das Motto »Für den, den's angeht« weist darauf hin. Gleichzeitig läßt es das Ich wiederum als »shifter« erscheinen (Bartmann 114), wie dies bereits frühe fiktionale Texte unternehmen. Gerade deshalb bedarf dieses »Journal« noch einer Beschreibung plötzlicher Wandlungen, wie sie auch die Texte erzählen, eine Notiz stellt diese als Traumbild dar, in dem »die Wörter wie auf Zehntelsekundenzeigern oder auf umspringenden Flugzeuganzeigetafeln (sich) immerfort umbildeten und die Dinge sich ebenso rasend veränderten, bis schließlich kein Wort und kein Ding mehr wahrnehmbar war, nur die unaufhörliche Verwandlung aller Wörter und Dinge« (GW 172; Bartmann 114).

Die »Geschichte des Bleistifts« gibt diesem Ich dadurch individuelle Kontur, daß sie es als schreibendes bestimmt und auf das Schreiben anderer verweist. Das Schreiben wird als eine Methode der Selbstversicherung begriffen, die durch das angestrebte Verfahren der Wiederholung zugleich der Erzählweise des Mythos angenähert wird, das Schreiben ist »Arbeit am Mythos« (Blumenberg) in einem doppelten Sinn. Die zunehmenden wörtlichen Zitate literarischer und philosophischer Autoritäten, unter denen Vergil, Goethe und Heidegger besonders zu nennen sind, zeigen, daß sich der Mythos von Autorschaft, der sich in den »Journalen« wie in den Texten durchzusetzen beginnt, an einem Mythos der Nachfolge befestigt und eben dadurch lebensgeschichtliche Bedeutung erhält. Gerade hieraus begründet sich schließlich eine Vorstellung der eigenen Repräsentanz (Bartmann 118). Der Verfasser der »Geschichte des Bleistifts«, der zunächst die Möglichkeit von Meisterschaft in der Literatur in Zweifel zieht (GB 145), vermerkt schließlich im Anschluß an Überlegungen, die auf das eigene Schreiben zielen: »Vielleicht gibt es in der Literatur also doch Meister: die Meister der Wiederholung.

Und vielleicht gibt es doch eine Art Sieg: etwas festgestellt, etwas *behauptet* zu haben« (GB 209).

Das Einrücken in die Tradition befestigt die mythische Qualität des Schreibens, aus dem ›mythe personnel‹ von Autorschaft er wächst die Utopie einer Verständigung, die »mythologischen Bilder« des Bewußtseins und der eigenen Existenz, die »Zwischendinger« zwischen »Sachen und Bildern« entstehen lassen, sollen durch das Schreiben »vorstellungs- und sprachfest« und »zu etwas still strahlendem Neuen« werden, »in dem das Alte, das ursprüngliche Erlebnis, aber geahnt ist, wie die Raupe im Schmetterling!« (GW 31/2).

Die Überlegungen zur Transformation der Bilder des eigenen Bewußtseins weisen erneut auf die bestimmende Struktur der »Journale«. Diese sind einerseits rückwärtsgewandt, indem sie immer wieder die politische und literaturtheoretische Polemik aufnehmen, welche die theoretischen Essays vom Elfenbeinturmaufsatz bis hin zur Kafka-Rede durchziehen, andererseits werden in den »Journalen« nicht nur die Voraussetzungen und die Eigenart eigenen Erzählens reflektiert, sondern bereits Versatzstücke künftiger Texte entworfen. Dabei ist auffällig, daß es sich bei diesen vor allem um Naturbeschreibungen handelt, deren Umfang und Intensität zunimmt (GB 20–24; 42/3; 52/3; 229; 233; 240/1) und die zudem die lebensgeschichtlichen Signifikanten des Maulbeerbaums, der Zypresse und des Hohlwegs aufweisen, die auch in den fiktionalen Texten an zentralen Stellen wiederkehren (GB 42/3; 158). Diese Schilderungen sind zugleich Übungen, um das bloße Anschauen zu erlernen, sie folgen einem Wunsch des »Gewichts der Welt«: »Das Betrachten so lange aushalten, das Meinen so lange aufschieben, bis sich die Schwerkraft eines Lebensgefühls ergibt« (GW 324).

Natur und Landschaft erweisen sich einerseits als Projektionsfeld des Unbewußten, wie sich an den Phantasien der Verschmelzung mit der Landschaft belegen läßt (GB 42/3; 45). Die »Urerlebnisse« sollen in der »Naturbeschreibung« (GB 82) verborgen und die eigenen Probleme in die Natur mitgenommen werden (GB 175); das einzige Gefühl der Einsamkeit entsteht aus der fehlenden »Vermählung mit der Natur« (GB 110). Andererseits verweist der Versuch, das »Heraus aus der Sprache« zu finden, das Inbild zu erreichen und in Bildern zu schreiben, nichts anderes meint die Betrachtung über das »Innewerden« (PW 40; GW 94, 114) und das »ins Innere der *Sprache* gehen«, wo »Welt und Ich eins in der Sprache« wären (GB 182), gerade auf die Oberfläche der Natur selbst. Sie ist ein System von Zeichen, aus dessen Abbildung, nicht aus der ungebundenen Phantasie begründet sich das Vermögen des Schreibens. »Wenn ich ganz ruhig *versunken* bin, nehme ich wahr eine Art ewiger Schrift (besser: ewiger stiller Rede); wenn ich ganz ruhig *aufmerksam* bin, nehme ich wahr eine Art ewiger Bilderfolge: das bewußte Schreiben aber hieße, daß beides in eins geschieht: RIDET ACANTHUS (Vergil)« (GB 49/50). Die Formen der Natur weisen auf das Formgesetz des Schreibens und auf die Gesetze der Phantasie selbst, sie verhindern das »die Dinge verratende [...] Sprachdenken [...] (GB 212) und ermöglichen es, bei den Dingen zu bleiben, zu »lauschen« (GB 234), wie es in Anlehnung an das Hyperion-Zitat ausgeführt wird, das in Losers Geschichte im »Chinesen des Schmerzes« seine poetologische Deutung erfährt.

So erst wird dem Verfasser der »Journale« jene Selbstgewißheit möglich, die er immer wieder durch Schreiben, im ›Nachsprechen der Welt‹ (GB 155) erfährt (GB 126; 128; 149). Und so erst gewinnt seine anschauende Phantasie den Status der Objektivität, erweist sich das Phantasiebild des »Nunc stans« zugleich als der Augenblick der Sachlichkeit (GB 198), kann der Blick auf das »persönliche Epos« der Notizbücher (GW 315) den Wunsch hervorrufen, nur noch »Vom Schnee in den Rocky Mountains« zu schreiben (GW 321). Diese Verbindung von Gefühl und Gegenstand erfüllt das Gesetz der Realisation, das auch im Zentrum der Poetologie steht, welche die »Lehre der Sainte-Victoire« entwickelt (GB 200).

In scharfem Kontrast zu dieser Vergewisserung über die eigene Psychologie und die Methode des eigenen Schreibens stehen die polemischen Passagen der Notizen. Unter ihnen fällt auf, daß das Ich, das schreibend dem Mythos vieler zustrebt, sich handelnd und denkend allererst von den Meinungen der vielen abzusetzen bemüht ist. Der Schreiber der »Journale« erkennt nicht nur selbstkritisch, daß er auf Streit und Kontroverse aus ist (PW 63); indem er das »Gerede-Ich« dem »ruhigen Ich« und dem phantasierenden Denken (PW 84) gegenüberstellt, grenzt er auch schon das »Gemeinschafts-Erlebnis« des Schreibens (PW 31) von den herrschenden Meinungen ab: »jede Art Gruppe ist mein Feind« heißt es sehr emotional in der »Geschichte des Bleistifts« (GB 152), in den »Phantasien der Wiederholung« wird daraus ein politischer Grundsatz. »Wenn einer einmal ein Weltbild hat, wird er erbarmungslos; und die Gruppe mit einem gemeinsamen Weltbild wird mörderisch« (PW 92). Hier schlagen die autobiographischen Notizen den Bogen zurück zu einer literaturtheoretischen Kontroverse, in deren Mittelpunkt für ihren Verfasser nicht nur die zeitgenössischen Autoren, sondern vor allem Brecht steht, der die »Zerstörung [...] der *freien* Literatur« einleitet, und damit zugleich jene Haltung in Frage stellt, mit der sich Handke Ende der sechziger Jahre behaupten will (GW 110).

Die Handlung im »Chinesen des Schmerzes« entwirft eine Konstellation, die sich früheren Texten Handkes vergleichen läßt. Die Wahrnehmung und das Bewußtsein einer Figur verändern sich im Gefolge von Gewalthandlungen, die jene ausübt und für die sie selbst keine Erklärung weiß. Loser, der Erzähler der Geschichte, der als Lehrer an einem Gymnasium tätig ist, sich in seiner Freizeit mit antiken Ausgrabungen befaßt und Spezialist für das Auffinden von Schwellen ist, rempelt auf der Straße einen Passanten an. Er wird sich darüber klar, daß sein Verhalten einem geheimen Wunsch nach Gewalt entspringt. Später erschlägt er spontan einen Mann, den er dabei überrascht, als er Hakenkreuze längs eines Bergwegs sprayt.

Gleichzeitig verfügt der Text über eine parabolische Struktur. Der Protagonist, dessen unterschiedliches Verhalten in den Abschnitten mit den Titeln »Der Betrachter wird abgelenkt«, »Der Betrachter greift ein«, »Der Betrachter sucht einen Zeugen« geschildert wird, ist mehr als eine handelnde Figur. Der Ich-Erzähler Loser erzählt nicht allein seine Geschichte, sondern von Anfang an vom Erzählen selbst. Die erzählte Geschichte markiert eine Grenze zwischen dem Erzählen und der abzubildenden Wirklichkeit.

Der Erzähler beginnt nicht nur mit einer Geschichte, er denkt auch über die Schwierigkeiten des Anfangens nach und erkennt, daß sein Erzählen nicht voraussetzungslos ist. Das Nachdenken über die Schwierigkeiten des Erzählens lenkt seine Aufmerksamkeit auf sich selbst. Schon seine Freistellung vom Dienst, die er nach dem vergleichsweise harmlosen Gewaltakt erwirkt, der ihn an frühere Gewalthandlungen in seiner Jugend erinnert, führt zu einer grundsätzlichen Veränderung seiner Wahrnehmungen und seiner Ansichten über die Wirklichkeit. Die Handlung stellt damit nicht nur eine Situation her, wie sie im »Tormann« und in der »Stunde der wahren Empfindung« erzählt wird, und von deren Notwendigkeit auch die Aufzeichnungen in der »Geschichte des Bleistifts« berichten, wo es heißt: »Zu jeder Wahrnehmung müßte noch der Gegenwartsruck treten [...] (GB 142).

Des Erzählers Versuch, das Leer-Sein zu füllen, mit dem Erzählen und Beschreiben zu beginnen, macht ihm auch seine historische Situation bewußt. Dabei ist zweierlei auffällig. Seine Schilderungen der Landschaft zeigen nicht allein die Natur, sein Blick auf die »Phänomene« selbst verfällt nicht mehr der sentimentalischen Rekonstruktion bloßer Natur. Beide weisen vielmehr auf eine Verschränkung von Natur und Zivilisation, welche die betrachteten Räume als Bereiche des ›Wohnens‹ erkennen läßt, wie sie Heidegger beschreibt; dabei fallen Anschauungsformen, Lebensform und Denkform in eins. Auch dies erläutern die Hinweise auf die Archäologie. Aus den Schwellen der antiken Bauwerke vermag Loser Grundrisse zu entwickeln und zugleich die Orte des Wohnens und Bauens zu rekonstruieren, »mit ihnen als den Grenzlinien deutet sich die ursprüngliche Anordnung eines Baus oder auch eines ganzen Dorfes an« (CS 25).

Die Zusammenfügung von Naturraum und Zivilisation korrespondiert einer Notiz in den »Phantasien der Wiederholung«. Dort spricht Handke von der Arkade, die Landschaft und Zivilisation miteinander bilden (PW 55). Er nimmt damit ein Bild auf, das als geometrisches Muster bereits in der »Langsamen Heimkehr« vorbereitet und in »Über die Dörfer« schließlich als Form der Erkenntnis, als der »Himmelsschrei« eines veränderten Wahrnehmungsbewußtseins namhaft gemacht wird (ÜD 100).

Das neue Beschreiben entsteht nicht nur durch das Bewußtsein einer historischen Entfremdung, sondern es bildet jenes auch ab. Es zielt auf eine Theorie im vollen Wortsinn, auf eine Anschauung von Wirklichkeit, wie sie zuletzt der antiken Naturphilosophie möglich war, und weiß doch, daß alles nur Rekonstruktion sein kann. So wie es bereits Schiller darstellt, versucht der in die Zivilisation gegangene Mensch, die Natur wiederzugewinnen. Der Text selbst liefert ein Bild dafür am Beispiel der Salzburger »Sternenfreunde«, die immer weiter von der Stadt entfernte Orte aufsuchen müssen, um noch des vollen Sternenhimmels ansichtig werden zu können, dessen Kontraste mehr und mehr durch die Lichter der Zivilisation verdeckt werden (CS 71).

Die »Journale« Handkes thematisieren beständig diesen Verlust der unmittelbaren Naturwahrnehmung, so wie sie andererseits versuchen, wieder zu einem einfachen Abbilden von Natur zu kommen. Die Voraussetzungen des Schreibens, die sie herausstellen, entfalten sie als literaturhistorische Reflexion. Goethes selbstverständlicher Naturbeschreibung wird der Versuch einer Rekonstruktion solcher Wahrnehmung von Natur bei Hölderlin gegenübergestellt (GB 169). Den Verlust ursprünglicher Naturbeziehung beschreibt Handke als eigene Erfahrung. Er bestimmt seine Einsamkeit aus einer nicht mehr gelingenden Verschmelzung mit der Natur und aus dem Bewußtsein, daß es kein Zurück mehr gibt hinter den zivilisatorischen Prozeß (GB 110). Doch während sich dem Bewußtsein des Verlorenen zunächst immer wieder Phantasien der Vereinigung entgegenstellen, die den Aufzeichner des »Journals« an eine seiner Figuren, an den Erdforscher Sorger annähern, kennt der »Chinese des Schmerzes« jenes bloße Aufgehen in der Natur nicht mehr. Er erzählt von Anfang an von einer Grenzsituation, deren Signifikant die Schwelle ist.

Die Schwelle ist nicht nur, wie es im Text heißt, der »Übergang zwischen Entbehrung und Schatz« (CS 40), sie weist vielmehr selbst auf die Möglichkeit einer Rekonstruktion des Verlorenen. Auch dies belegt ein Bild. An der Stelle einer verschwundenen Schwelle findet der Archäologe Loser das Wort ›Galene‹ in den Lehm geritzt, das bei Epikur nicht nur Bild von Natur ist, Bezeichnung für eine still strahlende und nur leise bewegte Meeresfläche, sondern zugleich als Metapher des Daseins gebraucht wird (CS 28). Dies löst eine Überlegung aus den »Phantasien der Wiederholung« ein, wo es heißt: »Warum suche ich auf den Schwellen immer die Schrift oder das Bild? Die Schwelle selbst ist ja schon Schrift und Bild« (PW 78). Jenes Bild, das schon in »Über die Dörfer« lebensgeschichtlicher Signifikant wird (ÜD 39), unterscheidet sich grundsätzlich von den einfachen Zeichen der Zivilisation, die Loser wie seinen Verfasser an den zugänglich gemachten und durch Wanderwege erschlossenen Landschaften stören.

Dagegen gelingt dem Menschen die Anverwandlung von Landschaft nicht vermittels der Schrift, sondern allein durch das bloße Wahrnehmen, zu dem es zurückzufinden gilt. Dies kann auf doppelte Weise geschehen: als Phantasie der Verwandlung oder als ein bloßes Innewerden, bei dem Außenwelt zum Spiegel von Innenwelt wird. Das erste geschieht dadurch, daß die Landschaft musikalisch auf den Betrachter wirkt, wie es bereits Schiller in seiner Rezension zu Matthissons Gedichten fordert. Die Klänge aus einer Musicbox verwandeln eine österreichische Landschaft plötzlich ins Westjordanland (CS 57). Die Notizen der »Geschichte des Bleistifts« bestätigen, daß solche von der Musik ausgelöste Verwandlungen für Handke immer eine Form der Mythologisierung sind. Auch dies weist auf eine Hauptlinie, die der »Chinese des Schmerzes« schildert: »Musik ist an sich schon Mythologisierung; sie stellt vorschnelle Harmonien her« (GB 10). Vergleichbare Raumphantasien treten im Verlauf der Handlung immer stärker hervor.

Jenen phantastischen Überblendungen an die Seite tritt der Versuch einer bloßen Hinwendung zur Oberfläche der Natur. Sie hat für den modernen Autor jedoch eine literarische Rekodierung zur Voraussetzung. Als Erzähler tritt er in die Nachfolge eines anderen, der zugleich ein Naturbeobachter ist. Damit folgt er einer zentralen Überlegung der »Phantasien der Wiederholung«, die diesen ihren Namen gegeben hat. Denn dort erweist sich das Schreiben nicht nur

163

als ein Innewerden, bei dem die Sprachzeichen die Bilder der Natur nur wiederholen; es ist vielmehr auch ein Wiederholen des in der Tradition Vorgegebenen, eine Rückkehr zu einer bereits vorhandenen Schreibweise. So kommt es, daß der Erzähler Vergils Formel von der leichten Linde aufnimmt (CS 70), die in den Aufzeichnungen seines Erfinders dem mythischen Benennen an die Seite tritt (PW 98). Er nennt sein Wiederholen, das ohne Zweifel ein Versuch ist, zum Schreiben Vergils zurückzufinden, eine »Wiederfindung« (CS 70). Die Zuwendung zum »hellen Tagwerk« Vergils (PW 91) kündet von dem Bemühen, sich unter die »Meister der Wiederholung« (GB 209) einzureihen.

Dabei zeigt sich, daß der Text des »Chinesen« in einem Zug zwei Linien deutlich auszieht. Er handelt von der Veranlassung zum Schreiben und von dessen philosophischer Begründung. Das Leer-Sein, das Loser zu Beginn des Textes empfindet, ist ein Bild, das Handke für die eigene Schreibsituation entwirft. »Der Ausgangsort für einen Künstler ist das, zeitweise, Hochgefühl einer mächtigen Leere in der Natur, die er dann später vielleicht, mit dieser Leere als Antrieb, mit einzelnen Werken erfüllen wird, die danach aber immer wieder [...] neu als mächtige, lustmachende Leere zurückkehren wird: als wallende Leere« (PW 64/5). Der Beginn des Schreibens wird als eine existentielle Situation verstanden, die ein philosophisches Deutungsmuster erhält. Schwelle und Brücke, die bereits im ersten Teil des Romans an herausgehobener Stelle genannt werden, erinnern an Überlegungen aus einer Trakl-Interpretation Heideggers, sie lassen sich auf dessen Aufsatz über »Bauen Wohnen Denken« beziehen, der in der »Geschichte des Bleistifts« immerhin dreimal zitiert wird (GB 107/8).

Der Weg zur Philosophie Heideggers ist verkoppelt mit einem Erinnern »an lang Verschollenes«, wie es Loser später im Kreis seiner Tarockspieler durch die Erzählungen der Schwellengeschichten provoziert (CS 129). Dieses Erinnern, das zum Erzählen führt, ist von Anfang an mehr als das bloße Gedächtnis, es ist ein Akt der Phantasie. Dieser ist nicht frei von Wirklichkeitserfahrung, sondern schon deren Transformation. Aus dem Bewußtsein, daß es allein auf solche Transformationen ankomme, erklärt sich Losers empörte Reaktion auf die Meinung, ihm fehle die Liebe. »Welche Liebe meint ihr nur immer? Die Geschlechterliebe? Die Liebe zu einem Menschen? Die Liebe zur Natur? Die Liebe zum Werk? – Ich jedenfalls habe gerade Heimweh nach einem Körper; und nicht nach dessen Geschlecht, vielmehr nach lieben Schultern, einer lieben Wange, einem lieben Blick, einer lieben Anwesenheit« (CS 165/6). Seine Suche nach der Liebe zielt auf die Erfahrung einer existentiellen

Situation ab. Sie entspringt zugleich jenem Wunsch, ins Innere der Sprache zu gehen, von dem die Notizen Handkes unter Berufung auf Hölderlin handeln. Auch davon erzählt der Text, ohne es auszusprechen. Nicht nur die Form seiner Beschreibung der Räume, der Schwelle und der Brücke, sondern schon der Name des Protagonisten Loser legt dies klar. Denn er wird etymologisch als ›Lauscher‹ hergeleitet und tritt damit in bezug zu jenem Satz aus Hölderlins »Hyperion«, der seit dem »Kurzen Brief« Handkes Werk und seine autobiographische Aufzeichnung immer wieder durchzieht. »Mein ganzes Wesen verstummt und lauscht.« In der »Geschichte des Bleistifts« heißt es: »das verstummende Wesen hat tatsächlich mit ›Lauschen‹ zu tun, nicht mit ›Schauen‹. Und das Farbensehen (besser noch das Lichtsehen) entspricht dem Lauschen« (GB 234). Das Wort ›Galene‹ wird zum Signifikanten jener phantasierten Verschränkung von Ich und Welt im Sprechen und Hören. Es weist auf Heideggers Satz: »Der Mensch spricht, insofern er der Sprache entspricht. Das Entsprechen ist hören« (HUN 33). Die Bezeichnung Losers als »Indianer« (CS 48) oder als »Chinese« und der dem Erschlagenen zugedachte mythische Namen »Hinderer« setzen diese Wortbilder fort.

Während der erste Teil des Romans solcherart Signifikantenketten aufbaut und zugleich theoretisch entwickelt, liefert der zweite eine Bilderfolge, die überdies als Geschichte gelesen werden kann. Auch hier markieren Raum- und Landschaftsbilder intrapsychische Prozesse. Der Erzähler, der auf dem Weg zu seinem Tarockspiel den Mönchsberg besteigt, begibt sich in eine Urlandschaft, die er sich wandernd phantasiert (CS 86/7). Sein Dechiffrieren einer geologischen Urform aus der erschauten Landschaft und seine Phantasien von Anfang und Ende lassen sich dabei jenem Freiphantasieren der Moränenlandschaft Berlins vergleichen, von dem die »Lehre der Sainte-Victoire« berichtet; wie dort ist diese Phantasie unmittelbar auf Erfahrungen bezogen.

Ausgerechnet im Augenblick des Sich-Zurückdenkens nimmt der Erzähler die in die Natur gesprayten Hakenkreuze wahr. Sie verleihen seinen rückwärtsgewandten Phantasiebildern eine lebensgeschichtliche Zentrierung. Denn das Hakenkreuz ist jenes Zeichen, von dem Loser meint, es sei »das Unbild der Ursache all meiner Schwermut – all der Schwermut und des Unmuts hierzuland« (CS 97). Eben damit nähert sich seine Geschichte der seines Erfinders an, gibt das Erzählen seiner Geschichte einen Durchblick auf eine andere frei. Der Gewaltausbruch, der zu einer spontanen Ermordung des Sprayers führt, begründet sich hieraus. Er ist ein Versuch, die »Vergangenheit völlig vergessen« zu machen (GW 85), jenes andere

Gedächtnis zu verlieren, das für den Autor mit der Geschichte der Gewalt verbunden ist und allein schreckhafte Erinnerungen bewahrt, ohne sie ästhetisch transformieren zu können. Deshalb geschieht der Mord im Zeichen einer phantastischen Verwandlung der Natur. Bei ihrer Beschreibung wird die Grenze zwischen wirklich und nichtwirklich verwischt, der Erzähler fühlt sich zugleich ausgestoßen und offen für die Welt. Einerseits wird der Himmel plötzlich sternenlos (CS 104), andererseits bilden die »Lichter der Ebene, zusammen mit den schnabelähnlich geöffneten Schalen der leeren Bucheneckern [...] die entsprechende Weltstadt« (CS 105). Das Szenario der phantastischen Landschaft liefert Bilder für eine Gefährdung und Sammlung des Ich zugleich. Doch jener Rückstürz in die eigene Vergangenheit und ins Unbewußte ist schon Voraussetzung für den Neuaufbau der Persönlichkeit. Die Erfahrung der Schuld nach der Tat führt zum Bewußtsein des eigenen Ich und zur Erkenntnis des Zusammengehörens mit andern. Der Einzelfall kann jetzt »eine Herausforderung« werden, der eigene Sündenfall schafft eine Geschichte, von welcher der Erzähler sagen kann: »Meine Geschichte ist mein Halt« (CS 106/7). Zugleich weiß er, daß er jetzt dem »Volk der Täter« angehört. Deutlicher als vorher sind die von seiner Tat ausgehenden Phantasien Bilder eines Ankommens in der Welt, Metaphern für den Prozeß der Sozialisation. Darauf weist die Formel »Ich bin ja da«, die Paraphrase jenes »Ich bin noch nicht da«, das Hans Castorp spricht, bevor er die Gesetze der Sozialisation auf dem »Zauberberg« erfährt.

Das Ankommen in der Welt und in der Schuld zugleich erschließt die Bedeutung der Schwelle im Text. In der Unterhaltung mit dem Prister wird Loser klar, daß die Schwelle einerseits als Teil für das Ganze steht (CS 125), andererseits ein Bereich für sich ist, »[...] ein eigener Ort, der Prüfung oder des Schutzes« (CS 125/6). Auch dies findet eine Parallele bei Heidegger: »die Schwelle ist der Grundbalken, der das Tor im ganzen trägt. Er hält die Mitte, in der die Zwei, das Draußen und das Drinnen, einander durchgehen, aus. Die Schwelle trägt das Zwischen« (HUN 26). Die Schwelle ist als Ort der Prüfung auch einer des Schmerzes. Es ist jener Schmerz, den Loser aushält, und der sein Gesicht zu dem eines Chinesen verzerrt: »sein Reißen ist als das versammelnde Scheiden zugleich jenes Ziehen [...] Der Schmerz ist die Fuge des Risses« (HUN 27). So weist die Schwelle, von welcher der Erzähler erzählt und seine Freunde berichten, nicht nur auf jene letzte noch verbliebene Schwelle zwischen Wahnsinn und Träumen, Bewußtem und Unbewußtem, aus der sich die Kultur der Vernunft ebenso wie die konventionalisierte Kunst begründet. Sie ist auch Signifikant einer existentiellen Erfahrung. Es ist kein Zufall, daß die »Geschichte des Bleistifts« als Äquivalent der Schwelle die Grenze benennt und ihre Eigenart ebenfalls im Rückgriff auf Heidegger beschreibt: »Die Grenze ist nicht das, wobei etwas aufhört, sondern jenes, woher etwas sein Wesen beginnt« (GB 108; HVO 29). In einer späteren Notiz der »Phantasien der Wiederholung« erhält dieser Satz eine Zuspitzung, die autoanalytische Bedeutung gewinnt. »Es gibt keine *Fähigkeit* zur Verwandlung, sie ist das allerschmerzhafteste Muß« (PW 76).

Die Schwelle weist auf eine existentialontologische Erfahrung. Sie ist ein Ort der Erinnerung, der den Aufenthalt im »Geviert« betrifft und ein Ort der Phantasie, dessen Metapher die Raum-Welle ist, welche der Erzähler beim Übergang vom Zentrum in die Moorebene wahrnimmt (CS 149). Die Schwelle meint auch das Erzählen selbst. Sie deutet auf das »Ziehen« der Phantasie (GB 141) und ein »Heißen« im Sinne Heideggers. Die Sprache der Kunst spricht, »indem sie das Geheißene, Ding-Welt und Welt-Ding, in das Zwischen des Unter-Schiedes kommen heißt« (HUN 28). Der Unterschied, die Schwelle, ruft »Welt und Ding in die Mitte ihrer Innigkeit« (HUN 29), wenn der »Unterschied Welt und Dinge in die Einfalt des Schmerzes der Innigkeit versammelt, heißt er die Zwei in ihr Wesen kommen« (HUN 30).

Diese ontologische Dimension, die zugleich eine poetologische ist, wird im Text durch eine psychologische vorgezeichnet. Das Erzählen, das auf die Schwelle führt und zugleich die Schwelle ist, gewinnt lebensgeschichtliche Bedeutung, weil das Wahrnehmungsbewußtsein und das Unbewußte des Erzählers zueinander in Beziehung treten. Der Heimweg Losers vom Tarockspiel gleicht einer Rückverwandlung, er imaginiert den Berg seines Namens und sieht an ihm Einbruchsstellen und Durchblicke (CS 164/5). Doch bevor sich der Erzähler im Erzählen der Erfahrung jener Schwelle stellen kann, bedarf er eines sinnlichen Erlebnisses, der Zuwendung zu einem Körper. So verwandelt das Erzählen einen Wunsch in eine Geschichte, der sich auch auf das Schreiben selbst richtet. Eine Notiz der »Geschichte des Bleistifts« lautet: »Wenn die Schrift wie ein Zucken des Körpers wird, wird sie natürlich [...]« (GB 118).

Die Phantasien der Wiederholung, welche die Geschichte des Chinesen durchziehen, führen gleichzeitig zur Verschmelzung von Zeichen und Körpern. Lebensgeschichtliche, imaginierte und phantasierte Erfahrungen werden in ein Signifikantennetz eingeschrieben, das sich völlig der abbildenden Referenz auf Wirklichkeit verschließt und zugleich den Raum der Erfahrung bestimmt.

Der dritte Teil des Romans ist Zusammenfassung und Weiterführung zugleich, noch deutlicher als im ersten gehen in ihm Erzählung und Erzähltheorie ineinander über. Im scheinbar realistischen Beschreiben entsteht dabei ein System von Zeichen, das der geläufigen Unterscheidung von menschlich und nichtmenschlich, natürlich und künstlich nicht mehr bedarf. Vorbereitet ist dies durch die Naturbeschreibungen der beiden ersten Teile einerseits und durch die Schilderung des Festspielhauses im zweiten Teil andererseits, bei dem Beton und Naturstein in einem »Grenzschwindel« ineinander überzugehen scheinen (CS 144).

Gleichzeitig faßt dieser Teil des Romans die vorangegangenen unter dem Schema einer Erlösungsgeschichte zusammen. Diese Zuspitzung ist eine Transposition; sie fügt Bilder eines ontogenetischen Prozesses und Bilder der Phantasie aneinander. Erneut wiederholt sich hier das Schema von Dekonstruktion und Neuaufbau, das andere Texte Handkes insgesamt strukturiert. Der Heimgekehrte erfährt zunächst eine Situation der Entfremdung, er fühlt sich als »eine Hülle ohne Mensch« (CS 171), Geräusche hört er »sozusagen um die Ecke, hinterrücks, überfallartig, ohne die dazugehörigen Körperbilder« (CS 172), er verliert die räumliche Orientierung (CS 172) und hat das Gefühl, »in der Verdammnis« (CS 174) zu leben. Dieser Zustand erhält eine Metapher, die sich sowohl ontologisch als auch ästhetisch auflösen läßt: Loser verliert die »Mitte« und die Perspektive. In der Mitte seines Gesichtsfelds sieht er entweder nichts oder aber die Mitte wird zum »Ort der schwindelerregenden Sinnestäuschungen« (CS 175). Was er unmittelbar phantasiert, erscheint ihm als Gesetz der Wirklichkeit, die naturgewachsenen »Mitte-Punkte« der Kirchtürme zeigen sich ihm als »Fälschungen« (CS 176), er wird dabei an Lukrez' Vorstellung vom schwarzen Loch des Unendlichen erinnert (CS 177). Das Gefühl der Entfremdung bringt gleichwohl eine sinnliche Erfahrung hervor. Gerade indem sich Loser nicht mehr in die Landschaften hineinzudenken vermag, die er wahrnimmt, erreicht er einen Punkt, den die Selbstreflexion Handkes thematisiert: »Früher habe ich mir die leeren Gegenden mit weißen Städten voll gewünscht; jetzt möchte ich, wünsche ich, will ich erreichen, daß die leeren Orte ewig so leer bleiben, beispielhaft, energisch, kräftigend leer, beispielleer« (PW 61). Allerdings verweisen die menschenleeren Räume Loser auf ein Defizit. Was ihm fehlt, erkennt er als »etwas Leibliches: ein Sinnesorgan« (CS 178), er begreift, daß ihm jene »Art des Schauens« fehlt, jene »Einheit von Gewahrwerden und Vorstellungskraft, die das griechische Wort ›leukein‹ meint« (CS 179). In diesem Zusammenhang wird die christliche Metaphorik aufgelöst. Die Idee der Auferstehung erfährt eine Remythologisierung im Hinweis auf die Osterbräuche, zugleich erweist sich diese als eine ästhetische Rekodierung: Das frische fleischliche Weiß der aus dem Boden gegrabenen Meerrettiche erscheint dem Betrachter als »eine einleuchtende Lebens-Farbe« (CS 180).

Die Bilder und Farben dieser ästhetischen Rekodierung entsprechen den Signifikanten für den Prozeß der Ontogenese, der erneut phantasiert wird. Die ästhetische Zusammenschau verdeckt den dunklen Urgrund eines Traumes von Gewalt und mörderischer Zerstückelung (CS 181 ff). Erst nach diesem Traum gewahrt der Erwachende eine Farbe und dann eine Hibiskusblüte (CS 184). Und auf die Zerstückelung, die durch mythische Rekodierung des Sozialisationsprozesses nichts anderes abbildet als die Zerschlagung der ersten imaginären Konstitution des Ich, die Grundlage für die Herausbildung des Selbst ist, erfolgt ein Neuaufbau, der wiederum als Körperphantasie beschrieben wird. Beim Duschen »wuchs der Körper allmählich aus zu sich selbst. Standbein und Spielbein bildeten sich« (CS 185). Die nachfolgende, als »Gesicht« bezeichnete Phantasie nimmt zwar die christliche Metapher des Lebensschiffs auf, sie reduziert sie aber im gleichen Zug auf eine allgemeine lebensgeschichtliche Bedeutung (CS 188). Die Begriffe von Menschenlos und Menschenteil stehen dafür ein. Das ›Los‹ des Sterbens als Bedingung eines In-der-Welt-Seins bedarf des ›Teils‹: der Erkenntnis der eigenen Bestimmung, die es zu erfüllen gilt und die Voraussetzung für die Erlangung des Selbstbewußtseins ist (CS 189). Zugleich erfordert die Konstitution des Selbstbewußtsein einen anderen, einen »Zeugen«; die Grenze des eigenen Lebens, die Schwelle, wird erst deutlich im Erzählen, das einen Zuhörer anspricht.

Deshalb weist der Holzstoß des Osterfeuers nicht nur auf die christliche Wandlung, die auch die Glocken verkünden, er ist zugleich Signifikant für den Mythos von Autorschaft, wie ihn die »Lehre der Sainte-Victoire« entwickelt. Er leitet den Erzähler auf seine Bestimmung und ermöglicht ihm ein Ankommen im Raum, das Zeichen jenes ›Wohnens‹ trägt, von dem Heidegger handelt. Die österreichische Landschaft und die in ihr liegende Stadt, die phantasierte Majastadt von Yukatan und der Raum Heraklits, von dem jener sagt »Auch hier sind Götter«, tragen die Signatur jenes ›Gevierts‹, das der Philosoph definiert, das Nova in »Über die Dörfer« als geometrisches Muster beschreibt und das die »Geschichte des Bleistifts« zustimmend zitiert: »Im Retten der Erde, im Empfangen des Himmels, im Erwarten der Göttlichen, im Geleiten der Sterblichen ereignet sich das Wohnen als das vierfältige Schonen des Gevierts« (GB 107; HVO 25).

Diese Erkenntnis erst bringt eine Wandlung hervor. Plötzlich fügen sich für den Erzähler die Geräusche zu Tönen, gar zu einer

Melodie, vergleichbar dem Signal der Außerirdischen in der »Begegnung der dritten Art« (CS 195). Am Morgen des Ostertags erhebt sich Loser, erblickt die Farben der Moosebene und des Berges Staufen und wandert sommerlich gekleidet hinaus in die Farben, die auch für den Autor Handke Zeichen der Selbstgewißheit sind. Sie fügen sich mit anderen Bildern zusammen, die ebenfalls auf eine Kette von métaphores obsédantes weisen, die den Autor bestimmt. Das Bild des Holzstoßes aus der »Lehre der Sainte-Victoire« und der Bohlen Novas aus »Über die Dörfer« setzt sich fort in den Bohlen der Eisenbahnschwellen (CS 200). Auf dem Weg zum Flughafen durchquert Loser einen Eisenbahntunnel; die Vorstellung der Wiedergeburt, die damit verbunden ist, weist zugleich auf eine Phantasie im »Gewicht der Welt«: »Sterben in einem Autotunnel (gespürt, wie der Körper ganz weit wurde)« (GW 74). Aus dem Bild von Tod und Wiedergeburt erwächst unmittelbar eine Raumphantasie, »der Gegenausschnitt am Ausgang erschien durchwirkt von einem gleichsam transkontinentalen Licht [...] und die Tankstellen, die Lagerhäuser und der Hangar bekommen so etwas von einer Ansiedlung in Übersee: ›Feuerland‹ oder ›Montana‹« (CS 203).

Die Verschränkung der Wahrnehmungsbilder mit den unbewußten Wünschen und den lebensgeschichtlich bedeutsamen Metaphern zeigt sich am deutlichsten am Flughafen. Als Namen der unbekannten Frau, die er erwartet, schreibt Andreas Loser »Tilia Levis« ins Anmeldeformular. Was er ursprünglich als Naturphantasie und ästhetisches Bild entwirft, versucht er nunmehr zu erleben. Dem ursprünglichen Satz »schweb ein, leichte Linde« korrespondiert die Erwartung der Fremden am Flughafen, die den Namen von Vergils Tilia Levis, der leichten Linde, zugedacht bekommt (CS 70; 206). Allererst so bildet die Schrift ein Zucken des Körpers ab, schreibt sich das Wünschen des Körpers unmittelbar in die Sprache ein. Die Begegnung mit der ins Leben gewünschten und herbeiphantasierten Frau, die zuerst als ästhetisches Inbild da ist, bevor sie Körper werden kann, trägt auch die Signatur einer lebensgeschichtlichen Obsession des Autors. Die wie im Traum und fast sprachlos vollzogene Vereinigung von Mann und Frau imaginiert nicht nur eine Aufhebung der Grenze zwischen Mensch, Natur und ästhetischem Abbild, weil die Frau dem Liebhaber als Landschaft und als Steinfigur erscheint. Sie ist auch nicht allein Verwandlung ästhetischer Sprache in Körperphantasien, sondern sie erfüllt darüber hinaus eine sexuelle Phantasie, die das »Gewicht der Welt« bereits vorzeichnet (GW 37; 41) und die auch in der »Stunde der wahren Empfindung« durch den spontanen und wortlosen Liebesakt mit der Botschaftsangestellten dargestellt wird.

Doch die Begegnung und Vereinigung mit der Fremden führt Loser nicht in eine neue Geschichte, sie leitet ihn zurück in eine bereits erlebte und dies in einem doppelten Sinn. Loser besucht seine Mutter, die in einem Heim wohnt, er sieht eine Frau, die an der Grenze von Wahn und Wirklichkeit lebt, und bei ihrem Anblick befallen ihn zugleich die Obsessionen des drohenden Vaters. Sie werden hier nicht anders als in der »Lehre der Sainte-Victoire« und mit deutlichem autobiographischen Bezug auf den Autor mit dem Bild des kalten Deutschland, dem unverjährbaren »Nichts« verbunden (CS 219–221).

Erst nach diesem Rückweg in die eigene Vergangenheit wird Loser frei für eine Rekonstruktion, für ein neues Leben, das zum Nachleben eines Vorbilds wird. Seine Fahrt zum Geburtsort Vergils ist auch eine zum Geburtsort des Erzählers Loser. Die neue Geschichte, die für ihn in Italien beginnt, ist jener seines Erfinders eng verwandt. Die mythische Rekodierung des eigenen Lebens durch die Reise zum Geburtsort des Vorbild, macht Loser seine Einsamkeit bewußt, die er jetzt als angemessene Lebensform erfahren kann. Was er für sich erkennt, hat sein Erfinder schon vorher lapidar notiert: »Meine Größe: das Alleinsein« heißt es im »Gewicht der Welt« (GW 61). Nur weil Loser weiß, daß er allein sein kann, vermag er im Haus seiner Familie und unter dem Zeichen des Lorbeerbaums eine Szene glücklicher Eintracht zu erleben, nur deshalb vermag er sich auch als Erzähler zu behaupten, der dem Sohn die eigene Geschichte berichtet. Sein Vermögen des Erzählens erwächst wie das Bewußtsein der Einsamkeit aus einer lebensgeschichtlich bedeutsamen Nachfolge. Die »Geschichte des Bleistifts« bestätigt, daß diese Idee der Nachfolge, die er verwirklicht, für seinen Erfinder Voraussetzung ästhetischer Produktion ist; auch Loser wird ein »Meister der Wiederholung«.

So wird die mythische Rekodierung der Geschichte Losers, die zugleich eine ästhetische ist, aus dem Prozeß der Ontogenese entwickelt. Es wiederholt sich eine Konstellation, die in der »Lehre der Sainte-Victoire« vorgezeichnet ist, in der Phantasie und Gedächtnis, ästhetische Phantasien und lebensgeschichtliche Signifikanten aufeinander bezogen werden. Daß der Ursprungsort des Selbst und seine Genese der Ursprung aller ästhetischen Phantasien ist, wird auch in Losers Geschichte deutlich. Der Erzähler sieht sich in seinem Sohn wieder, er geht in Gedanken seine eigene Entwicklung zurück und phantasiert sich so ein anderes Leben. Als Lehrer spricht er schließlich über die Bedeutung des griechischen ›Lalein‹, das Bezeichnung unartikulierten Sprechens ist, Hinweis auf den Ursprung des Menschen, aber zugleich etymologisch verwandt dem dichterischen Wort ›Lalle‹, für die Beschreibung eines Naturgegenstandes (CS 231). Auch so werden die Gesetze des Ursprungs und die Bilder des Ästhetischen aufeinander bezogen.

Manches spricht dafür, daß der »Epilog« nicht ein Schlußwort ist, sondern vielmehr abbildet, was Loser wie sein Autor als Erzähler zu erreichen suchen. Nicht ohne Grund steht im Zentrum des Bildes, das er beschreibt, wieder eine Brücke, schildern die erzählten Szenen Situationen des Heimkommens, die zugleich als Ankommen und Heimkehren erscheinen. »Jenseits der Brücke sind die Passanten sozusagen schon angekommen in ihrem Heimbereich [...]« (CS 250). Der Erzähler, auf den die Signifikanten der Brückenbohlen weisen, wandelt sich zum Brückensteher, der nur Beobachter ist, »Ich warte« und »Ich bin« sind die Sätze, die er über sich weiß. Und es verwundert nicht, daß er ein »ungebräuchliches Wort für die Tätigkeit des Wassers, der Bäume, des Winds, der Brücke« findet: »sie walten« (CS 252).

Der Epilog ist nicht Abschluß des Romans und nicht Beschreibung des Erzählens, sondern Vorstellung des einzig möglichen Erzählens selbst, ist jenes Zurücktreten hinter die Dinge, das den Kanal »Ruhe, Verschmitztheit, Verschwiegenheit, Feierlichkeit, Langsamkeit und Geduld« ausströmen läßt (CS 255). Am Ende einer Geschichte, die um eine Handlung zentriert scheint, steht das Bild eines Erzählers, der »die Schwelle« selbst ist (CS 242) und deshalb weder Anfang noch Ende noch Entwicklungen von Geschichten beschreiben, sondern allein ein »Innewerden« abbilden und wiederholen will (PW 40). Allerdings ist dies nur aus der Erfahrung des Schmerzes möglich. Der Mann, der zu lächeln scheint und doch nur seinen Schmerz unterdrückt, ist der Held dieser Geschichte. Der »Chinese des Schmerzes« ist der Erzähler selbst, »endlich ein chinesisches Gesicht unter all den Einheimischen« (CS 218).

So steht neben der Apotheose der Kunst, welche »Über die Dörfer« entwirft, und dem Mythos der Autorschaft, den die »Lehre der Sainte-Victoire« erzählt, die Apotheose des Erzählers, dessen Vermögen, ins Innere der Sprache zu gehen (GB 182), eine Geschichte zur Voraussetzung hat, die erlebt werden muß, ohne daß sie als Gegenstand des Erzählens noch von Bedeutung wäre.

»Peter Handke und seine Kritiker – das ist die Geschichte von
Mißverständnissen und Verkennungen, von gläubiger Anhänger-
schaft und diffamierender Bekämpfung, von überraschenden Kon-
versionen und Apostasien« (TK 4; 116) bemerkt Rolf Michaelis in
einem Überblick über die Handkekritik. Sein Aufsatz gehört selbst
der Geschichte dieser Auseinandersetzung an, denn er ist in der
vierten Auflage des Hefts 24/24a von »Text und Kritik« abgedruckt.
Während die ersten beiden Auflagen dieses Heftes in den Jahren
1969–71 bis auf eine zustimmende Analyse des »Kaspar« durch
Hans Mayer (TK 2; 32–44) nur Verurteilungen von dessen Texten
enthalten, hat sich das Bild 1978 entscheidend gewandelt. Nicht
anders sieht es aus, wenn man den 1972 erschienenen Materialien-
band von Michael Scharang »Über Peter Handke« betrachtet. Die
dort abgedruckte Kontroverse zwischen Peter Hamm und Peter
Handke, die im Jahr 1969 in der Zeitschrift »konkret« geführt wurde
und bei welcher die Position von »konkret« kaum anders ist als jene,
die Martin Walser im »Kursbuch« von 1970 vertritt, kann als Paradigma für den Stil und die Inhalte einer Auseinandersetzung angesehen werden, über welche die kritische Einleitung des Herausgebers
ausführt: »Handke ist kein Symptom, symptomatisch ist das Verhalten jener Kritik, die ihn als positives oder negatives Symptom
hinstellt« (ÜH 11).

Daß die fortschrittlichen wie die konservativen Kritiker Handkes
dabei gleichermaßen einem Mißverständnis verfielen, zeigte sich
sehr schnell (ÜH 116). Michaelis' Hinweis auf die unterschiedlichen
Bewertungsansätze von Christian Schultz-Gerstein im »Hessischen
Rundfunk« und Friedrich Torberg in der »Welt« macht deutlich,
daß die Kontroverse der Kritik nicht nur ästhetisch motiviert ist,
sondern einer politischen Auseinandersetzung angehört (TK 4;
115), die nach den angemessenen ästhetischen Kategorien sucht.
Überdies entzündet sich die Breitenwirkung der Kritik auch an
einem Mythos von Handkes Beginn in Princeton, dessen Darstellung in den Medien nicht dem tatsächlichen Sachverhalt entsprach
(TK 4; 117/8). Die in Scharangs Buch versammelten Einzelanalysen
verzeichnen dementsprechend widerstreitende Bewertungen und
Deutungen, die das Spektrum der Urteile zumindest in Umrissen
erkennen lassen.

Neben den widersprüchlichen Positionen der Kritiker sticht freilich auch die Veränderung in den Einstellungen einzelner Rezensen-

ten zu Handke hervor. Beispielsweise kommen sowohl Peter Hamm, wie auch Michael Schneider, die sich ursprünglich in der Haltung gegen Handke einig scheinen, sich später über dessen Beurteilung entzweien, schließlich, wenn auch am Beispiel verschiedener Texte, zu einer befürwortenden Haltung zu Handkes Schreiben (TK 4; 122–4).

Mit Recht muß man sich die Frage stellen, ob diese auffällige Wandlung, die nur ein Beispiel für andere Wendungen einzelner Handkekritiker nach der einen oder anderen Richtung gibt, auf einer Veränderung der literaturkritischen Normen, einer Wandlung der politischen Voraussetzungen von Literaturkritik, oder aber auf der Entwicklung von Handkes Werk gründet.

Rolf Michaelis, der an keiner Stelle Handkes Schreibweise in Frage stellt, weist mit guten Gründen darauf hin, daß die Formel vom »Überläufer«, die Peter Hamm gegen Hellmuth Karasek ins Feld führt, in der Tat in signifikanter Weise das »Cliquendenken« der Kritik und der literaturtheoretischen Schulen deutlich macht, »auf das Handkes Werke in den sechziger Jahren stießen« (TK 4; 122) – und er spricht an diesem Beispiel nicht nur die »Barriere ideologischer, materialistisch-marxistischer Kritik« und die »bohrende, enervierende Energie von Handkes Sprache und Denken« (TK 4; 122) an, sondern auch beiläufig den Neid, der das »Lieblingskind« der Kritik trifft (TK 4; 116). Diesen Punkt bewertet ebenfalls Scharang im Zusammenhang der ideologischen Kontroverse um Handke, für ihn ist klar, daß der Sachverhalt des literarischen Erfolges Handke schon sehr schnell als »eine suspekte Figur zwischen zwei Lagern« (ÜH 11) erscheinen läßt. Mit Sicherheit hat Handke durch seine fiktionalen Texte wie durch seine literaturtheoretischen Essays die Fixierung der Fronten eher bestärkt als in Zweifel gestellt. So zeigt etwa seine 1968 in der ZEIT veröffentlichte Attacke gegen die Sprache des SDS (ÜH 309; ZEIT vom 6. 12. 1968), daß er selbst mitunter Haltungen einnimmt und stilisiert, die seine Position nicht ausreichend bestimmen. Und wie in seinen literaturtheoretischen Essays baut er schreibend und argumentierend Gegenpositionen auf, die in dieser Form nicht vorhanden sind.

Andererseits verändern sich ohne Zweifel in den Jahren nach 1968 sowohl die literaturkritischen Normen als auch das politische Umfeld der Literaturkritik; es wandeln sich überdies die Texte. Es ist signifikant, daß vor allem »Wunschloses Unglück« eine auffällige Wende im Verhalten der Kritiker ausgelöst hat. Diese beruht nicht allein auf einer von der Kritik konstatierten Öffnung Handkes zu einer realistischen Schreibweise, sondern zugleich auf einem Paradigmenwechsel in der Literatur. Michaelis' Zitat aus dem STERN vom Oktober 1974 »Nun dichten sie wieder« trifft diese Situation. Dabei kann der literarische Wandel der Paradigmen unterschiedlich bewertet werden. Er ist sicher zu einem guten Teil aus einer Enttäuschung jener Hoffnungen zu erklären, welche die Studentenbewegung von 1968 auslöst. Er beruht aber andererseits darauf, daß in Handkes Stücken und Texten zunehmend eine utopische Dimension, der Modellcharakter von Kunst, erkannt und gewürdigt wird (TK 4; 129/130).

Gerade am Beispiel von Michael Schneider läßt sich zeigen, daß vergleichbare Schreibweisen einem Wandel des ästhetischen Urteils unterliegen. Während Schneiders Aufsatz über das »Innenleben des ›Grünen Handke‹« noch von einer »formalistischen Phantasie« (ÜH 96) spricht, von einem neuen Lebensgefühl, das »gesellschaftlich nicht vermittelt, d. h. überhaupt *nicht sozialisierbar*« (ÜH 97) sei und feststellt, Handke kompensiere sein »Desinteresse am ›sozialen Aufbau‹ der ›zweiten Natur‹« durch »deren *Ästhetisierung und Naturalisierung*« (ÜH 99), so nimmt dieser Rezensent eine durchaus kritische Haltung ein. Andererseits konstatiert er nur zwei Jahre später in »das da«, es könne »gerade unsere noch allzu abstrakte und allzu begrifflich Linke von Handkes hochentwickeltem sinnlichen Erkenntnisvermögen viel lernen, wenn er seine Trotzhaltung gegen die Vernunft der politischen Aufklärung endlich ablegen, endlich erwachsen würde« (TK 4; 124; das da 10 [1974] 44/5).

Trotz dieses Wandels in der Kritik lassen sich die Folgen jener ideologischen Kontroversen der Jahre 1968–1974 über Handkes Werk bis heute noch erkennen, allerdings kommt es zu charakteristischen Verschiebungen. Während viele Kritiker in ihren Wertungen zumindest noch verdeckt auf die von Handke selbst ursprünglich ins Spiel gebrachte Alternative von experimentell orientierter und engagierter Literatur zurückgreifen und diese in Variationen fortschreiben, geht Scharang in seinem Vorwort zum 1972 zuerst erschienenen Handke-Sammelband noch einmal mit politischem Engagement auf die Grundproblematik ein. Er hebt darauf ab, daß Handkes literaturtheoretische Programmatik eine Scheinalternative entwickle. Sein Ansatz stimmt dabei mit einem Sachverhalt überein, den eine Untersuchung der programmatischen Essays aus Handkes Sammelband »Ich bin ein Bewohner des Elfenbeinturms« erhellen kann: Als Theoretiker leitet Handke seine Entscheidung gegen die engagierte Literatur aus einer einseitigen Lesart seiner Opponenten Sartre und Brecht her. Für Scharang ist ausschlaggebend, daß die Gegnerschaft dieses Autors gegen die »Beschreibungsliteratur« nur belegt, daß Handke »einen Begriff, der eine literarische, gesellschaftliche und politische Dimension hat«, nämlich den Begriff des

»spätbürgerlichen Realismus« auf eine »literarische Dimension« reduziere (ÜH 12). Für ihn ist »Handkes Denken literarisch«, er sieht den Autor »die historischen Fronten von engagierter und autonomer Kunst« befestigen und folgert: »Die falsche Basis dieses falschen Widerspruchs ist Literatur als Dichtung. Für welche Seite sich einer entscheidet, für reine oder unreine Dichtung, ist gleichgültig« (ÜH 13). Scharangs Haltung zu Handke ist – so sehr ihre Perspektiven und ihr Vokabular zeitgebunden sein mögen – dennoch differenziert. Sie schätzt Handkes literarisches Denken ebenso wie den Sachverhalt, daß jener »literarisch ein Technokrat« ist und formuliert unerschrocken, daß Handke »als solcher doch ein materialistischerer Autor als die idealistischen Weltverbesserer mit linkem background« sei (ÜH 13). Andererseits bewahrt diese Kritik trotzig die Hoffnung auf einen Funktionswandel der Literatur: »Literarisches Denken, implizit theoriefeindlich, ist ein Schwebezustand, man muß sich früher oder später zum theoretischen Denken entscheiden oder für die Irrationalität der Konvention« (ÜH 13).

Während Scharang zu einer zugleich abwägenden, politisch engagierten und sicherlich auch einseitigen Einschätzung von Handkes Werk in der Lage scheint, zeigt die gegenwärtige Handke-Kritik, daß sich die Nachfolger der »fortschrittlichen« und der »konservativen« Handke-Kritik auf eine sonderbare Weise einander anzunähern beginnen, indem sie beide auf Inhalte, Schreibintention und psychische Disposition des Autors abheben. Handke hat es seinen Kritikern insofern leicht gemacht, als er ihnen Sätze zur Verfügung stellt, die, isoliert betrachtet, nur eine zunehmende Privatheit seines Schreibens hervorheben. In einem Gespräch mit Heinz Ludwig Arnold bemerkt er über die »Stunde der wahren Empfindung«: »Unverschämter als in meinem letzten Buch kann ich nicht mehr schreiben, glaube ich: Da ist die Grenze zum bloß Privaten hin erreicht – sonst würde es nur privat werden« (TK 4; 33). Andererseits belegt dasselbe Gespräch, daß Handke gerade auf diesem Weg ein bestimmtes »Lebensgefühl« (TK 4; 35) darstellen will, daß er durchaus die Erzählproblematik bedenkt und den Zusammenhang »zwischen Politik und Privatheit« (TK 4; 38) ernst nimmt. »Als ob die Literatur, die ich mache, nicht auch dazu beitragen könnte, dieses ganze System von Begriffen, von Aktionen mitzubewegen. Als ob die subjektivistische Literatur, die ich mache, nicht auch als Korrektur, als ein Modell von Möglichkeit, Leben darzustellen, akzeptiert werden kann« (TK 4; 39). Es zeigt sich, daß der Autor das Bewußtsein der historischen Differenz, das sich auf Kleists Aufsatz über das Marionettentheater stützt und das seine ersten literaturtheoretischen Essays zentriert, jedem seiner Texte als

Bewegung einprägen will. Weil er der Überzeugung ist, »daß Literatur nur dann verbindlich wird, wenn sie in die äußerste Tiefe des ICH hineingeht« (TK 4; 44) schreibt er Texte, in denen sich die Bewegung der kritischen Selbsterforschung, die zum Moment einer nach außen drängenden Kritik wird, in einer Verbindung zwischen »der äußersten Oberfläche« und »dem äußersten Verbohrten« zur Geltung bringt (TK 4; 44).

An dieser dialektischen Überlegung zeigen sich die Kritiker in der Regel allerdings nicht interessiert. Die ursprünglich politisch motivierte Kritik an der Privatheit und Selbstbezogenheit von Handkes Schreiben wird jetzt zum Vorwurf des Narzißmus, der sich oft moralisierend und manchmal naiv zugleich gegen den Autor selbst richtet. Manfred Durzaks Monographie über »Peter Handke und die deutsche Gegenwartsliteratur« trägt den Untertitel »Narziß auf Abwegen«. Sie ist eine bewußt prononcierte Auseinandersetzung, die Handkes Texte sehr unterschiedlich bewertet. Ihr ist ohne Zweifel anzumerken, daß der Verfasser, wie er selbst darlegt, durch die persönliche Begegnung mit Handke und im Gespräch über dessen literarische Urteile »in gewisser Weise auch den Verlust der philologischen Unschuld« (Durzak 171) erfuhr. Durzak, der Kohuts Theorie des Narzißmus folgt, sieht zwar, daß Handkes Schreiben, das er aus einem »psychischen Defekt« und aus »psychischen Deformationen« herleitet, nicht einfach deren Abbildung ist, sondern auf eine produktive Transformation zielt. Er verfällt jedoch gerade beim Blick auf die »Tetralogie« und die »Journale« jener Verkürzung, die er ursprünglich vermeiden wollte und führt aus, daß die »immer stärker hervorgetretene Unverschämtheit, mit der er sich selbst zum Fixpunkt seiner literarischen Arbeiten gemacht hat, die künstlerische Verarbeitung immer stärker zurücktreten und dafür den psychischen Rohstoff immer stärker hervortreten ließ« (Durzak 30). Gerade in bezug auf die »Stunde der wahren Empfindung« folgt er dabei der psychoanalytischen Deutung Tilmann Mosers, der in seiner Analyse dieses Romans zumindest eine offene Grenze zwischen dem »schlüssigen klinischen Bild« des Borderline-Patienten Keuschnig und seinem Autor suggeriert (Moser 1138).

Peter Hamms Rezension der »Langsamen Heimkehr« in der ZEIT von 1979 formuliert dagegen angesichts des Themenwechsels von Handkes Schreiben zu Recht, daß der – im übrigen eingestandene und reflektierte – Narzißmus Handkes »nicht ernsthaft Gegenstand der Kritik sein« kann (FAL 2; 39) – er konstatiert vielmehr zu Handkes Text: »Neue Wörter für die zeitgenössische Literatur deutscher Sprache: Religion, Metaphysik, Erlösung« (FAL 2; 89). Es ist immerhin bemerkenswert, daß der konservative Kritiker

Marcel Reich-Ranicki einen Monat später diesen Paradigmenwechsel von Handkes Texten mit der Überschrift »Peter Handke und der liebe Gott« bedenkt und etwa die Hälfte seiner Rezension dazu benützt, Handkes literarischen Ruhm aus der Studentenrevolte von 1968 herzuleiten, die »einen vornehmlich emotionalen und intuitiven Untergrund hatte« (FAL 2; 95). In Fortschreibung dieses Vorurteils aus einer zu diesem Zeitpunkt gut zehn Jahre zurückliegenden früheren Kontroverse mißt Reich-Ranicki den Text der »Langsamen Heimkehr« an dem Satz »Die Wahrheit ist konkret« (FAL 2; 97) und deklassiert ihn, nicht ohne ihn noch des Mißbrauchs religiöser Bilder zu bezichtigen, als ein »episches Manifest der baren Innerlichkeit« (FAL 2; 99).

Reich-Ranickis Position ist symptomatisch für den überwiegenden Teil der Zeitschriftenrezensionen, die zwar durchweg auf dezidierte Urteile aus sind, sich aber weder bereit zeigen, den Zusammenhang von Handkes literarischem Werk, noch auch die sich verändernden theoretischen Voraussetzungen seines Schreibens zu reflektieren. Diese Rezensionen markieren in zunehmender Schärfe jene Grenze, welche die Literaturwissenschaft von der auf Aktualität verpflichteten Kritik trennt. Der Vorwurf der Mystifikation, den sich nach Reich-Ranicki auch andere Kritiker zu eigen gemacht haben, trifft im Fall Handkes ein Schreiben, dessen theoretische Fundierung sich immer mehr dem schnellen Zugriff entzieht und das gerade deshalb dem Vorurteil verfällt. Die Subsumption von Handkes »Über die Dörfer« unter dem Titel »Sehnsucht nach Heimat« (SPIEGEL, 1.10.1984) ist nur ein Beispiel für solche Rubrizierungen, die einen Sachverhalt sehen und ihn zugleich schon durch Festlegung in einem vorgegebenen Raster entwerten.

Die fundierten Monographien von Manfred Mixner und Rainer Nägele/Renate Voris, die Handkes Werk in detaillierten Einzeluntersuchungen darstellen, verfallen solchen Verkürzungen nicht, leider reichen beide nur bis ins Jahr 1977 beziehungsweise 1978. Während Mixners Monographie die Prägnanz ihres Zugriffs aus unmittelbarer Kenntnis der österreichischen Literaturszene begründen kann, entwickeln Nägele/Voris Handkes literarische Position nicht nur aus der Analyse einiger entscheidender »Koordinaten der Literatur«, die sie ebenfalls auf die Ansätze des Grazer »Forum Stadtpark« und der »Wiener Gruppe« beziehen. Sie legen, allerdings differenzierter als Durzak, auch klar, daß in Handkes Werk nicht nur die Verarbeitung und Transformation biographischer Daten, sondern »der auffallend starke und in späteren Texten zunehmende Anteil autobiographischer Materialien, von literarischem Interesse« ist (Nägele/Voris 32). Ihre Untersuchung der Romane besticht nicht allein durch treffende Einzelbeobachtungen zur Schreibmotivation Handkes (Nägele/Voris 34), sie zeigt auch eine klare Linie, die im Wechsel der Themen und Schreibweisen die Wendepunkte und die durchlaufenden Entwicklungen in Handkes Prosa herausarbeitet und die sich verändernden Voraussetzungen des Schreibens erfaßt. Gleiches gilt für die Untersuchung der Dramen. Sie befaßt sich besonders mit der widersprüchlichen Beziehung zu Brecht und kann zeigen, daß Handke »keineswegs von einem Nullpunkt ausgeht, sondern von einer Theater- und Dramasituation, in der die Reflexion auf die Problematik der Gattung [...] bereits schon zur Tradition geworden ist« (Nägele/Voris 71/2). Der abschließende Essay, der sich mit der Frage des Verhältnisses von »Engagement und literarischem Experiment« befaßt, so wie es Handkes Reden und programmatische Aufsätze entwerfen, legt klar, daß sich dessen Schreibpraxis nicht nur als »Dekonstruktion vorgegebener Diskurse« auffassen läßt, sondern auch die »Kategorie des Utopischen« entwickelt, wie dies beispielsweise in der Büchner-Preis-Rede deutlich wird. Die Verfasser markieren allerdings als Problem, daß Handkes theoretische Auseinandersetzung mit dem Schreiben in einen »Kult der Unmittelbarkeit« (Nägele/Voris 138) mündet, der, anders als die poetischen Texte, hinter den eigenen Anspruch zurückfällt. Die Monographie von Nägele/Voris und Nägeles spätere Untersuchung zum »Wunschlosen Unglück« (Lützeler 388–402) zielen zudem auf den Sachverhalt, daß die Transformation autobiographischer Daten im Text bereits auf den Entwurf einer Poetologie hinläuft.

Dieser Linie folgt die essayistisch angelegte Studie von Peter Pütz. Sie untersucht im Weg einer Einzelbetrachtung der wichtigsten Texte Handkes die signifikanten Wendemarken in dessen Werk, das nicht nur durch Wechsel und Neuansätze gekennzeichnet ist, sondern für Pütz auch eine Kontinuität erkennen läßt. Sie zeigt sich einerseits als Entfaltung eines erkenntnistheoretischen Programms, das den »angeblich resignierenden Rückzug in die Privatsphäre« als »fundamentale Rückbesinnung auf die erkenntnistheoretische Funktion des Subjekts« (Pütz 1; 8) versteht. Andererseits läßt sich das Werk als Entwurf einer sich fortschreitend komplettierenden Poetologie lesen, in der auf die frühe »Publikumsbeschimpfung« schließlich in »Über die Dörfer« eine »Publikumsermutigung« (Pütz 121) folgt, welche ebenfalls auf die utopische Kraft und die »Allmacht des künstlerischen Scheins« weist (Pütz 122).

Auch die Monographie von Christoph Bartmann, die ihren Titel »Suche nach Zusammenhang« auf jenes Grillparzer-Zitat bezieht, das in der »Lehre der Sainte-Victoire« zitiert wird (Bartmann 1; LSV

100), hebt die Kontinuität in Handkes Werk hervor. Sie zeigt, daß die phänomenologische Schreibweise Handkes (Bartmann 21) Ergebnis eines werkbestimmenden Prozesses ist, in welchem die Kategorie des Zusammenhangs das Thematische und das Strukturelle aufeinander bezieht (Bartmann 167). Deshalb besteht eine unmittelbare Beziehung zwischen der Thematisierung des Sprachlichen und der Problematisierung der Identität (Bartmann 116), darauf hat bereits Volker Bohns Analyse des »Wunschlosen Unglücks« gewiesen (Bohn 368). Der »Modell- und Etüdencharakter« des frühen Werks erscheint als »Ausdruck einer noch nicht zur vollen Entfaltung gekommenen literarischen Produktivität« (Bartmann 36). Doch schon jener »freiwillige Reduktionismus« (Bartmann 47) entwirft den Übergang in einen postreflexiven Zustand, der schließlich von den Texten nach dem »Kurzen Brief« eingelöst wird, in denen sich allmählich ein kontinuierliches Ich als »Dauerhaftigkeit des Bewußtseins« (Bartmann 139) ausbildet. Unter dieser Perspektive erscheint die Reihe der Protagonisten in Handkes Werk als eine »Interpretanten-Reihe«, eine »immer neue Ausgabe einer Vorstellung von sich selbst, die, sobald sie Zeichen ist (in Gestalt eines Helden), schon den nächsten Interpretanten nach sich zieht« (Bartmann 144). Gerade so entfalten Handkes Texte seit dem »Kurzen Brief« eine Formenlehre, die schließlich in der »Lehre der Sainte-Victoire« offen zu einer Poetologie wird (Bartmann 168). Daß der Weg zum »Gesetz« und die »Begierde nach Zusammenhang« (Bartmann 238) spätestens in der »Langsamen Heimkehr« eine Zurückeroberung von Zeiträumen und einer »Kindheitsgeographie« (LH 109) wird, ist die entscheidende weiterführende Perspektive. Sie weist darauf, daß Handkes Schreiben um eine autobiographische Mitte zentriert ist, die in dem Maß deutlich wird, wie sich das poetologische System vervollständigt und die autobiographische Erinnerung sich als Voraussetzung der ästhetischen Imagination zu erkennen gibt.

Zeittafel zu Leben und Werk

1942 in Griffen/Kärnten geboren
1944–1948 Berlin, dann Volksschule in Griffen
1954–1959 Internatsschüler, Besuch des Gymnasiums, die letzten
   drei Jahre in Klagenfurt
1961–1965 Studium der Rechtswissenschaften in Graz
1963–1964 *Die Hornissen* (Graz, Krk/Jugoslawien, Kärnten)
1964–1965 *Sprechstücke* (Graz). Umzug nach Düsseldorf
1963–1966 *Begrüßung des Aufsichtsrats* (Graz, Düsseldorf)
1965–1966 *Der Hausierer* (Graz, Düsseldorf)
   1967 *Kaspar* (Düsseldorf) Gerhart-Hauptmann-Preis
   1968 *Das Mündel will Vormund sein* (Düsseldorf)
1965–1968 *Die Innenwelt der Außenwelt der Innenwelt* (Graz,
   Düsseldorf). Umzug nach Berlin
   1969 *Die Angst des Tormanns beim Elfmeter* (Berlin)
   Quodlibet (Berlin, Basel)
   Umzug nach Paris
1968–1970 *Hörspiele* (Düsseldorf, Berlin, Paris)
   1970 *Chronik der laufenden Ereignisse* (Paris)
   Der Ritt über den Bodensee (Paris)
   1971 *Der kurze Brief zum langen Abschied* (Köln)
   Umzug nach Kronberg
   1972 *Wunschloses Unglück* (Kronberg)
   1973 *Die Unvernünftigen sterben aus* (Kronberg)
   Umzug nach Paris
   Falsche Bewegung (Venedig)
   Büchner-Preis
1972–1974 *Als das Wünschen noch geholfen hat* (Kronberg, Paris)
   1974 *Die Stunde der wahren Empfindung* (Paris)
   1976 *Die linkshändige Frau*. Erzählung (Paris)
1975–1977 *Das Gewicht der Welt. Journal* (Paris)
1978–1979 *Langsame Heimkehr*. Erzählung (Amerika und Europa)
   1979 Umzug nach Österreich
   Kafka-Preis
1976–1978 *Die Geschichte des Bleistifts* (Paris/Amerika/Österreich) ersch. 1982
   1980 *Die Lehre der Sainte-Victoire* (Salzburg)
   Das Ende des Flanierens

1981 *Kindergeschichte* (Salzburg)
Über die Dörfer, Dramatisches Gedicht (Salzburg)
1981–1982 *Phantasien der Wiederholung* (Salzburg) ersch. 1983
1983 *Der Chinese des Schmerzes* (Salzburg)

Siglenverzeichnis

AGS	= Adorno, Gesammelte Schriften
CB	= Cassirer, Die Begriffsform im mythischen Denken
CPF	= Cassirer, Philosophie der symbolischen Formen
CR	= Cassirer, Mythischer, ästhetischer und symbolischer Raum
DU	= Deutschunterricht
DVjS	= Deutsche Vierteljahrsschrift
DG	= Durzak, Gespräche über den Roman
FAL	= Fischer Almanach der Literaturkritik 1, 2, 3
FAZ	= Frankfurter Allgemeine Zeitung
FR	= Frankfurter Rundschau
FUB	= Freiburger Universitätsblätter
GRM	= Germanisch-Romanische Monatsschrift
HA	= Goethe, Werke, Hamburger Ausgabe
HEF	= Heidegger, Aus der Erfahrung des Denkens (= Gesamtausgabe Bd. 13)
HVO	= Heidegger, Vorträge und Aufsätze II
HUN	= Heidegger, Unterwegs zur Sprache
LiLi	= Zeitschrift für Literaturwissenschaft und Linguistik
NDH	= Neue deutsche Hefte
NR	= Neue Rundschau
NZZ	= Neue Züricher Zeitung
SAS	= Sartre, Das Sein und das Nichts
SNA	= Schillers Werke, Nationalausgabe
STW	= Stifter, Werke
SZ	= Süddeutsche Zeitung
TK	= Text und Kritik 1, 2, 3, 4
ÜH	= Über Peter Handke (hrsg. Scharang)
WTL	= Wittgenstein, Tractatus-logico-philosophicus
WPU	= Wittgenstein, Philosophische Untersuchungen
WW	= Wirkendes Wort

1. Primärtexte Peter Handkes

1.1. Werkausgaben

Die Hornissen. Roman, Frankfurt 1966. Lizenzausgabe: Reinbek 1968 (= rororo 1098). Neuausgabe Frankfurt 1978 (= stb 416; vom Autor überarbeitete und leicht gekürzte Ausgabe)

Publikumsbeschimpfung und andere Sprechstücke, Frankfurt 1966 (= es 177)

Der Hausierer. Roman, Frankfurt 1967. Lizenzausgabe: Frankfurt 1970 (= Fischer Taschenbuch 2093)

Begrüßung des Aufsichtsrats. Prosatexte, Salzburg (Residenz) 1967. Neuausgaben: München 1970 (= dtv sonderreihe 87; enthält zusätzlich: Der Einbruch eines Holzfällers in eine friedliche Familie); und: Frankfurt 1981 (= stb 654)

Hilferufe, in: Deutsches Theater der Gegenwart. Bd. II. Frankfurt am Main (Suhrkamp) 1967. Auch in: P. H., Stücke 1, Frankfurt 1972 (= stb 43). Und: P. H. Der Rand der Wörter, Stuttgart 1975 (= Reclams Universal-Bibliothek 9774)

Die Literatur ist romantisch. Aufsatz, Berlin 1967. Auch in: P. H., Prosa, Gedichte, Theaterstücke, Hörspiel, Aufsätze, Frankfurt 1969. Und: P. H., Ich bin ein Bewohner des Elfenbeinturms, Frankfurt 1972 (= stb 56)

Kaspar, Frankfurt am Main 1968 (= es 322). Auch in: Spectaculum XII. Frankfurt am Main (Suhrkamp) 1969. Und: P. H., Stücke 1, Frankfurt 1972 (= stb 43)

Hörspiel, in: wdr-Hörspielbuch 1968, Köln 1968. Auch in: P. H., Wind und Meer. Vier Hörspiele, Frankfurt 1970 (= es 431)

Hörspiel Nr. 2, in: wdr-Hörspielbuch 1969, Köln 1969. Auch in: P. H., Prosa, Gedichte, Theaterstücke, Hörspiele, Aufsätze, Frankfurt 1969. Und: P. H., Wind und Meer. Vier Hörspiele, Frankfurt 1970 (= es 431)

Prosa, Gedichte, Theaterstücke, Hörspiele, Aufsätze, Frankfurt 1969 (= Bücher der Neunzehn)

Die Innenwelt der Außenwelt der Innenwelt, Frankfurt 1969 (= es 307)

Deutsche Gedichte, Frankfurt 1969

Das Umfallen der Kegel von einer bäuerlichen Kegelbahn, in: Der gewöhnliche Schrecken. Horrorgeschichten. Hrsg. von Peter Handke, Salzburg 1969. Lizenzausgabe: München 1971 (= dtv 783). Lizenzausgabe: Das Umfallen der Kegel von einer bäuerlichen Kegelbahn und andere Erzählungen, Zürich und Köln 1971 (= Benziger Broschur). Auch in: P. H., Der Rand der Wörter, Stuttgart 1975 (= Reclams Universal-Bibliothek 9774)

Quodlibet, in: Spectaculum XIII, Frankfurt am Main 1970. Auch in: P. H.,

Stücke 2, Frankfurt 1973 (= stb 101). Und: P. H., Der Rand der Wörter, Stuttgart 1975 (= Reclams Universal-Bibliothek 9774)
Die Angst des Tormanns beim Elfmeter. Erzählung, Frankfurt 1970. Taschenbuchausgabe: Frankfurt 1972 (= stb 27)
Wind und Meer. Vier Hörspiele, Frankfurt 1970 (= es 431)
Der Ritt über den Bodensee, Frankfurt 1970 (= es 509). Auch in: Spectaculum XIV, Frankfurt 1971. Und: P. H., Stücke 2, Frankfurt 1973 (= stb 101)
Chronik der laufenden Ereignisse. Filmbuch, Frankfurt 1971 (= stb 3)
Stücke 1, Frankfurt 1972 (= stb 43)
Der kurze Brief zum langen Abschied. Erzählung, Frankfurt 1972. Taschenbuchausgabe: Frankfurt 1974 (= stb 172)
Wunschloses Unglück. Erzählung, Salzburg 1972. Taschenbuchausgabe: Frankfurt 1975 (= stb 146)
Ich bin ein Bewohner des Elfenbeinturms. Aufsätze, Frankfurt 1972 (= stb 56)
Stücke 2, Frankfurt 1973 (= stb 101)
Die Unvernünftigen sterben aus. Stück, Frankfurt 1973 (= stb 168). Auch in: Spectaculum XX, Frankfurt 1974, S. 131–180
Als das Wünschen noch geholfen hat. Gedichte, Aufsätze, Texte, Fotos, Frankfurt 1974 (= stb 208)
Falsche Bewegung. Filmerzählung, Frankfurt 1975 (= stb 258)
Die Stunde der wahren Empfindung. Erzählung, Frankfurt 1975. Taschenbuchausgabe: Frankfurt 1978 (= stb 452). Neuausgabe: Frankfurt 1982 (= BS 773)
Der Rand der Wörter. Erzählungen, Gedichte, Stücke. Stuttgart 1975 (= Reclams Universal-Bibliothek 9774)
Die linkshändige Frau. Erzählung, Frankfurt 1976. Taschenbuchausgabe: Frankfurt 1981 (= stb 560)
Das Ende des Flanierens. Gedichte. Mit vier handsignierten Original-Linolschnitten von Hermann Gail, Wien 1977. Taschenbuchausgabe: Frankfurt 1980 (= stb 679)
Das Gewicht der Welt. Ein Journal (November 1975 – März 1977), Salzburg 1977. Gekürzte Taschenbuchausgabe: Frankfurt 1979 (= stb 500)
Langsame Heimkehr. Erzählung, Frankfurt 1979. Taschenbuchausgabe: Frankfurt 1984 (= stb 1069)
Der gewöhnliche Schrecken. Horrorgeschichten. Hrsg. von Peter Handke, München 1980 (= dtv 1859)
Die Lehre der Sainte-Victoire, Frankfurt 1980. Taschenbuchausgabe: Frankfurt 1984 (= stb 1070)
Das Ende des Flanierens. Gedichte, Aufsätze, Reden, Rezensionen, Frankfurt 1980 (= stb 679)
Kindergeschichte, Frankfurt 1981. Taschenbuchausgabe: Frankfurt 1984 (= stb 1071)
Über die Dörfer. Dramatisches Gedicht, Frankfurt 1981. Taschenbuchausgabe: Frankfurt 1984 (= stb 1072)
Die Geschichte des Bleistifts, Salzburg 1982

Phantasien der Wiederholung, Frankfurt 1983 (= es NF 168)
Der Chinese des Schmerzes, Frankfurt 1983

Übersetzungen
Walker Percy, Der Kinogeher. Roman, Frankfurt 1980
Florjan Lipus, Der Zögling Tjaz. Roman, Salzburg 1981
Emmanuel Bove, Meine Freunde, Frankfurt 1981
Emmanuel Bove, Armand, Frankfurt 1982
Emmanuel Bove, Bécon-Les-Bruyères, Frankfurt 1984
René Char, Rückkehr stromauf. Gedichte 1964–1975. Deutsch von Peter
  Handke, München/Wien 1984 (= Edition Akzente. Herausgegeben von
  Michael Krüger)

1.2. Benutzte Werkausgaben mit Siglen

Mit Rücksicht auf eine leichtere Benutzbarkeit wird, soweit vorhanden (mit
Ausnahme der Tetralogie »Langsame Heimkehr«), nach den Taschenbu-
chausgaben zitiert: der »Hausierer« nach der bei Fischer verlegten Ausgabe,
die anderen Texte nach den bei Suhrkamp gedruckten Taschenbuchausgaben.
Die Suhrkamp-Taschenbuchausgaben sind mit den Erstdrucken in der Regel
seitengleich. Abweichungen ergeben sich nur da, wo die Erstausgaben im
Residenz-Verlag erschienen sind.
Nicht seitengleich mit den Erstausgaben sind die Taschenbuchausgaben der
»Hornissen« (Frankfurt, 2. vom Autor überarbeitete und gekürzte Ausgabe
1980), des »Wunschlosen Unglücks« und der Tetralogie »Langsame Heimkehr«.
Die Stücke, Hörspiele, Prosatexte, Essays, Feuilletons und Rezensionen
werden ebenso wie die Lyrik, sofern sie in Sammelbände aufgenommen sind,
nach diesen Ausgaben zitiert; die Fassungen in den Sammelbänden sind
mitunter geringfügig vom Autor überarbeitet.
Das »Gewicht der Welt« wird nach der ungekürzten Erstausgabe zitiert.

1.2.1. Stücke, Hörspiele

St 1	= Stücke 1, Frankfurt 1972 (= stb 1972). Enthält: Publikumsbe-schimpfung, Weissagung, Selbstbezichtigung, Hilferufe, Kaspar
St 2	= Stücke 2, Frankfurt 1973 (= stb 101). Enthält: Das Mündel will Vormund sein, Quodlibet, Der Ritt über den Bodensee
WM	= Wind und Meer. Vier Hörspiele, Frankfurt 1970 (= es 431)
U	= Die Unvernünftigen sterben aus. Stück, Frankfurt 1973 (= stb 168)
ÜD	= Über die Dörfer. Dramatisches Gedicht, Frankfurt 1981

1.2.2. Lyrik, Essay, Kurzprosa, Feuilleton, Kritik

IAI	= Die Innenwelt der Außenwelt der Innenwelt, Frankfurt 1969 (= es 307)

E	= Ich bin ein Bewohner des Elfenbeinturms, Frankfurt 1972 (= stb 43)
W	= Als das Wünschen noch geholfen hat, Frankfurt 1974 (= stb 208)
EF	= Das Ende des Flanierens, Frankfurt 1980 (= stb 679)
BA	= Begrüßung des Aufsichtsrats, Frankfurt 1981 (= stb 654)

1.2.3. Verfilmung, Drehbuch

CLE	= Chronik der laufenden Ereignisse, Frankfurt 1971 (= stb 3)
FB	= Falsche Bewegung, Frankfurt 1975 (= stb 258)

1.2.4. Erzählende Texte

HO	= Die Hornissen. Roman, Frankfurt 1978 (= stb 416)
H	= Der Hausierer. Roman, Frankfurt 1970 (= Fischer Taschenbuch 2093)
T	= Die Angst des Tormanns beim Elfmeter, Frankfurt 1972 (= stb 27)
KB	= Der kurze Brief zum langen Abschied, Frankfurt 1974 (= stb 172)
WU	= Wunschloses Unglück. Erzählung, Frankfurt 1975 (= stb 146)
SE	= Die Stunde der wahren Empfindung, Frankfurt 1978 (= stb 452)
LF	= Die linkshändige Frau. Erzählung, Frankfurt 1981 (= stb 560)
LH	= Langsame Heimkehr. Erzählung, Frankfurt 1979
LSV	= Die Lehre der Sainte-Victoire, Frankfurt 1970
KG	= Kindergeschichte, Frankfurt 1981
CS	= Der Chinese des Schmerzes, Frankfurt 1983

1.2.5. Journale, Aufzeichnungen

GW	= Das Gewicht der Welt. Ein Journal (November 1975–März 1977), Salzburg 1977
GB	= Die Geschichte des Bleistifts, Salzburg und Wien 1982
PW	= Phantasien der Wiederholung, Frankfurt 1983 (= es NF 168)

2. Sonstige Primärtexte

Bachmann, Ingeborg: Der Fall Franza. Requiem für Fanny Goldmann, Frankfurt [3]1984 (= dtv 1705)

Cézanne, Paul: Über die Kunst. Gespräche mit Gasquet. Briefe. Mit einem Essay »Zum Verständnis der Texte« und einer Bibliographie herausgegeben von Walter Hess, Mittenwald 1980

Goethe, Johann Wolfgang: Werke (= Hamburger Ausgabe in 14 Bänden). Herausgegeben von Erich Trunz. Zwölfte neubearbeitete Ausgabe, München 1981

Heidegger, Martin: Unterwegs zur Sprache, Vierte Auflage Pfullingen 1971

Heidegger, Martin: Vorträge und Aufsätze. Teil II, Dritte Auflage Pfullingen 1967

Heidegger, Martin: Aus der Erfahrung des Denkens, hrsg. v. Hermann Heidegger, Frankfurt 1983 (= M. H., Gesamtausgabe. I. Abteilung: Veröffentlichte Schriften 1910–1976, Band 13)

Hohl, Ludwig: Die Notizen oder Von der unvoreiligen Versöhnung, Frankfurt 1981

Lukrez, Über die Natur der Dinge. Lateinisch und deutsch von Josef Martin, Berlin 1972 (= Schriften und Quellen der Alten Welt. Hrsg. v. Zentralinstitut für Alte Geschichte und Archäologie der Akademie der Wissenschaften der DDR Band 32)

Novalis Schriften. Die Werke Friedrichs von Hardenbergs, hrsg. v. Paul Kluckhohn und Richard Samuel. Zweite, nach den Handschriften ergänzte, erweiterte und verbesserte Auflage in vier Bänden und einem Begleitband, Darmstadt 1962

Pindar. Siegesgesänge und Fragmente. Griechisch und deutsch herausgegeben und übersetzt von Oskar Werner, München o. J. (= Tusculum Bücher. Herausgegeben von H. Färber und M. Faltner)

Runge, Philipp Otto: Schriften, Fragmente, Briefe. Unter Zugrundelegung der von Daniel Runge herausgegebenen hinterlassenen Schriften besorgt von Ernst Forsthoff, Berlin 1938

Sartre, Jean-Paul: Das Sein und das Nichts. Versuch einer phänomenologischen Ontologie. Erste vollständige deutsche Ausgabe, Hamburg 1962

Schillers Werke. Nationalausgabe. Im Auftrag des Goethe- und Schiller-Archivs und des Schiller-Nationalmuseums herausgegeben von Julius Petersen und Gerhard Fricke, Weimar 1943 ff.

Stifter, Adalbert: Sämtliche Werke. (Histor.-krit. Ausgabe) hrsg. v. August Sauer, Reichenberg 1904–1939

Trakl, Georg: Dichtungen und Briefe. Histor.-krit. Ausgabe, hrsg. von Walter Killy und Hans Szklenar, 2 Bde, Salzburg 1969

Vauvenargues, Oeuvres. Publié avec le concours du Centre National des Lettres, Paris: Garnier-Flammarion 1981

Vergil, Landleben. Bucolica. Georgica. Catalepton ed. Johannes und Maria Götte. Vergil-Viten ed. Karl Bayer. Lateinisch und deutsch, Würzburg Neuausgabe 1970

Wittgenstein, Ludwig: Tractatus logico-philosophicus. Logisch-philosophische Abhandlungen, Frankfurt [12]1977 (es 12)

Wittgenstein, Ludwig: Philosophische Untersuchungen, Frankfurt 1977 (= stw 203)

3. Sekundärliteratur

3.1. Allgemein

Adorno, Theodor W.: Gesammelte Schriften. Herausgegeben von Gretl Adorno und Rolf Tiedemann, Frankfurt 1970 ff

Beicken, Peter: »Neue Subjektivität«: Zur Prosa der siebziger Jahre, in: Lützeler, Paul Michael/Schwarz, Egon (Hrsg.): Deutsche Literatur in der Bundesrepublik seit 1965. Untersuchungen und Berichte, Königstein 1980, S. 164–181

Bohrer, Karl Heinz: Plötzlichkeit. Zum Augenblick des ästhetischen Scheins, Frankfurt 1981 (= es 1058)

Cassirer, Ernst: Die Begriffsform im mythischen Denken, Leipzig/Berlin 1922 (= Studien der Bibliothek Warburg, hrsg. v. Fritz Saxl)

Cassirer, Ernst: Mythischer, ästhetischer und theoretischer Raum, in: Ritter, Alexander (Hrsg.): Landschaft und Raum in der Erzählkunst, Darmstadt 1975 (= Wege der Forschung Bd. 418) S. 17–35

Cassirer, Ernst: Philosophie der symbolischen Formen. Zweiter Teil: Das mythische Denken, Berlin 1925

Conrad, Klaus: Die beginnende Schizophrenie. Versuch einer Gestaltanalyse des Wahns, Stuttgart [2]1966

Drews, Jörg: Die Entwicklung der westdeutschen Literaturkritik seit 1965, in: Lützeler/Schwarz (Hrsg.) a.a.O. S. 258–269

Durzak, Manfred (Hrsg.): Die deutsche Literatur der Gegenwart. Aspekte und Tendenzen, Stuttgart [3]1981

Durzak, Manfred: Der deutsche Roman der Gegenwart, Stuttgart [2]1973

Eliade, Mircea: Die Sehnsucht nach dem Ursprung. Von den Quellen der Humanität, Wien 1973

Enzensberger, Hans Magnus: Gemeinplätze, die neueste Literatur betreffend, in: Kursbuch 15 (1968) S. 187–197

Fischer Almanach der Literaturkritik, hrsg. v. Andreas Werner 1978/79, Frankfurt 1980; 1979, Frankfurt 1980; 1980/81, Frankfurt 1981 (= FAL 1, 2, 3)

Freud, Sigmund: Studienausgabe (SA). Siebte, korrigierte Ausgabe, Frankfurt 1969 (= Conditio humana. Ergebnisse aus den Wissenschaften vom Menschen)

Greiner, Ulrich: Der Tod des Nachsommers. Aufsätze, Porträts, Kritiken zur österreichischen Gegenwartsliteratur, München/Wien 1979

Hoffmann, Gerhard: Raum, Situation, erzählte Wirklichkeit. Poetologische und historische Studien zum englischen und amerikanischen Roman, Stuttgart 1978

Koebner, Thomas: Die zeitgenössische Prosa II: Erfahrungssuche des Ich. Perspektiven des Erzählens seit 1968, in: Th. K., Tendenzen der deutschen Gegenwartsliteratur, Stuttgart 2., neuverfaßte Auflage 1984 (= Kröner Tb 405) S. 215–250

Krechel, Ursula: Leben in Anführungszeichen. Das »Authentische« in der gegenwärtigen Literatur, in: Literaturmagazin 11 (1979) S. 80–107

Kreuzer, Helmut: Zur Literatur der siebziger Jahre in der Bundesrepublik, in: Basis. Jahrbuch für deutsche Gegenwartsliteratur, hrsg. v. Reinhold Grimm und Jost Hermand 8 (1978) S. 7–32

Kurz, Paul Konrad: Über moderne Literatur VII, Frankfurt 1980

Lacan, Jacques: Schriften Bd. I und Bd. II, hrsg. v. Norbert Haas, Olten und Freiburg 1973–1975

Lacan, Jacques: Schriften III, aus dem Französischen von Norbert Haas, Franz Kaltenbeck, Friedrich A. Kittler, Hans-Joachim Metzger, Monika Metzger und Ursula Rütt-Förster, Olten und Freiburg 1980

Laemmle, Peter: Von der Außenwelt zur Innenwelt. Das Ende der deutschen Nachkriegsliteratur. Peter Handke und die Folgen, in: Heinz Ludwig Arnold u. a., Positionen im deutschen Roman der sechziger Jahre, München 1974, S. 147–170

Lévi-Strauss, Claude: Strukturale Anthropologie I, übersetzt von Hans Neumann, Frankfurt 1976 (= stw 226)

Lévi-Strauss, Claude: Das wilde Denken, Frankfurt ²1977 (= stw 14)

Loch, Wolfgang: Zur Theorie, Technik und Therapie der Psychoanalyse, Frankfurt. Zweite korrigierte Auflage 1976 (= Conditio humana. Ergebnisse aus den Wissenschaften vom Menschen)

Lüdke, W. Martin (Hrsg.): »Theorie der Avantgarde«. Antworten auf Peter Bürgers Bestimmung von Kunst und bürgerlicher Gesellschaft, Frankfurt 1976 (= es 285)

Lüdke, W. Martin (Hrsg.): Nach dem Protest. Literatur im Umbruch, Frankfurt 1979 (= es 964)

Mauron, Charles: Des métaphores obsédantes au mythe personnel. Introduction à la Psychocritique, Paris 1962 (= Mauron 1)

Mauron, Charles: Die Psychokritik und ihre Methode (La psychocritique et sa méthode) in: orb. litt. Kopenhagen 1958, Suppl. II, S. 104–116) (= Mauron 2)

Michel, Karl Markus: Die sprachlose Intelligenz, in: Kursbuch 1 (1965) S. 73–119, Kursbuch 4 (1966) S. 161–212, Kursbuch 9 (1967) S. 200–226

Neumann, Gerhard: Umkehrung und Ablenkung: Franz Kafkas »Gleitendes Paradox«, in: DVjS 42 (1968) SH, S. 702–744

Priessnitz, Reinhard/*Rausch,* Mechthild: tribut an die tradition/aspekte einer postexperimentellen literatur, in: Drews, Jörg/Lämmle, Peter (Hrsg.): Wie die Grazer auszogen, die Literatur zu erobern, Texte, Porträts, Analysen und Dokumente junger österreichischer Autoren, München 1975, S. 119–149

Ritter, Joachim: Landschaft. Zur Funktion des Ästhetischen in der modernen Gesellschaft, in: J. R., Subjektivität. Sechs Aufsätze, Frankfurt 1974, S. 141–190

Ritter, Roman: Die »neue Innerlichkeit« – von innen und außen betrachtet (Karin Struck, Peter Handke, Rolf Dieter Brinkmann). in: Timm, Uwe/Fuchs, Gerd (Hrsg.): Kontext. Literatur und Wirklichkeit 1 (1976) München, S. 238–257

Roberts, David: Tendenzwenden. Die sechziger und siebziger Jahre in literaturhistorischer Perspektive, in: DVjS 56 (1982) S. 290–313

Rutschky, Michael: Erfahrungshunger. Ein Essay über die siebziger Jahre, Köln 1980

Savigny, Eike v.: Die Philosophie der normalen Sprache. Eine kritische Einführung in die »ordinary language philosophy«, Frankfurt 1969

Schneider, Michael: Die lange Wut zum langen Marsch. Aufsätze zur sozialistischen Politik und Literatur, Reinbeck 1975

Walser, Martin: Über die neueste Stimmung im Westen, in: Kursbuch 20 (1970) S. 19–41

Zeller, Michael (Hrsg.): Ausbrüche. Abschiede. Studien zur deutschen Literatur seit 1968, Stuttgart 1979

3.2. Zu Peter Handke

3.2.1. Monographien und übergreifend angelegte Darstellungen

Bartmann, Christoph: Suche nach Zusammenhang. Handkes Werk als Prozeß, Wien 1984

Durzak, Manfred: Peter Handke und die deutsche Gegenwartsliteratur. Narziß auf Abwegen, Stuttgart 1982

Durzak, Manfred: Peter Handke, in: M. D., Der deutsche Roman der Gegenwart, Stuttgart ³1973, S. 333–359

Falkenstein, Henning: Peter Handke, Berlin 1974

Gabriel, Norbert: Peter Handke und Österreich, Bonn 1983 (= Abhandlungen zur Kunst-, Musik- und Literaturwissenschaft Band 334)

Heintz, Günter: Peter Handke (= Der Deutschunterricht, Beiheft II zu Jahrgang 23 [1971] Stuttgart 1971

vom Hofe, Gerhard/*Pfaff*, Peter: Peter Handkes weltliche Heilsgeschichte, in: dies.: Das Elend des Polyphem. Zum Thema der Subjektivität bei Thomas Bernhard, Peter Handke, Wolfgang Koeppen und Botho Strauß, Frankfurt 1980, S. 59–92

Jacobs, Jürgen: Peter Handke, in: Deutsche Literatur der Gegenwart in Einzeldarstellungen, Bd. 2, Hg. von Dietrich Weber Stuttgart 1977, S. 152–179

Mixner, Manfred: Peter Handke, Kronberg 1977 (= Athenäum Taschenbücher 2131)

Nägele, Rainer/*Voris*, Renate: Peter Handke, München (Beck/edition text + kritik) 1978 (= Autorenbücher 8)

Pütz, Peter: Peter Handke, Frankfurt 1982 (= stb 854) (= Pütz 1)

Pütz, Peter: Peter Handke, in: Kritisches Lexikon der Gegenwartsliteratur, hrsg. v. Heinz Ludwig Arnold, Loseblattausgabe 1978 ff (Stand 1. 4. 1984) (= Pütz 2)

Pütz, Peter: Peter Handke, in: Deutsche Dichter der Gegenwart, Hrsg. von Benno von Wiese, Berlin 1973, S. 662–675 (= Pütz 3)

Rischbieter, Henning: Peter Handke, Velber 1972

Schultz, Uwe: Peter Handke. (= Dramatiker des Welttheaters) 2., auf den neuesten Stand gebrachte Aufl. Velber 1974

Sergooris, Gunther: Peter Handke und die Sprache, Bonn 1979 (= Abhandlungen zur Kunst-, Musik- und Literaturwissenschaft Bd. 270)

Thornton, Thomas K.: Die Thematik von Selbstauslöschung und Selbstbewahrung in den Werken von Peter Handke, Frankfurt/Bern/New York 1983 (= Europäische Hochschulschriften Reihe I. Deutsche Sprache und Literatur, Band 659)

Thuswaldner, Werner: Sprachexperiment und Darbietungsexperiment bei Peter Handke, Salzburg 1976

Wellershoff, Irene: Innen und Außen. Wahrnehmung und Vorstellung bei Alain Robbe-Grillet und Peter Handke, München 1980

3.2.2. Sammelbände mit Aufsätzen, Essays und Rezensionen

Arnold, Heinz Ludwig (Hrsg.): Peter Handke. Text + Kritik, 1969, H. 24. (Mit Beiträgen von Heinz Ludwig Arnold, Peter Handke, Lothar Baier, Helmut Heißenbüttel, Uwe Schultz, Hans Mayer, Klaus Stiller, Jörg Drews, Peter Schumann; ausführliche chronologische Bibliographie von Harald Müller). 2. rev. Auflage 1971, H. 24/24a. (mit neuen Beiträgen von Heinz Ludwig Arnold und Stephan Reinhardt; ausführliche Bibliographie von Harald Müller). 3. erneuerte Auflage 1976, H. 24/24a. (mit neuen Beiträgen von Peter Handke, Heinz Ludwig Arnold, Gustav Zürcher, Michael Buselmeier, Heinz F. Schafroth, Uwe Schultz, Walter Helmut Fritz, Rolf Michaelis; ausführliche Bibliographie von Harald Müller und Winfried Hönes); 4. ergänzte Auflage 1978, H. 24/24 a. (mit neuen Beiträgen von Helmut Schmiedt und Peter Pütz; Nachtrag zur Bibliographie) (= T + K 1, 2, 3)

Fellinger, Raimund (Hrsg.): Peter Handke, Frankfurt 1984 (= suhrkamp taschenbuch materialien 2004) [bei Drucklegung dieses Bandes noch nicht erschienen]

Honsza, Norbert (Hrsg.): Zu Peter Handke. Zwischen Experiment und Tradition, Stuttgart 1982

Jurgensen, Manfred (Hrsg.): Handke. Ansätze, Analysen, Anmerkungen, Bern, München 1979 (= Queensland Studies in German Language and Literature Bd. 7; mit Beiträgen von Peter Horn, Bernd Hüppauf, Manfred Jurgensen, Astrid v. Kotze, Sigrid Mayer, John Milfull, Gunther Pakendorf, David Roberts) (= Jurgensen 1)

Scharang, Michael (Hrsg.): Über Peter Handke, Frankfurt 1972, ³1977. (= es 518) (Mit Beiträgen von: J. Becker, H. Vormweg, W. Weber, H. Plavius, H. Scheffel, H. Chr. Buch, H. Gamper, K. H. Bohrer, R. Grimm, R. Baumgart, K. Stiller, H.-H. Henschen, H. R. Blum, H. Karasek, M. Schneider, A. Schmidt, G. Rühle, R. Krämer-Badoni, W. Ignée, A. Schulze Vellinghausen, F. Wendt, P. Iden, R. Litten, P. Hamm, R. Michaelis, M. Springer, P. Laemmle, H. Rubinstein, K. Hoffer, J. Zeller, L. Holzinger, H. L. Arnold, M. Blanke, H. Gamper, P. Handke, P. Matejka, M. Chobot, H. Trummer, W. Werth; ausführliche Bibliographie von Harald Müller) (= ÜH)

3.2.3. Gespräche und Interviews

Arnold, Heinz Ludwig: Gespräch mit Peter Handke, in: Text und Kritik, H. 24/24a, 4., ergänzte Auflage 1978, S. 22–44

Bloch, Peter André/*Schneller,* Alexander Jon: Peter Handke (Gespräch), in: P.A.B. (Hrsg.), Der Schriftsteller und sein Verhältnis zur Sprache, dargestellt am Problem der Tempuswahl. Eine Dokumentation zur Sprache und Literatur der Gegenwart, Bern/München 1971, S. 170–178

Blum, Heiko R.: Gespräch mit Peter Handke, in: Scharang, Michael (Hrsg.): Über Peter Handke, Frankfurt 1972 (= es 518) S. 79–84

Durzak, Manfred: Für mich ist Literatur auch eine Lebenshaltung. Gespräch mit Peter Handke, in: M. D., Gespräche über den Roman. Formbestimmungen und Analysen, Frankfurt 1976 (= stb 318) S. 314–343

Hölzle, Peter/*Janowskis,* Hans Norbert: Ins Leere erzählen. Gespräch mit dem Schriftsteller Peter Handke, in: Evangelische Kommentare. Monatsschrift zum Zeitgeschehen in Kirche und Gesellschaft 16 (1983) H. 12, S. 675–678

Karasek, Hellmuth: Ohne zu verallgemeinern. Ein Gespräch mit Peter Handke, in: Scharang, a.a.O., S. 85–90

Linder, Christian: Die Ausbeutung des Bewußtseins. Gespräch mit Peter Handke, in: Ch. L., Schreiben & Leben, Köln 1974 (= pocket 40) S. 33–45

Schultz-Gerstein, Christian: Erinnerungen für die Zukunft. Ein Gespräch mit dem diesjährigen Büchnerpreisträger Peter Handke, in: Die Zeit, 19. 10. 1973

3.2.4. Aufsätze, Essays und Rezensionen zu einzelnen Texten (sofern aus dem Titel nicht ersichtlich, markieren die nachstehenden Siglen, welche Texte Handkes jeweils behandelt werden)

Améry, Jean: Grundloser Ekel. Marginales zu Peter Handkes neuem Buch »Die Stunde der wahren Empfindung«, in Merkur 29 (1975) S. 468–471

Angermeyer, Hans Christoph: Zuschauer im Drama. Brecht, Dürrenmatt, Handke, Frankfurt 1971

Anz, Thomas: Steif und weihevoll. Peter Handkes ›Kindergeschichte‹, in: FAZ, 21. 3. 1981

Anz, Thomas: Die neue Überheblichkeit, in: FAZ, 17. 4. 1982 (ÜD)

Anz, Thomas: An die Menschheit, in: FAZ, 6. 11. 1982 (GB)

Anz, Thomas: Der lächerliche Prophet, in: FAZ, 22. 10. 1983 (PW)

Arnold, Heinz Ludwig: Ein Wunsch nach Glück, in: Deutsches Allgemeines Sonntagsblatt, 10. 10. 1976 (LF)

Arnold, Heinz Ludwig: Offen für den Ansturm der Außenwelt, in: Vorwärts, 27. 10. 1977 (GW)

Arnold, Heinz Ludwig: Peter Handkes Erzählung ›Langsame Heimkehr‹. Rückzug aus der Wirklichkeit, in: Deutsches Allgemeines Sonntagsblatt, 21. 10. 1979

Bachmann, Claus-Henning: Der Traum vom geretteten Land, in: Basler Zeitung, 12. 8. 1983 (ÜD)

Bannert, Herbert: Peter Handke und die Ewigkeit, in: NZZ, 10. 12. 1982 (LH)

Batt, Kurt: Leben im Zitat. Notizen zu Peter Handke, in: K. B., Revolte intern. Betrachtungen zur Literatur in der Bundesrepublik Deutschland, München 1975, S. 208–227

Baier, Lothar: Vom Eintritt ins Heldenleben, in: FAZ, 21. 3. 1981 (KB)

Baumgart, Reinhard: Ein Lebenslauf, ein Todessturz. Wie Peter Handke die Geschichte seiner Mutter aufschreibt, in: SZ, 27. 9. 1972 (WU)

Baumgart, Reinhard: Erst Zeichen, dann Wunder. Eine wilde Reprise? Peter Handkes neue Erzählung »Die Stunde der wahren Empfindung«, in: Die Zeit, 21. 3. 1975

Baumgart, Reinhard: Stille über zitterndem Boden, in: SZ, 16./17. 10. 1976 (LF)

Baumgart, Reinhard: Dichter in dürftiger Zeit, in: FAZ, 15. 10. 1983 (CS)

Bauschmid, Elisabeth: Wegzeichen in eine Utopie, in: SZ, 28. 2./1. 3. 1981 (KG)

Becker, Jürgen: ›Hörspiel‹ von Peter Handke, in: Neues Hörspiel. Essays, Analysen, Gespräche. Hrsg. von Klaus Schöning, Frankfurt 1970, S. 117–120

Becker, Peter von: Die Unvernünftigen leben weiter?, in: Die Zeit, 9. 10. 1981 (ÜD)

Bekes, Peter: Peter Handke: Kaspar. Sprache als Folter. Entstehung–Struktur–Rezeption–Didaktik, Paderborn, München, Wien, Zürich 1984 (= Modellanalysen Literatur. Hrsg. v. Werner Zimmermann und Klaus Lindemann)

Bloess, Georges: Entre Mensonge et Mutisme. Les chemins étroits de l'expression romanesque et filmique chez Peter Handke et Wim Wenders, in: Recherches Germaniques 9 (1979) S. 234–262

Blumenberg, Hans C.: Deutschlands tote Seelen. Peter Handke und Wim Wenders auf Wilhelm Meisters Spuren, in: Die Zeit v. 21. 3. 1975 (FB)

Bohn, Volker: ›Später werde ich über alles Genaueres schreiben‹. Peter Handkes Erzählung ›Wunschloses Unglück‹ aus literaturtheoretischer Sicht, in GRM NF 26 (1976) S. 356–379

Bohnen, Klaus: Kommunikationsproblematik und Vermittlungsmethode in Peter Handkes ›Die Angst des Tormanns beim Elfmeter‹, in: WW 26 (1976) S. 387–400

Bondy, Barbara: Ich, Ich?, in: SZ, 1. 12. 1977 (GW)

Breicha, Otto: Peter Handke: Publikumsbeschimpfung und andere Sprechstücke, in: Literatur und Kritik 3 (1968) S. 57–60

Buch, Hans Christoph: Der vollkommene Schauspieler, in: Der Spiegel, 5. 9. 1977

Bürger, Christa: Arbeit an der Geschichte, in: Karl Heinz Bohrer (Hrsg.), Mythos und Moderne. Begriff und Bild einer Rekonstruktion, Frankfurt 1983 (= es 1144) S. 493–507

Dardas, Gerd: Eine unbestimmte Liebe, in: Sonntag, 30. 10. 1983 (CS)

Dettmering, Peter: Landschaft als Selbst-Objekt, in: Merkur 34 (1980) S. 198–200 (LH)

Dittberner, Hugo: ›Lebensinbilder‹. Peter Handkes ›Kindergeschichte‹, in: FR, 28. 3. 1981

Dixon, Christa K.: Peter Handkes: Die Angst des Tormanns beim Elfmeter. Ein Beitrag zur Interpretation, in: Sprachkunst 3 (1972) S. 75–97

Durzak, Manfred: Epische Existenzprotokolle. Die Prosaarbeiten von Peter Handke, in: M. D.: Gespräche über den Roman. Formbestimmungen und Analysen, Frankfurt 1976 (= stb 318) S. 344–368

Elm, Theo: Die Fiktion eines Entwicklungsromans. Zur Erzählstrategie in Peter Handkes Roman ›Der kurze Brief zum langen Abschied‹, in: Poetica 6 (1974) S. 353–377

Eschbach, Achim und *Rader*, Wendelin: Ist die ›linkshändige Frau‹ trivial? Überlegungen zur literarischen Wertung, in: LiLi 7 (1977), S. 104–116

Feldes, Roderich: Endstation der Langsamen Heimkehr, in: SZ, 24./25. 10. 1981 (ÜD)

Felgentreff, Traut: Mord auf dem Weg zum Kartenspiel, in: Welt am Sonntag, 9. 10. 1983 (CS)

Fingerhut, Karlheinz: Drei erwachsene Söhne Kafkas. Zur produktiven Kafka-Rezeption bei Walser, Weiss und Peter Handke, in: WW 30 (1980) S. 384–403

Franke, Hans Peter: »Kaspar« von Peter Handke. Versuch einer literatursoziologischen Interpretation, in: DU 23 (1971) H. 5, S. 15–23

Friedl, Peter: Attitüde des Klassikers, in: Nürnberger Nachrichten, 21. 10. 1982 (GB)

Friedl, Peter: Die Not gibt den Ort, in: Theater heute 23 (1982) H. 9, S. 27–30 (ÜD)

Fues, Wolfram Malte: Das Subjekt und das Nichts. Erörterungen zu Peter Handkes Erzählung ›Langsame Heimkehr‹, in: DVjS 56 (1982) S. 478–507

Geißler, Rolf: Peter Handke: Kaspar, in: Geißler/Valiaparampil: Sprachversuchungen, Frankfurt–Berlin–München 1971, S. 106–122

Glossner, Herbert: Nach der Katastrophe fallen die Masken, in: Deutsches Allgemeines Sonntagsblatt, 7. 11. 1982 (ÜD)

Goldschmidt, Georges-Arthur: Fast wie ein Einheimischer. Peter Handke in Frankreich, in: FR, 9. 11. 1982

Görtz, Franz Josef: Wallfahrt eines Propheten, in: FAZ, 16. 12. 1980 (LSV)

Grack, Günther: Das Bedürfnis nach der guten Botschaft. ›Über die Dörfer‹ bei den Salzburger Festspielen uraufgeführt, in: Tagesspiegel, 10. 8. 1982

Greiner, Ulrich: Er redet von sich und damit von uns. Peter Handkes neuer Roman »Die Stunde der wahren Empfindung«, in: FAZ, 29. 3. 1975

Greiner, Ulrich: Peter Handke und das Glücksgefühl, eine Flasche Mineralwasser anschauen zu können, in: FAZ, 11. 10. 1977 (GW)

Greiner, Ulrich: Langsame Himmelfahrt, in: Die Zeit, 8. 10. 1982 (GB)

Greiner, Ulrich: Peter Handke, in: UG., Der Tod des Nachsommers, München 1979, S. 85–100

Grossklaus, Götz: Österreichische Mythen. Zu zwei Filmen von Thomas Bernhard und Peter Handke, in: LiLi 28 (1979) S. 100–122

Grünwald, Peter: Handkes Heimkehrer, in: Welt am Sonntag, 7. 3. 1982 (ÜD)

Günther, Joachim: Leben mit dem Kind, in: Tagesspiegel, 22. 3. 1981 (KG)

Hamm, Peter: Der neueste Fall von deutscher Innerlichkeit: Peter Handke, in: konkret, 2. 6. 1969

Hamm, Peter: Vorläufige Wiedergeburt, in: Die Zeit, 5. 10. 1979 (LH)

Hamm, Peter: Die (wieder) einleuchtende Welt, in: Die Zeit, 16. 9. 1983 (CS)

Hage, Volker: Die Fiktion ist nötig. Gespräch, in: V. H., Die Wiederkehr des Erzählers. Frankfurt/M., Berlin, Wien 1982 (= Ullstein Sachbuch 34083) S. 111–121

Hartung, Rudolf: Peter Handke/Der kurze Brief zum langen Abschied, in: NR 83 (1972) S. 336–342

Hartung, Rudolf: Traumhafte Wandlung. Zu Peter Handkes ›Die Stunde der wahren Empfindung‹, in: NR 86 (1975) S. 521–524

Hartung, Rudolf: Manches erinnert an Träume. Zu Peter Handkes Erzählung ›Die linkshändige Frau‹, in: NR 87 (1976) S. 661–663

Heintz, Günter: Peter Handke: Die Innenwelt der Außenwelt der Innenwelt. Zur Verbindung von Literatur und Sprachbetrachtung, in: DU 22 (1970) H. 6, S. 41–50

Henrichs, Benjamin: Als wenn von nichts die Rede wäre, in: Die Zeit, 17. 9. 1976 (LF)

Henrichs, Benjamin: Ich arbeite an dem Geheimnis der Welt. Peter Handkes neues Buch: »Kindergeschichte«, in: Die Zeit, 27. 2. 1981

Henrichs, Benjamin: Aus der Fremde, in: Die Zeit, 5. 11. 1982 (ÜD)

Henry, Ruth: Worte der Entschließung, in: FR, 19. 12. 1983 (ÜD)

Henschen, Hans-Horst: Herbeigezauberte Geborgenheit. Wie Peter Handke versucht, die Natur zu befrieden, in: SZ 22./23. 10. 1983 (CS)

Herbrandt, Lilo: Peter Handkes ›Kaspar‹: ein Modell der inhaltsbezogenen Grammatik, in: Diskussion Deutsch 6 (1975) S. 529–545

Hillebrand, Bruno: Auf der Suche nach der verlorenen Identität. Peter Handke – Der kurze Brief zum langen Abschied, in: Der deutsche Roman im 20. Jahrhundert, Bd. 2, Stuttgart 1976, S. 97–117

Hinderer, Walter: Wittgenstein für Anfänger? Anmerkungen zu Peter Handkes linguistischem Theater, in: Jb. d. dt. Schillerges. 26 (1982) S. 467–488

Hochhuth, Rolf: Wie du sprichst, redet keiner, in: Weltwoche, 11. 8. 1982 (ÜD)

Hoffmann, Rainer: Gelebtes Als-ob und erarbeitete Zeit. Bemerkungen zu P. Handke »Das Gewicht der Welt – ein Journal (November 1975–März 1977)«, in: WW (29) 1979, S. 287–302

Hoffmann, Rainer: Die Hypothek der Welt. Nicht immer stiften, was bleibt, die Dichter, in: Rheinischer Merkur/Christ und Welt, 6. 11. 1981 (ÜD)

Hoffmann, Rainer: Noch mehr Rauschen. Zu Peter Handkes dramatischem Gedicht ›Über die Dörfer‹, in: Schweizer Monatshefte 62 (1982) S. 67–71

Hoffmann, Rainer: Pauvre und raufgepufft. Zu Peter Handkes ›Kindergeschichte‹, in: die horen 27 (1982) Bd. 1 (Ausg. 125) S. 134–146

Hoghe, Raimund: Unsereiner hat keine Gemeinde. Ein Besuch bei Peter Handke auf dem Mönchsberg in Salzburg, in: Die Zeit, 29. 10. 1982

Holzinger, Alfred: Peter Handkes literarische Anfänge in Graz, in: Drews, Jörg/Laemmle, Peter (Hrsg.): Wie die Grazer auszogen, die Literatur zu erobern. Texte, Porträts, Analysen und Dokumente junger österreichischer Autoren, München 1975, S. 183–198

Honsza, Norbert: Peter Handke und seine Theaterstücke, in: Universitas 28 (1973) S. 387–392

Iden, Peter: Ein Manager fängt an zu träumen. Uraufführung von Peter Handkes »Die Unvernünftigen sterben aus« am Züricher Neumarkt-Theater, in: FR, 19. 4. 1974

Iden, Peter: Predigt nach dem Ende des Denkens, in: FR, 12. 8. 1982 (ÜD)

Jacobs, Jürgen: Peter Handkes Weg zum Bildungsroman, in: Frankfurter Hefte 28 (1973) S. 57–59

Jäger, Gerd: Erinnerung an das Weltgefühl des Herrn Quitt. Über »Die Unvernünftigen sterben aus« von Peter Handke und die Aufführungen des Stückes in Zürich, Freiburg, Frankfurt, Wiesbaden, Düsseldorf und Berlin, in: Theater heute 15 (1974) H. 7. S. 25–34

Janssen-Jurreit, Marielouise: Ein Buch für traurige Tage, in: Der Spiegel, 11. 10. 1976 (LF)

Jappe, Georg: Ich... (Ende des Zitats). Zu Peter Handkes erstem Gedichtband, in: Merkur 23 (1969) S. 589–593

Jenny, Urs: Ein Messias der Natur, in: Der Spiegel, 8. 10. 1979 (LH)

Jenny, Urs: ›Ah, noch so früh'. ›Oh, schon so spät‹, in: Merkur 26 (1972) S. 493–495 (= KB)

Jenny, Urs: ›Abmessend – wissend, seid himmelwärts‹, in: Der Spiegel, 8. 11. 1982 (GB)

Jenny, Urs: Mein Haß ist eine Realität, in: Theater heute 23 (1982) H. 12, S. 30–34 (ÜD)

Jeremias, Brigitte: Die hoffnungslose Jugend der siebziger Jahre. Wim Wenders' und Peter Handkes Film »Falsche Bewegung«, in: FAZ, 29. 3. 1975

Jurgensen, Manfred: Das Tagebuch in der Literatur der Gegenwart: Der Dichter Peter Handke und sein Werk, in: Universitas 36 (1981) S. 1263–1265 (GW) (= Jurgensen 2)

Kaiser, Joachim: Handke: Weltergänzungslust als Mythisches beschwörend, in: SZ, 10. 10. 1979 (LH)

Karasek, Hellmuth: Handkes Dramaturgie, in: Die Zeit, 20. 6. 1969

Karasek, Hellmuth: Der empfindsame Kapitalist. Über Peter Handkes neues Stück, in: Der Spiegel, 22. 4. 1974

Karasek, Hellmuth: Worte für Gefühle von gestern, in: Der Spiegel, 31. 3. 1975

Kersten, Paul: Verschüttete Zärtlichkeit. Die faszinierende und enttäuschende ›Kindergeschichte‹ von Peter Handke, in: Deutsches Allgemeines Sonntagsblatt, 1. 3. 1981

Kesting, Marianne: Sprachterror oder dichterische Sondersprache. Zur Verwandlung der Kaspar-Hauser-Figur in Hofmannsthals ›Turm‹-Dichtungen und Peter Handkes ›Kaspar‹, in: Drama und Theater im 20. Jahrhundert. FS Walter Hinck, Göttingen 1983, S. 365–380

Klein, Michael: »Die linkshändige Frau«. Fiktion eines Märchens, in: Studien zur Literatur des 19. und 20.Jahrhunderts in Österreich. FS A.Doppler zum 60. Geburtstag (= Innsbrucker Beiträge zur Kulturwissenschaft. Germanistische Reihe Bd. 12, hrsg. J.Holzner, M.K. und W.Wiesmüller) Innsbruck 1981, S.235–252

Kneipp, Ulrich: Die Hornissen, in: Literatur und Kritik 1 (1966) H.1, S.56–58

Köhler, Isolde: Die Besteigung eines Kunst-Massivs, in: Deutsches Allgemeines Sonntagsblatt, 8.2. 1981 (LSV)

Köhler, Isolde: Frohe Botschaft von der Friedhofsmauer, in: Deutsches Allgemeines Sonntagsblatt, 14.2. 1982 (ÜD)

Köhler, Isolde: Mit den Augen eines Fremden, in: Deutsches Allgemeines Sonntagsblatt, 18.9. 1983 (CS)

Krättli, Anton: Temperierte Emanzipation, in: Deutsche Zeitung, 19.11. 1976 (LF)

Kraus, Wolfgang: Laudatio auf Peter Handke. Zur Verleihung des Kafka-Preises 10. Okt. 1979, in: Literatur und Kritik 14 (1979) S.57//8

Kreis, Rudolf: Ästhetische Kommunikation als Wunschproduktion. Goethe–Kafka–Handke. Literaturgeschichte am ›Leitfaden des Leibes‹, Bonn 1978 (= Abhandlungen zur Kunst-, Musik- und Literaturwissenschaft 264) S.163–188 (SWE)

Krolow, Karl: Ein Tagebuch als Bewußtseins-Reportage. Überlegungen zu Peter Handkes ›Journal 1975–1977‹, in: General Anzeiger (Bonn), 14.10. 1977

Kronauer, Brigitte: Der Mandarin im Supermarkt, in: Der Spiegel, 3.10. 1983 (CS)

Kruntorad, Paul: Literaturverweigerung. Gedanken anläßlich Peter Handkes neuem Buch »Wunschloses Unglück«, in: Merkur 26 (1972) S.1263–1265

Kuby, Erich: Ach ja, da liest ja einer. E. K. mit der »Gruppe 47« in Amerika, in: Spiegel, 2.5. 1966

Kurz, Paul Konrad: Peter Handke: Sprach-Exerzitien als Gegenspiele, in: P.K.K., Über moderne Literatur 4, Frankfurt 1973, S.9–52

Kurz, Paul Konrad: Heimkehr in Etappen. Prosa mit Didaktik, in: Rheinischer Merkur/Christ und Welt, 14.11. 1980 (LSV)

Kurz, Paul Konrad: Peter Handkes Provokation der Realisten. Was aber stiften die Dichter. Seinspoesie anstelle von Deskription: die ›Kindergeschichte‹, in: Rheinischer Merkur/Christ und Welt, 3.4. 1981

Kurz, Paul Konrad: Hiob an der Prüfungsschwelle, in: Rheinischer Merkur/ Christ und Welt, 14.10. 1983 (CS)

Kurzenberger, Hajo: Peter Handke, ›Die neuen Erfahrungen‹, in: Peter Bekes u. a. (Hg.): Deutsche Gegenwartslyrik, München 1982 (= UTB 1115) S.119–151

Laemmle, Peter: Gelassenheit zu den Dingen. Peter Handke auf den Spuren Martin Heideggers, in: Merkur 35 (1981) S.426–428

Lampe, Gerhard Wilhelm: Subjekte ohne Subjektivität. Interpretationen zur

Prosa Peter Handkes und zur Lyrik Rolf Dieter Brinkmanns, Bonn Phil. Diss. 1983

Lange, Hartmut: Handke, Herr Karasek und die Neue Linke, in: Theater heute 10 (1969) S. 54/5

Lange, Mechthild: Ansehbar unterlaufen, in: FR, 10. 11. 1982 (ÜD)

Lenz, Hermann: Von der Lust auf das eine in allem, in: Die Welt, 18. 11. 1980 (LSV)

Lenz, Hermann: Nächtliche Vorträge an das Volk. Auf dem Weg zur reinen Form – Peter Handkes vieldeutige ›Bleistift‹-Notizen, in: Die Welt, 6. 10. 1982

Lenzen, Arnulf: Gesellschaft und Umgebung in Handke: ›Die Angst des Tormanns beim Elfmeter‹, in: WW 26 (1976) S. 401–406

Lewi, Hermann: Wenn die Obusdrähte zittern . . ., in: Die Welt, 12. 10. 1983 (CS)

Lindner, Burkhardt: Das Interesse an der Kindheit, in: Literaturmagazin, Reinbek 14 (1981) S. 112–132 (KG)

Lodemann, Jürgen: Handke-Beschimpfung oder Der Stillstand der Kritik, in: Tintenfaß 2 (1981) S. 94–102

Lotz, Erich: Peter Handke, Der Hausierer, in: Universitas 23 (1968) S. 1097/8

Lüdke, W. Martin: Grand Hotel Abgrund, in: Frankfurter Hefte 32 (1977) S. 76–78 (LF)

Lüdke, W. Martin: ›Gegen die Zeit ein richtiges Leben‹, in: FR, 10. 10. 1979 (LH)

Lüdke, W. Martin: Der heilige Handke? Peter Handkes erzählende Poetik ›Die Lehre der Sainte-Victoire‹, in: FR, 25. 10. 1980

Lüdke, W. Martin: Peter Handke und seine Dichtung, in: Universitas 36 (1981) S. 567–574

Lüdke, W. Martin: Markus, Kp. 15, Vers 34 oder Peter Handkes ›Geschichte des Bleistifts‹, in: FR, 6. 10. 1982

Lüdke, W. Martin: Auf der Schwelle, in: FR, 20. 10. 1983 (CS)

Mader, Helmut: Das Ich als Quelle des Irrationalismus. Der Einzige und sein Eigentum oder: Macht und Ohnmacht der Subjektivität. Peter Handkes neues Buch »Als das Wünschen noch geholfen hat«, in: FAZ, 12. 11. 1974

Matt-Albrecht, Beatrice von: Peter Handke: ›Die Stunde der wahren Empfindung‹, in: Universitas 3 (1975) S. 529–545

Mauser, Wolfram: Peter Handke: ›Wunschloses Unglück‹ – erwünschtes Unglück?, in: DU 34 (1982) H. 5, S. 73–89

Meyer, Martin: Passion und Harmonie, in: NZZ, 7. 10. 1983 (CS)

Michaelis, Rolf: Die Katze vor dem Spiegel. Oder: Peter Handkes Traum von der »anderen Zeit«, in: Deutsche Akademie für Sprache und Dichtung, Jahrbuch 1973, S. 55–64

Michaelis, Rolf: Das Ende der Märchen. Der »Bewohner des Elfenbeinturms« kriegt »Lust auf die Welt«. Peter Handke: »Als das Wünschen noch geholfen hat«, in: Die Zeit, 9. 8. 1974

Michaelis, Rolf: Augenblicke der Sprache, in: Die Zeit, 14. 10. 1977 (GW)

Michaelis, Rolf: Wortseliger Aufstieg ins Gebirge ewigen Schweigens. Peter Handkes poetisches Manifest in Form einer Erzählung: ›Die Lehre der Sainte-Victoire‹, in: Die Zeit, 10. 10. 1980

Michaelis, Rolf: Himmelwärts, in: Die Zeit, 13. 8. 1982 (ÜD)

Mohal, Anna: Eiszeit, Erlösungsmystik, in: SZ, 31. 12. 1983/1. 1. 1984 (ÜD)

Mommsen, Katharina: Peter Handke: ›Das Gewicht der Welt‹ – Tagebuch als literarische Form, in: Modern Austrian Literature 13 (1980) H. 1, S. 35–46

Moser, Tilmann: Spaziergänge eines Boderline-Patienten. Zu Peter Handkes »Die Stunde der wahren Empfindung« (1975), in: Psyche 35 (1981) S. 1136–1160

Müller, Harald: Peter Handkes Hörspiel ›Wind und Meer‹. Eine Untersuchung, Celle 1971

Müller, Joachim: Auf der Suche nach der wahren Existenz – Peter Handke und seine Erzählungen, in: Universitas 33 (1978) S. 683–692 (KB, LF, SWE)

Müller, Joachim: Zeitgenössische Literatur: Peter Handke und sein Journal »Das Gewicht der Welt«, in: Universitas 34 (1979) S. 1055–1062

Nägele, Rainer: Die vermittelte Welt. Reflexionen zum Verhältnis von Fiktion und Wirklichkeit in Peter Handkes Roman ›Der kurze Brief zum langen Abschied‹, in: Jb. d. dt. Schillerges. 19 (1975) S. 389–418 (= Nägele 1)

Nägele, Rainer: Unbehagen in der Sprache. Zu Peter Handkes Kaspar, in: Basis. Jahrbuch für deutsche Gegenwartsliteratur, hrsg. v. Reinhold Grimm und Jost Hermand, Bd. 6 (1976) S. 78–96 (= stb 340) (= Nägele 4)

Nägele, Rainer: Peter Handke. Aspekte eines experimentellen Theaters, in: Colloquia Germanica 14 (1981) S. 220–228 (= Nägele 3)

Nägele, Rainer: Peter Handke: Wunschloses Unglück (1972), in: Deutsche Romane des 20. Jahrhunderts. Neue Interpretationen. Hrsg. v. Paul Michael Lützeler, Frankfurt 1983, S. 388–402 (– Nägele 2)

Nef, Ernst: Emanzipation zur Sprachlosigkeit, in: NZZ, 6./7. 11. 1976 (LF)

Neubaur, Caroline: Der Berg will sein Opfer haben, in: SZ 4. 11. 1980 (LSV)

Oravecz, Imre: Peter Handke: Der Ritt über den Bodensee, in: Literatur und Kritik 8 (1973) S. 245/6

Posor, Monika: Bemerkungen zu Peter Handkes Prosawerken, in: Filologia Germańska (Toruń), 1981, S. 77–88

Pütz, Peter: Peter Handke. ›Die Angst des Tormanns beim Elfmeter‹, in: Deutsche Bestseller – Deutsche Ideologie. Hrsg. v. Heinz Ludwig Arnold, Stuttgart 1975, S. 145–156 (= Pütz 4)

Reich-Ranicki, Marcel: Die Angst des Handke beim Erzählen, in: Die Zeit, 15. 9. 1972 (WU)

Reich-Ranicki, Marcel: Unser junger Handke und die alte Hedwig, in: FAZ, 9. 10. 1976 (LF)

Reich-Ranicki, Marcel: Peter Handke und der liebe Gott, in: FAZ, 17. 11. 1979 (LH)

Rey, William H.: Peter Handke – oder die Auferstehung der Tradition, in: Literatur und Kritik 12 (1977) S. 390–400

Renner, Rolf Günter: Literarische Innerlichkeit. Naturgefühl und ästhetische Anschauung bei Goethe und Handke, in: Text und Kontext 10.1. (1982) S. 9–46 (KB, SWE, LF)

Renner, Rolf Günter: Phantasie und Gedächtnis. Zur mythischen Rekonstruktion von Autorschaft in Peter Handkes »Tetralogie«, in: FUB H. 79 (1983) S. 47–64 (LH, LSV, KG, ÜD)

Roda-Becher, Martin: Peter Handke und das verwunschene Glück, in: Basler Zeitung, 15.10. 1977 (GW)

Rossbacher, Karlheinz: Detail und Geschichte. Wandlungen des Erzählens bei Peter Handke am Vergleich von ›Die Angst des Tormanns beim Elfmeter‹ und ›Der kurze Brief zum langen Abschied‹, in: Sprachkunst 6 (1975) S. 87–103

Schäble, Gunter: Vom Himmel durch die Welt zur Helle, in: Der Spiegel, 8.12. 1980 (LSV)

Schirnding, Albert von: Der vermessenste aller Landvermesser, in: Merkur 34 (1980) S. 195–198 (LH)

Schiwy, Günther: Neue Aspekte des Strukturalismus, München 1971, S. 121–126 (KB) (= Schiwy 1)

Schiwy, Günther: Peter Handkes »Kurzer Brief zum langen Abschied«, in: G.S., Strukturalismus und Zeichensysteme, München 1973, S. 28–36 (= Becksche Schwarze Reihe 96) (= Schiwy 2)

Schmidt, Jürgen: Springflut der Wörter. Niels-Peter Rudolphs Hamburger Inszenierung von Peter Handkes dramatischem Gedicht ›Über die Dörfer‹, in: Nürnberger Nachrichten, 3.11. 1982

Schmidt-Mühlisch, Lothar: Zukunftsrede auf der Friedhofsmauer, in: Die Welt, 10.8. 1982 (ÜD)

Schmied, Wieland: Peter Handke unterwegs zu Cézanne. Prosa zwischen Erzählung und Reflexion: ›Die Lehre der Sainte-Victoire‹, in: Der Tagesspiegel, 5.4. 1981

Schmitz, Helmut: Langsame Bewegung, in: FR, 30.5. 1983 (ÜD)

Schneider, Michael: Die Linke und die Neue Sensibilität. Peter Handke: Vom Formalismus zum psychologischen Realismus, in: M.S. Die lange Wut zum langen Marsch. Aufsätze zur sozialistischen Politik und Literatur, Reinbeck 1975, S. 304–317

Schneider, Peter: Angst aus dem Zettelkasten. Peter Handkes Roman »Die Stunde der wahren Empfindung«, in: FR, 28.6. 1975

Schober, Siegfried: »Es soll mythisch sein, mythisch!« Über Peter Handke bei der Verfilmung seiner »Linkshändigen Frau«, in: Der Spiegel, 2.5. 1977

Schoeller, Wilfried F.: Satz für Satz mit sich beschäftigt, in: FR, 11.10. 1977 (GW)

Schütte, Wolfram: Unter Requisiten, in: FR, 15.9. 1976 (LF)

Schütte, Wolfram: Abschied von der dröhnenden Stimme des alten Kinos. Aus einem Gespräch mit Wim Wenders, in: FR, 6.11. 1982 (LH)

Schultz, Uwe: Herrn Sorgers Seele. Reise in die Tiefe der Angst, in: Deutsche Zeitung. Christ und Welt, 12.10. 1979 (LH)

Schultz, Uwe: Suche nach dem reinen Augenblick, in: Stuttgarter Zeitung, 7.10. 1980 (LSV)

Schultz, Uwe: In den Kindern zu sich selbst kommen, in: Stuttgarter Zeitung, 28. 2. 1981 (KG)

Schultz-Gerstein, Christian: Kranzschleifen für das Leben, in: Der Spiegel, 9. 3. 1981 (KG)

Schultz-Gerstein, Christian: Der blanke Haß der schönen Seelen, in: Der Spiegel, 2. 8. 1982 (ÜD)

Schwab-Felisch, Hans: Die ›Gruppe 47‹, Peter Handke und die Folgen, in: Merkur 20 (1966) S. 598–601

Schwab-Felisch, Hans: Die Rampe, Peter Handke und wir, in: Merkur 22 (1968) S. 664–667

Sebald, W. G.: Fremdheit, Integration und Krise. Über Peter Handkes Stück Kaspar, in: Literatur und Kritik 10 (1975) S. 152–158

Spiel, Hilde: Handkes festliche Heilsbotschaft, in: FAZ, 10. 8. 1982 (ÜD)

Stadelmeier, Gerhard: Wolpertingers Katechismus. Handkes ›Über die Dörfer‹ in Salzburg erlebt, überstanden, in: Stuttgarter Zeitung, 10. 8. 1982

Starkmann, Alfred: Ein Vater will das Mittelalter finden. Flucht vor dem Alltag in die Wirklichkeit, in: Die Welt, 7. 3. 1981 (KG)

Sträter, Lothar: Handke hat es so gewollt, in: Rheinischer Merkur/Christ und Welt, 13. 8. 1982 (ÜD)

S(trauß), B(otho): Peter Handkes Drinnen- und Draußenwelt, in: Theater heute 10 (1969) H. 8, S. 54/5

Sucher, C. Bernd: Verworrenes von übermorgen und einstmals, in: SZ, 10. 8. 1982 (ÜD)

Sucher, C. Bernd: Viele Ich – Ich. keine Wahrheit, in: SZ, 3. 11. 1982 (ÜD)

Summerfield, Ellen: Die Kamera als literarisches Mittel. Zu Peter Handkes ›Die Angst des Tormanns beim Elfmeter‹, in: Modern Austrian Literature 12 (1979) H. 1, S. 95–112

Taëni, Rainer: Handke und das politische Theater, in: NR 81 (1970) S. 158–169

Timm, Uwe: Peter Handke oder sicher in die 70er Jahre, in: kürbiskern 1970, H. 4, S. 611–621

Voris, Renate: Peter Handke. Kaspar. Grundlagen und Gedanken zum Verständnis des Dramas, Frankfurt/Berlin/München 1984

Wagner, Karl: Peter Handkes Rückzug in den geschichtslosen Augenblick, in: Literatur und Kritik 14 (1979) S. 227–240

Wagner, Klaus: Mönchsberg auf dem Kiez, in: FAZ, 2. 11. 1982 (ÜD)

Wendt, Ernst: Tagebuch eines Narren?, in: SZ, 6. 10. 1982 (GB)

Wallmann, Jürgen P.: Peter Handke: ›Die Geschichte des Bleistifts‹, in: NDH 30 (1983) S. 375/6

Wallmann, Jürgen P.: Peter Handke: ›Der Chinese des Schmerzes‹, in: NDH 30 (1983) S. 825–827

Wapnewski, Peter: Das Gewicht der Welt und sein Eichmeister, in: NR 89 (1978) S. 268–275 (GW)

Weiss, Walter: Peter Handke, ›Wunschloses Unglück‹ oder Formalismus und Realismus in der Literatur der Gegenwart, in: Austriaca. Beiträge zur österreichischen Literatur. FS Heinz Politzer zum 65. Geburtstag. Hg. von Winfried Kudszus und Hinrich C. Seeba, Tübingen 1975, S. 442–459

Wellershoff, Dieter: Das Ich als die einzige Quelle der Wahrheit. Der Einzige und sein Eigentum oder: Macht und Ohnmacht der Subjektivität. Peter Handkes neues Buch »Als das Wünschen noch geholfen hat«, in: FAZ, 12. 11. 1974

Wendt, Ernst: Moderne Dramaturgie. Bond und Genet, Beckett und Heiner Müller, Ionesco und Handke, Pinter und Kroetz, Weiss und Gatti, Frankfurt 1974

Wernsdorff, Christian von: Bilder gegen das Nichts. Zur Wiederkehr der Romantik bei Michael Ende und Peter Handke, Neuss 1983

Wiesner, Heinz: Stenogramme des Alltäglichen, in: Weltwoche, 29. 12. 1982 (GB)

Wohmann, Gabriele: Stiller Amoklauf einer Frau von 30, in: Welt am Sonntag, 10. 10. 1976 (LF)

Zeller, Rosmarie: Die Infragestellung der Geschichte und der neue Realismus in Handkes Erzählungen, in: Sprachkunst 9 (1978) S. 115–140

Zimmer, Dieter E.: Die Tyrannei der Systeme. Aus einem Briefwechsel (Dieter E. Zimmer/Peter Handke) in: Die Zeit, 2. 1. 1976

(aufgenommen sind nur die im Text, nicht aber die in den Anmerkungen erwähnten Namen)

SAMMLUNG METZLER

J. B. METZLER

Printed in the United States
By Bookmasters